深圳夜景灯火辉煌 摄影 苏伟明（深圳市艺术摄影学会会长）

在深南大道同一个地点拍摄的照片，30年中深圳城市面貌发生了巨变。摄影 何煌友（原深圳摄影学会会长）

两万名基建工程兵调入深圳集体转业，为深圳城市建设做出了贡献。

这幅名为《升》的照片在全国摄影比赛中获得金奖。

摄影 周顺斌（摄影师是原基建工程兵中的一员）

这两张照片，是蛇口1985年与2009年分别呈现的不同面貌。摄影 陈宗浩

深圳与香港共建'香圳'国际大都市，西部跨海大桥使两座城市来往更紧密。摄影 柯奕强（深圳口岸中心工作人员）

目录

上篇 创意城市

深圳杀开一条血路创办经济特区 ————— 1

深圳创办经济特区，是按照小平同志"杀开一条血路"的勉励开辟前进道路的。在没人走过的道路上摸索，必须杀开一条血路；在一次次的争论和非议中选择方向，必须杀开一条血路。深圳虽然心身疲惫、伤痕累累，但是成功了，走出了一条前无古人的新路。

蛇口工业区创造了"蛇口模式" ————— 16

袁庚将蛇口工业区比做小小的"改革试管"。蛇口确实不大，但是这根试管却不小。这是中华民族命运的试管，是思想的试管、文化的试管、制度的试管。这里所做的一切都产生了巨大的影响。蛇口因为是一根试管而在中华文明史上流芳百世。

敲响拍卖土地第一槌 ————— 29

深圳人敲响了拍卖土地的第一槌。从此，土地变成了金钱，成为建设特区源源不断的资金源泉。因为这一槌，深圳在一片荒凉的土地上建起了现代化的城市；中国告别了贫穷，开始变得富裕，现代化建设事业开始启动。这时人们才突然发现，脚下的土地原来蕴藏着巨大的财富。

打破"铁饭碗"，解放生产力 ————— 39

探求深圳高效率的秘密，在于解放了劳动力。打破铁饭碗，使人们从偷懒变得勤奋；没有了大锅饭，逼得人们为自己的经济利益而奋斗。实行竞争机制，极大地解放了生产力。人还是那些人。但是机制一变，就从这些普通人身上挖掘出了无穷尽的潜力，汇集成推动深圳经济特区前进的巨大动力。

杂交优势在自然界是普遍现象。动植物杂交会产生优势，而文化杂交也会产生优势。深圳是世界上最大的移民城市，移民城市形成了杂交文化。文化杂交是一场冲突、碰撞、变异、融汇的过程。不同文化碰撞会产生火花，差异文化融汇会生长出创新文化。

中国不可能是世界上人口管理最严密、最特别的国家。户籍管理制度将人口分为城市户口和农村户口，从农村户口转向城市户口，除了考大学、当兵等少数路子外，别无他途。这种管理模式是在计划经济体制下形成的。这种户籍制度虽然在稳定中国社会经济秩序方面起了有益作用。但是在面临中国从农业转向工业，从传统转向现代的社会转型时，这种管理体制显然不再适应。一场大规模的人口转移运动已经在中国兴起。这一方面深圳走在了前面，为全国的人口管理制度改革提供了经验。

速度和效益，有时看起来是矛盾的，单纯追求速度，粗放型发展，实际上是一种低效率；但实际上两者又是个相辅相成的关系，速度是效益的前提，而效益是科学合理速度的结果。深圳30年的发展大致可以说成：前期求速度，后期重效益。深圳曾经创造了三天一层楼的深圳速度，建起了一夜城，具有"杀开一条血路"的磅礴气势；而效益深圳更符合科学发展观原则，使深圳能够可持续发展，争取建设成为世界上最好的城市。

创新是深圳发展的不竭动力，高新技术的发展最能代表深圳创新的内涵。深圳以高新技术作为自己发展的基石，努力创建国家创新型城市。高新技术不断增强了城市的实力，为深圳赢得了尊重。

下篇　创新先锋

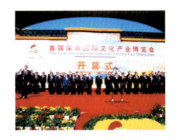

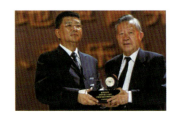

中兴通讯占领创新的高地

如果要研究中兴通讯成功的秘密是什么，就是"创新"两字。制度创新为企业解开了束缚的紧身服；技术创新让企业的战车奔上了发展的快车道；标准创新使中兴通讯成为游戏规则的制定者。创新是文明进步的活水源泉，也是企业发展的不竭动力。

华强追赶迪斯尼

文化+科技是一种创新。以中国博大精深的优秀文化为根底，努力学习掌握世界上最先进的科技知识。将两者很好结合起来，产生出了意想不到的效果，成为企业制胜的武器。华强公司从传统企业向文化科技公司转型，成为一个敢于和有能力向迪斯尼挑战的中国企业。

云游四方的企业家王石

王石创造出了两个"中国第一"：做为企业家，他创办了万科公司、让公司成为全国最早上市的公司之一、带领万科成为中国房地产公司第一名；做为登山者，他是非专业运动员登珠峰第一人，用 7 年时间创造了"7+2"的奇迹。这两个第一的成绩，实际上是在他挑战自我、丰富人生的过程中完成的。

雅昌将工业做成了艺术

中国是活版印刷的故乡。但是在很长一段历史时间中，中国失去了印刷大国的荣誉。雅昌用自己的出色工作，重新为中国争来了精美印刷的桂冠。雅昌成功了。

实现制造汽车的梦想

比亚迪公司在制造电动汽车上争得了全国第一的好成绩，在世界范围内比产品技术也属先进水平。能做到这一点，靠的是创新技术。创新后面是自强不息的文化，是敢于同国外强手竞争的雄心，是为中国民族企业争光的志气

A8音乐摸索一种新的经营模式，创建了中国最大的原创音乐数字曲库，使保护音乐家们的著作权成为可能，为中国原创音乐的发展作出了贡献。音乐是国际通行语言。中国要想增强民族文化的辐射力和影响力，音乐是重要的渠道之一。从这一点能够看出A8做着非常重要的事情。

华大基因不但成为中国第一，而且在发展速度上做到了世界第一。因为有了华大基因，在基因科学研究这个领域里中国人走到了最前沿阵地，为世界基因科学研究做出了重大贡献。

序一
创新是深圳不断进步的动力

李灏

今年8月26日是深圳经济特区成立30年纪念日。

30年里深圳从一个边陲小镇发展成为国际化大都市；从一穷二白变成了在国内排名前几位的重要经济文化城市。有人说深圳是个"一夜城"，创造了城市发展史上的奇迹。

深圳在城市建设上取得的成绩有目共睹，举世公认。但是深圳的重要性还不完全体现在这里。深圳是中国改革开放的窗口，是建立社会主义市场经济体制的实验田，是创造中国特色社会主义道路的探索者。深圳好像是击石取火的火镰，是日光灯的启辉器，在中国改革开放的伟大事业中扮演一个马前卒角色，发挥了排头兵的作用。深圳源源不断产生出新念头、新思想；一些拿不准的事情先在深圳试验，成功后才在全国推广。深圳也不负众望，不断摸索，在两千平方公里的弹丸之地上创造出了各种各样的经验，对全国起到了一种先导、示范的作用。因此可以说，深圳是一个思想自由的创意园地，是一块充满激情的创新热土。

创新，对于一个民族和国家来说非常重要。邓小平同志说："改革开放胆子要大一些，敢于试验，不能像小脚女人一样。看准了的，就大胆地试，大胆地闯。深圳的重要经验就是敢闯。"江泽民同志说："创新是一个民族进步的灵魂，是国家兴旺发达的不竭动力。"胡锦涛同志指出："人类正在经历一场全球性的科技革命，知识创新迅速发展，科技进步日新月异，科学技术越来越成为综合国力竞争的核心。我们比以往任何时候都更需要加快科技进步和创新的步伐。"人类文明产生于创新；国家兴衰的命运也系于创新能力的大小。具有创新的勇气和能力，一个民族就能不断进步；如果创新的源泉衰竭了，这个民族就会前途暗淡必然衰落。创新，是人类文明发展生生不息的动力，是时代向每个国家提出的要求，是一个民族能够立于世界民族之林的强大内力。从这个角度上观察深圳30年的创新历史，就更可以体会到其中的艰辛不易和重要意义。

本书作者段亚兵是早期来深圳的创业者。1982年随着基建工程兵两万大军调来深圳，与经济特区一起成长。他本人长期在宣传部门工作，善于思索，勤于写作。在深圳成立30年的时候，他深入调研，潜心研究，筛选了深圳历史上的一些重要事件和人物，写出了这本书。作者挖掘历史，重新认识其中的意义，为纪念深圳30年提出自己独特的看法，留下一份记录资料。这是一件很有意义的事情。我比较熟悉作者，他过去写作的一些书送给我阅读，感觉不错，引起了一些共鸣。他写这本新书，希望我作序，我欣然同意。

该书起名为《创造中国第一的深圳人》，所谓"创造第一"就是"率先做到"、"先行一步"、"有所突破"的意思。这种"率先"和"先行"，突破了当时的规章制度，突破了常规的做法，尝试做了一些"大胆出格"的事情，产生了很大影响，对内地起到了启发和示范作用，从而推动了整个国家改革开放的深入发展。但是，需要讲清楚几点意思：首先，深圳人能够创造出许多"第一"是由于有当时的历史机遇和条件，例如中央领导的指导把关、给特区试验权和全国的支持帮助等；当然深圳人的使命感、责任感也是必要的条件。没有以上这些条件，许多"第一"是不可能创造出来的。其次，深圳创造的第一，只是历史上的第一；随后，全国各地会创造出更多的第一。从这个角度说，也许使用"率先""先行"一类的词意思更准确一些。再次，深圳人创造第一，并不是要垄断第一，而是希望有人会不断地超越，创造出新的第一。这就好比是在运动场里比赛一样，得胜者只是具体某一项某一场比赛的冠军，而对于体育比赛来说是一个不断打破纪录、不断产生新冠军的过程。因此，深圳创造过的许多第一只是个历史的概念。当然，这个比喻也不见得很恰当。因为人类社会是不断发展进步的，需要进行不断探索、突破、创新的领域和内涵比体育场竞技不知广泛丰富多少倍，即使是曾经取得过某些"第一"的人和地区，也没有任何理由感到自满，更不能停止前进步伐。

深圳曾经创造了许多第一，现在全中国大地上每天都在创造着更多的全国第一，甚至世界第一。星星之火，已经燎原。就是在这些不断的开创性创造中，我们迎来了中华民族复兴的朝阳。

序二

余秋雨

世界上城市很多，但是，能够获得文化自觉的城市并不多。其间的区别，就在于是否拥有一批勤奋的文化守望者。深圳由于发展速度惊人，大家都很忙碌，难得有取五兵先生这样的学者，一直没有忘记守望，使这座新兴的城市获得了一种文化定力。

取五兵先生的视野，纵揽世界文明的兴衰，因此，他的文化守望也是文化评价。人们从他对一座城市的解析中，也能进一步颁悟中国近三十年发展的奥秘。

余秋雨

写在前面的话

人类文明走的是一条创新之路。

人类诞生于创新之中。人类还在用四肢爬行的时候，有一天，有一个人不满足了，他从地上爬起来，用双腿站立，环顾四周，发现了一个全新的世界。看到了很多以前从未看到过的景象，他有些恐惧，但更多的是喜悦。他把自己的感觉告诉同伴，其他人也像他一样站立起来，用两腿走路。由此人类开始脱离动物界。

在古希腊的神话传说中，普罗米修斯是一个伟大的神。他从宙斯那里盗来天火，给了人类。从此，世界有了光明，人类变得温暖，也有了智慧。而普罗米修斯为此受到严厉的惩罚：他被铁链绑在悬崖峭壁上，每天有饿鹰叼啄他的身体，把内脏掏出来。但是普罗米修斯是神，死不了，身体很快会复原。而饿鹰又开始攻击他，普罗米修斯就这样终生为人类受折磨。

在古犹太人的传说中，寂寞的上帝创造了亚当和夏娃。他们俩生活在伊甸园里，无忧无虑幸福快乐。有一天夏娃受蛇的教唆，拉着亚当一起吃了树上的智慧果，变得聪明起来，产生了羞耻心。发怒的上帝把亚当和夏娃逐出了伊甸园，从此人类的苦难开始了。虽然人们从此走上了一条艰辛苦难的生活道路，但是与人类获得智慧这样重要的事情相比，即使吃苦受难也是值得的。

在中国的神话故事中，给人类带来智慧之光的人是伏羲，他是中华民族的始祖。伊水洛河发生水灾时，他关心民情到水边查看。从河中走出的动物身上发现了洛书、河图的花纹，依此发明了八卦图。八卦周易是中华民族传统文化的源头，中华民族的思想史由此发端。传说中还说，当仓颉创造出文字时，天地剧变，鬼神哭泣。人类有了文字，语言可以记录，文化可以延续，文明从此能够传承。

以上三个故事说的是人类最早是怎样得到智慧的。这些是神话和传说，没有办法得到证实。但是人类的智慧确实是在某段时间里由某些智者创造出来的。从公元前1世纪上溯至前10世纪这一千年特别重要。这个时期产生了犹太人的先知，犹太基督教的耶稣，印度的乔答摩·悉达多，希腊诗人荷马、希腊哲人苏格拉底、柏拉图和亚里士多德，中国圣人老子和孔子等。雅斯贝尔斯将这个时期称之为"轴心时代"（Axial Age）。这个时期之后，人类的思想升华了，从此走上了社会发展的快车道。

人类因为有了思想而脱离了动物界。人类是很弱的，只是一根"会思维的芦苇"；人类又是很强的，由于人类有创新的意识和能力，因而就改变了世界发展的历史，改变了宇宙发展的历史。新创意新思想，如同闪电划破黑色的天空，好像火炬照亮了旷野中的道路，仿佛阳光雨露使大地上的万物生长。正因为如此，人们非常敬重有新想法新思想的人，称他们为圣人和智者。

1978年12月18日，神州大地上发生了一件大事，中国共产党召开了十一届三中全会，中国从此走上了一条全新的发展道路。1980年8月26日，邓小平在中国的南海之滨画了一个圈，出现了经济特区。这是前无古人的全新的事物。深圳在党的改革开放的阳光雨露中茁壮成长，在1960多平方公里的土地上，演出了一场有声有色的话剧。经过30年的岁月风霜的磨炼考验，深圳如今已经长大成为一个小伙子。经济特区本身是伟人的创意；而在深圳经济特区建设过程中，深圳人更是解放思想，敢闯敢试，创造出了无数新事物。这些创造创新中，有些是中国第一，有些甚至是世界首创。深圳就是在不断的创新中，杀开了一条血路，闯出了一条新路。

深圳的创新，为中国特色社会主义起到了一个启辉器和试验田的作用。中国的改革开放事业，从经济特区发端，到14个沿海城市开发；从东部沿海地区，到中部广袤腹地，再到西部塞外峻岭，一波又一波地席卷神州大地。中国终于走上了一条改革开放的道路，并且取得了极大成功，也由此走出了上百年来落后挨打的困境，迈上了中华民族复兴的康庄大道。

今年我们回顾深圳人创造的无数个中国第一，越来越认清其中的重要意义。人类的历史是一个不断进步的思想发展史，是一部不断创造创新文明的成长史。今天我们可以骄傲地说，在人类文明宝库中，有深圳人的贡献；深圳人为人类文明的发展做出了自己的贡献。

这本书是对创造中国第一的深圳人部分故事的记录。

第一篇
深圳杀开一条血路
创办经济特区

评语：深圳创办经济特区，是按照小平同志"杀开一条血路"的勉励开辟前进道路的。在没人走过的道路上摸索，必须杀开一条血路；在一次次的争论和非议中选择方向，必须杀开一条血路。深圳虽然心身疲惫、伤痕累累，但是成功了，走出了一条前无古人的新路。

1980年8月26日，深圳经济特区正式宣布成立。

这是人类历史上前无古人的事业，是社会主义发展史上石破天惊的事业，是人类思想创新开出的一朵新花。这一天是怎么到来的呢？

创办经济特区决策经过

事情最早要从中共广东省委的一个决定说起。

1978年12月18日，北京召开了党的十一届三中全会。

1979年1月16日，时任广东省委书记兼省经济特区管委会主任的吴南生，前往汕头地区宣传十一届三中全会精神。汕头是吴南生的故乡。走在城镇的路上，眼前的景象使他十分震惊，街道破败，楼房残旧，百姓生活艰苦，面带菜色。吴南生痛心地说："解放初期，我的家乡汕头还是一个商业繁荣的地方，和香港的差距并不大。30年过去，香港成了亚洲'四小龙'之一，而眼前的汕头却是满目凄凉。比我们小孩子时候还穷啊……"如何贯彻十一届三中全会精神尽快发展经济呢？吴南生心急如焚，一时不知该怎么办。一位新加坡的朋友给他出了个主意："你敢不敢办像台湾那样的出口加工区？敢不敢办有些国家出现的自由港这一类的新东西？你看新加坡和香港，他们原来比广东还要落后，但是现在成了亚洲的四小龙。他们的经济就是用这种方式发展起来的！"

吴南生受到了启发。在汕头的两个多月时间里，他对香港、新加坡和台湾等地发展情况进行了详细的了解，对如何实行改革开放有了初步的设想。1979年2月15日是除夕夜，吴南生写了一副对联："托天陈大道，披胆语平生。"21日晚，正感冒发烧的他实在是等不及了，就给主政广东省委的习仲勋、杨尚昆及省委发出了1300字的电报，汇报了自己的想法和建议。电报中有这样一句话："要改革，必须有体制上的改革。"28日下午，吴南生从汕头回广州。当天晚上，省委第一书记习仲勋同志来到吴家中，两人谈了整整一个晚上。习仲勋对吴南生的意见表示大力支持。3月3日，省委召开常委会，吴南生发言说："建议广东先行一步，在汕头划出一块地方来搞试点，用各种优惠的条件吸引外资来办企业，把国外先进的东西吸引到这块地方来。"他发出誓言说："如果省委同意，我愿意到汕头搞试验。如果要杀头，就杀我好啦！"多么悲壮的话语，多么坚强的决心。现在的年轻人可能不理解，不就是发展经济吗？为什么说这样沉重的话呢？但是生活在那个时候的人们知道当时政治空气的沉重压力。如果搞得不好，召来杀生之祸不是没有可能。

"要搞，全省都搞！"习仲勋横下一条心，当即表态，"先起草意见，4月召开中央工作会议时，我带去北京。"4月1日、2日，在杨尚昆的主持下，广东省委常委会议讨论同意，向中央提出要求允许广东"先走一步"的请示，明确了在深圳、珠海和汕头搞出口工业区的意见。这个试验区叫什么名字呢？考虑以后暂定为"贸易合作区"。在出席中央工作会议之前，习仲勋和吴南生先向正好来到广州的叶剑英元帅汇报了这一设想。叶剑英元帅非常高兴表示支持，并建议说："你们要快些向小平同志汇报。"

4月5日至28日，中央在北京召开中央工作会议，参加会议的是各省、市、自治区党委第一书记、主管经济工作的负责人、中央党政军负责人等。4月8日，习仲勋在中南组发言时提出："广东邻近港澳，华侨众多，应充分利用这个有利条件，积极开展对外经济技术交流。这方面，希望中央给点权，让广东先走一步，放手干。"中共中央主席华国锋听了一愣，问："你们想要什么权？"习仲勋讲了广东省委想要对外开放、搞活经济的设想，要求中央在深圳、珠海、汕头划出一些地方实行单独的管理，作为华侨、港澳同胞和外商的投资场所，按照国际市场的需要组织生产，初步定名为"贸易合作区"。习仲勋的汇报得到了政治局的赞许和支持。华国锋经过考虑表态说，广东可以先走一步，给广东搞点特殊政策，自主权大一些。

各个小组会议发言后，谷牧同志向邓小平同志作了汇报：广东省委提出，要求在改革开放中"先行一步"，划出深圳、珠海、汕头等地区，实行特殊的政策措施，名字还没有确定下来。小平同志很赞成"先行一步"的做法。他说："就叫特区嘛，陕甘宁就是特区。中央没有钱，你们自己搞。要杀出一条血路来！"当天晚上，谷牧在晚餐后散步到中南海东南角，又见到小平同志，一见面小平同志就问："谷牧，今天上午我说的话你听明白了吗？广东那几个地方就叫'特区'。"谷牧说："明白了。"

主管深圳经济特区工作时的吴南生。图片由深圳报业集团提供。

　　小平同志对经济特区的决策一锤定音。其实小平对深圳并不陌生，也许在他头脑中早就产生过类似的想法。1977年11月小平来到广东视察，他把广东作为复出后首次视察全国的第一站，中共中央副主席、全国人大常委会委员长叶剑英与他同行。广东省主要领导汇报工作时，谈到了在深圳边界发生的愈演愈烈的逃港事件。小平对这个问题的回答出乎人们意料："这是我们的政策有问题。"他又说："此事不是部队能够管得了的。"当时人们并不了解小平简短话语中的深意。当人们把大规模逃港事件看成政治问题时，小平同志透过迷雾从中看到是隐藏在其中的经济根源。也许就是因为广东省委关于创办"贸易合作区"、让当地群众尽快富裕起来的想法，与小平同志长期以来思考的问题不谋而合，因此小平同志立即给予支持，而且创造性地提出了"经济特区"的概念。当时有人奇怪小平同志为什么对创办经济特区的事情决策拍板这样迅速？后来人们就慢慢理解了小平同志的思路：这是他长期以来日思夜想的一个问题。可以肯定地说，小平做出这个决定时，从国际风云变幻中看到了中华民族复兴的图景；从深圳大规模外逃令人痛心的现象中看到两种制度激烈竞争的较量；从陕甘宁边区火种的回忆中期盼深圳能够在改革开放大潮中扮演一个重要角色……总之，这是一位伟人战略思考的火花一闪，是选择战略突破口的妙棋高招。

5月5日，中共广东省委具体提出《关于试办深圳、珠海、汕头出口特区的初步设想(初稿)》。这不仅是第一份关于兴办特区的设想方案，同时也是"特区"一词第一次在正式的文件中出现。这份只有1500字的文件对创办特区的地点范围、投资原则、外商办厂期限等各种问题提出了十二条设想。5月14日，谷牧率领工作组到达广东，和省委共同起草一个解决广东"先走一步"问题的文件。6月6日，广东省委将报告上报中央。7月15日，中共中央、国务院下达中发(1979)50号文件批准广东、福建两个省委的报告，决定对广东、福建两省实行"特殊政策、灵活措施"，要求两省先走一步，把经济尽快搞上去。决定在深圳、珠海、汕头、厦门创办"出口特区"。9月20日。谷牧再次来广东。习仲勋等向他汇报了贯彻执行中央关于广东先行一步文件的情况。22日，谷牧与习仲勋、杨尚昆、刘田夫、王全国、吴南生等省委负责人谈话。当习仲勋等提出是小搞、中搞还是大搞的方针时，谷牧强调说："中央是要广东先行一步，要广东大搞，小脚女人小步走就起不了这个作用。广东要快马加鞭，抢时间走在全国的前面。"他还说："办特区，就看你们广东的了，你们要有点孙悟空那样大闹天宫的精神，受条条框框束缚不行。"习仲勋当场就说："南生，你去当中国的孙悟空吧！"吴南生慨然授命。1980年5月4日，省委任命吴南生兼任广东省经济特区管委会主任，代表省人民政府对全省三个特区统一管理。6月12日，省委任命吴南生兼任中共深圳市委第一书记，市革命委员会主任。

至此，从最早的酝酿、谋划到中央批准决策，深圳经济特区终于从创意变成了实物。有人评价说："当时在世界上已经有了'出口加工区'和'关税保护区'性质的经济特区，但是综合性经济特区是中国的首创。"就是这个首创之举，在当时好像是星星之火，若干年后形成了燎原之势，在神州大地上形成了改革开放的大潮。

经济特区的立法

深圳经济特区一开始就十分重视立法问题，这对深圳后来的健康发展起到了很重要的作用。吴南生重视立法，与他消息灵通、善于接受外来信息有关。吴南生一上任，就热情动员国外客商来深圳投资。一位海外朋友对吴南生说："你们搞深圳特区没有立法。无法可依，无规可行，要人家来投资，谁敢来？特区要同国际市场打交道，就不能开国际玩笑。"

　　这话对吴南生影响很大。他开始认真考虑这个问题，利用许多机会，提出了"建议中央有关单位尽快提出一些立法和章程"的强烈愿望。一次谷牧来到广东，他抓住机会开始游说："深圳经济特区开张百废待兴。我们想做的第一件事，是搞《特区条例》……"在上级领导的支持下，《特区条例》的起草工作很快正式启动，吴南生亲自负责这件事。起草工作重点有两点：一是从理论上端正对特区的认识，二是学习和借鉴国外的有关经验。大家大胆设想，特区首先应该是一个生产基地，产业是基础；同时还应该是一个"窗口"、"试验场"，中国能够通过这个"窗口"观察外部世界的经济形势、科学技术、市场供求的发展变化，引进、学习和向内地转移别国的先进技术和管理经验，为全国提供可资借鉴的有益经验；此外，特区还应该成为一个培养和向内地输送人才的大学校。根据以上想法，大家先给这个新生儿起名字。名不正，言不顺嘛。大家七嘴八舌提出了自由加工区、出口加工区、边境加工区、自由贸易区、贸易出口区、出口特区等十多个名字，经过一番筛选，一致认为"经济特区"这个名称叫得响，与中央举办特区的初衷也最贴近。

　　制定《特区条例》有三个难点：一是土地使用权。当时亚洲一些国家和地区的出口加工区，土地年限都定得很长。土地使用权年限的长短实际上是这个国家

1998年秋习仲勋与齐心。　摄影 虹霓

吴南生与大书法家启功。图片由深圳报业集团提供。

或地区政治稳定与否的标志。规定使用年限短于别的国家和地区，显然对吸引投资不利。最后，土地的使用年限定为50年。二是土地使用费。这一项条例没有做具体的规定，但是确定了要低于亚洲一些国家和地区地租的原则。三是税收。这方面，不同国家与地区的差别很大，比如新加坡，对当地企业征收所得税高达40%，但为了吸引外国投资，对外资规定免征所得税10年；香港工业企业利润所得税为17.5%。条例初步规定经济特区的所得税定为12%，还可以酌情减免。一个月后，《特区条例》的初稿完成了。后来，该条例先后修改了13稿。

《特区条例》文本完成后，在提交哪一级人大通过的问题上出现了不同意见。一种意见认为，《特区条例》应该提交全国人大审议通过；另一种意见认为，该文本名叫《广东省经济特区条例》，是地方法规，在省人大通过就行了；地方法规请全国人大通过，没有先例，也容易耗费时日，不如省人大来得快。吴南生在这个问题上持第一种想法。他主张该法必须由全国人大通过。他的理由是：特区是全国的特区，立法应该有国家法律的权威。他说："特区是中国的特区，不过是在广东办。"特区的这种性质决定该条例提交全国人大通过比较稳妥。有一次在给谷牧同志汇报时他对谷牧说："社会主义搞特区是史无前例的，如果这个条例没有在全国人大通过，我们不敢办特区。"最后吴南生把求援电话直接打到全国人大委员长叶剑英元帅的家里，恳求说："叶帅呀，办特区这样一件大事，不能没有一个国家最高立法机构批准的有权威的法规呀！"叶帅听了他的电话，只说了三个字："知道了。"叶帅把吴南生的意见反映到了全国人大，他说："特区不是广东的特区，特区是中国的特区。"1980年8月26日，叶剑英委员长亲自主持了五届人大第十五次会议。时任国家进出口委员会副主任的江泽民受国务院委托，在会上作了有关建立特区和制定《特区条例》的说明。《特区条例》获准通过。8月26日成了中国经济特区的成立纪念日。

在这个问题上我们看到了吴南生的政治思想和智慧。他认为"经济特区"要用法治而不是人治的办法来创办，要在国家法制的框架内开创这一新事物。中国是有重人治轻法治传统的国家。虽然有些时候人治有效率高的优点，令行禁止，雷厉风行。但是其弱点很明显，经常会出现人存政兴、人亡政息和朝令夕改的现象。经济特区是一个关系到中国改革开放大局的重要决策，是一个要长期发挥作用的新事物，因此不能因为人事变动而影响它的前途；而且没有法律保障，执政者个人的风险也是很大的。对个人的得失吴南生并没有考虑很多，他那句"如果要杀头，就杀我好啦！"的话语表明了心迹：为了改革开放事业早把个人得失置之度外。但是做为一个政治家对经济特区事业的命运却不能不考虑，他将个人的政治名誉与经济特区的前途连在了一起，特区兴，个人青史留名；特区败，个人留下骂名。有了法律制度的保证，就会大大提高这项试验事业成功的可能性。深圳特区后来遇到了许许多多的争论和非议，由于多了一个法律保障，就没有那么容易否定特区。回头看，我们不能不佩服吴南生的政治智慧。

经济特区立法的好处很快就显现出来了。从国外投资者的眼光看，中国的改革开放开始用国际通行的思维考虑问题，在法律的框架下办事，使外国的投资者开始放心地向国内投资办厂；从国内各级管理者的角度看，经济特区这一事业上升到国家意志的高度作出了决定，使经济特区的发展获得了法律保障，大家就可以放心大胆地干事，原来不敢想的敢想了，原来不敢做的可以大胆地试，改革者们解除了后顾之忧，可以向前冲锋。立法也确实灵验。在特区条例公布后的几天，长期困扰深圳的偷渡外逃现象突然消失了。美国《纽约时报》这样写道："铁幕拉开了，中国大变革的指针正轰然鸣响。"

深圳经济特区发展中的争论

深圳的发展是一篇结构复杂的大文章，探讨深圳发展的路子可以写成一本巨著。但是，如果从创新的角度了解深圳发展的历史，我们最关注的是深圳的思想发展史。而深圳发展过程中确实发生了数次重大的思想争论，这些争论不仅关乎深圳的发展，关乎中国的发展，甚至对人类文明的发展来说，都是非常宝贵的思

深圳宝安机场。摄影 何煌友

想资源。

学术界将深圳发生过的的争论归纳为6大争论。

一是"建"与"不建"之争。虽然中央和国务院表示可以让广东在深圳、珠海和汕头等地采取特殊政策，实行单独管理，邓小平也赞成。但是，当时一位副总理却提出了不同的意见：如果广东这样搞，那得在边界上拉起7000公里长的铁丝网，把广东与毗邻的地方隔离开。可能是担心国门一旦打开，资本主义就会像洪水猛兽一样涌进广东威胁社会主义。而对于邓小平"特区"的提法，也有人反对说："陕甘宁边区是政治特区，不是经济特区，他不懂。"在"建"与"不建"特区问题上出现的激烈争论，实质上是在如何建设社会主义的问题上出现的政治分歧。有人认为，搞特区是复辟资本主义。"新中国成立时资本家夹着尾巴逃跑了；现在倒好，要把资本家夹着皮包请回来。"有人认为，让工人到外资工厂工作是"吃二遍苦，受二遍罪"。这场争论在1982～1983年变尤其得激烈。北方一家党报上发表了《旧中国租界的由来》的文章，影射深圳特区是新的"租

深圳火车站。摄影 江式高

界"；后来又有文章说，要警惕中国出现新买办和李鸿章式的人物。谷牧回忆说："全国各地的非议之词，给特区创办工作增加了困难，建设发展步履维艰。我是分管经济特区和对外开放工作的，深感压力不小。特别是1982年上半年，很有些'秋风萧瑟'的味道。" 1984年初，邓小平视察深圳题了词："深圳的发展和经验证明，我们建立经济特区的政策是正确的"，暂时结束了这场争论。

二是姓"社"与姓"资"之争。20世纪80年代末90年代初，国内外形势骤变。国内开展了反对资产阶级自由化运动和发生了"六四风波"，国际上发生了苏东剧变。由此触发了经济特区姓"社"还是姓"资"的争论，并很快达到白热化程度。深圳再次被推到意识形态争论的风口浪尖上。北京一家杂志1991年2月期发表的《改革开放可以不问姓"社"姓"资"吗？》的文章指出："在自由化思潮严重泛滥的日子里，曾有过一个时髦口号，叫作不问姓'社'姓'资'……不问姓'社'姓'资'，必然会把改革开放引向资本主义道路而断送社会主义事业。"不同意见方的看法是：问题的出现不是改革开放错了，而是改革开放不彻底。这次又是小平同志发话定论：经济特区姓"社"不姓"资"。他指出："计划多一点还是市场多一点，不是社会主义与资本主义的本质区别。计划经济不等于社会主义，资本主义也有计划；市场经济不等于资本主义，社会主义也有市场。"针对理论界对深圳的非议，小平同志说："对办特区，从一开始就有不同意见，担心是不是搞资本主义。深圳的建设成就，明确回答了那些有这样担心的人。特区姓'社'不姓'资'。"

三是"淘金"与"贡献"之争。1988年1月13日，蛇口举办了一场"青年教育专家与蛇口青年座谈会"，全国知名的青年教育专家李燕杰、曲啸、彭清一3位同志和蛇口近70名青年参加了该会。会上，有几名青年对专家发言中的一些观点提出了反驳意见。例如，有一位专家说，个别人是"淘金者"，来深圳为了"捞一把"，经济特区不欢迎这样的"淘金者"。有青年反驳说，"淘金者"赚钱，没有犯法，不能说错；"淘金者"的直接动机是想赚钱，但客观上也为蛇口建设出了力，没有什么不好。再例如，一位专家说："有许多个体户把收入的很大部分献给了国家，办了公益事业"，应大力提倡这种精神和做法。有青年反驳说，一些个体户这样做并非出于自愿，而是对"左"的思想心有余悸……只有鼓励个体户理直气壮地将劳动所得揣入自己的腰包，才能使更多的人相信党的政策的连续性和稳定性。还例如，一位专家说："在我们国土上跑着那么多外国车，说明我们落后，我看着难受。"一个青年评价说，落后是体制弊端造成的，现在实行开放政策，如果没有一点外国的先进东西进来才叫落后。几位专家觉得自己的权威受到了挑战，表现出了激动和过度的反应。但是蛇口青年们却更加不买账，认为这应该是一场平等的对话，没有必要非得"你说，我听"。最后，专家索要了青年的名片，将这件事反映到有关领导部门。这就是当年影响巨大的"蛇口风波"。这场争论被新闻媒报道后在全国引起了极大的反响。争论的焦点是讨论年轻的创业者到蛇口来工作，究竟是为了给自己淘金的私利，还是为了给国家作贡献的公心？实质上这是一次新时期人生观、价值观判断问题。这场争论使人们开始思考社会主义的思想道德观念如何适应市场经济问题，看到了改进思想政治工作的迫切性。

"蛇口风波"中，表现最为突出的其实是袁庚的表态。他说出了传遍全国的那段话："既然不是到这里来传经送道，就不能只允许一家之言；既然是座谈，大家就都可以谈。我非常赞赏这句话：'我可以不同意你的观点，但我誓死捍卫你发表不同意见的权利。'这是保卫宪法赋予的言论自由的神圣权利。不允许在蛇口发生以言治罪的事情。"袁庚的这段话说的是"言论自由"问题。言论自由本是宪法赋予每个公民的神圣权利，但是一段时间里大家好像没太注意这个问题，连我们的思想理论家们都对蛇口青年们直率说真话感到很不习惯。在蛇口风波中袁庚这一旗帜鲜明的表态，使人们突然注意到了这是个更为重要的问题。这是蛇口争论的另一个重大收获。

四是"存"与"废"之争。1994年春，深圳第三次被卷入了一场大争论中。这次挑起争论的是著名经济学家胡鞍钢，论点是深圳特区有无存在的必要这一重大问题。1994年3月，胡鞍钢在《欠发达地区发展问题研究报告》中，提出"特区不该特"的主张，要求中央对经济特区的地位进行重新评估。报告认为深圳的财政与经济贡献不成比例，深圳少交，其他地区就会多交，对于一个地区的优惠，就等于对其余地区的歧视。中央必须对经济特区政策进行彻底调整，坚决取消各种减免税和优惠政策，取消不利于缩小地区差距、优惠于某些地区的经济特区政策。其结论是：中国的地区差距是因为中央政府对不同地区的亲疏政策所致，而特区的发展之所以迅速，是因为全国替他们负担了中央的财政支出，而特区却坐享其成。这些言论，得到了一些省市地区的强烈"认同"。一时间形成了对经济特区极为不利的舆论氛围。时任深圳市委书记的厉有为亲自撰文批驳胡鞍钢的观点。1995年8月7日的《深圳特区报》发表了一篇长文《深圳的实践说明了什么——深圳市委书记厉有为访谈录》。他认为，中央建特区的用意不仅仅是为了特区本身，而是全国改革开放的重要布局。是为了让特区先发展起来，辐射后发展的地区，带动全国的发展，最终实现共同富裕。接着，《深圳特区报》连续发表了3篇评论员文章，其中一篇《棍子向谁打来》就是厉有为本人执笔的，触及到论战的实质问题。其中最关键的一句话是："我们认为，这次争论事关重大，关乎捍卫邓小平建设有中国特色社会主义理论和贯彻党中央、国务院有关经济特区政策的大问题。"人民日报社为此论战发了内参。胡鞍钢能示弱吗？他迅速在香港、新加坡的报刊发表文章进行反击，他说："我与某些主张坚持特区优惠政策的人之间的争论，既不是姓'社'姓'资'的争论，也不是取消特区还是保留特区的争论，而是取消特权还是保留特权的论争。"这场争论在1995年10月14日嘎然而止，据说受到了相关部门的干涉，要求停止争论。

五是姓"公"与姓"私"之争。1996年风云再起，出现了姓"公"与姓"私"之争。实质上，这是姓"社"姓"资"争论的延续，在第二场争论中由于小平同志下了定论，有些人的话没有说尽，不吐不快。起因是厉有为同志的一次发言。1996年11月21日，厉有为到中央党校参加省部级干部进修班学习。在校内的一场研讨会上他发言谈了自己在《关于所有制若干问题的思考》文章中的一些观点。他说："为了适应中国已经设定的建设市场经济体制这一目标，中国必须在所有制问题上有所突破。"他在文章中提出八种公有制实现形式，指出股份制不是私有制，发展民营经济不是私有化，主张多数劳动者占有多数生产资料，主张介乎公有和私有之间的社会所有制。这本来是厉有为在党校学习时的一篇研究文章，发言的场所是党校校内的研讨会。但是没有想到，有人抓住了这篇文章，扣上了"厉有为宣言"的大帽子，将他的文章说成是"精心准备抛出的一份企图彻底改变我国社会主义改革方向的政治宣言和经济纲领"，并指名道姓地直斥厉有为是"反马克思主义的修正主义浊流"。在京城掀起了一场"倒厉风暴"。对这场争论，时任国家副主席、中央党校校长的胡锦涛表态说，厉有为是在党校内部的讨论会上谈自己的学习体会。如果这样的发言也要批判，那么今后谁还敢说话？于是，对厉有为的"大批判"被制止了。2002年，厉有为接受《深圳特区报》记者采访，他回忆到当时的险恶局面时心情十分复杂，感慨地说："当时压力很大，感觉到改革很艰难。如果没有江泽民总书记、胡锦涛校长的支持，我的政治生命就完了。"

六是"特"与"不特"之争。2002年2月16日，有一篇《深圳，你被谁抛弃？》(署名"我为伊狂")的长文在《人民日报》网站上发表。文章作者名叫呙中校，是深圳一名金融证券和企业资本运作的研究人员。他在文章中提出深圳已经"不特了"的观点，一石激起千层浪。呙中校认为，深圳过去22年的经济快速发展主要得益于政策倾斜和优惠，并没有建立起一个真正和完善的市场经济机制。现在的深圳变得发展迟缓、效益递减，其原因有，人们的改革精神减弱、改革行动迟缓；政府部门工作效率低下；普遍的固步自封心态盛行等。市领导的反应十分迅速。时任市长于幼军约呙中校见面，面对面对话。于幼军提出了不同看法，认为深圳虽然已经没有什么特殊的优惠政策但是还是有一定的优势：由于深圳"先行一步"，拥有用好、用活和用足"特殊政策"的经验；也由于深圳"先行一步"，较早地加入到经济全球化进程，拥有按国际惯例办事的经验；由于深圳毗邻港澳，有有利的地缘优势等。这次争论是心平气和地探讨问题，取得了好的效果。虽然许多人、特别是市领导并不同意呙中校的观点，但是这篇文章确实起到了警醒的作用，提出了深圳下一步如何发展的重要问题。后来，市委市政府提出"第二次创业"的口号与这次争论有一定的关系。

人们谈论深圳时喜欢谈论深圳的经济成绩。这可能因为深圳一开始是以"经济特区"命名的，好像发展经济就是深圳的使命；同时，深圳确实在30年中将边陲小镇建成了国际大都市，许多经济指标排名全国城市前几位。实际上从思想发展角度讲，以上六次争论都或大或小在全国产生了影响。黄树森主编的《深圳九章》一书中，对这六次争论形容是"六大争论，枪弹上膛，刺刀见红，堪称六大战役"。通过对深圳的争论，从政治家、理论家，到普通老百姓，皆明辨是非，探索真理，理清了思路，统一了认识。深圳的六次争论，提供了极为重要的思想素材，提出了各种政治见解，又有实践经验作有力的旁证，从而启发了国人的思想，为全国改革开放视野的推进，为创建中国特色社会主义理论作出了重大贡献。如果将我们的视野投向人类文明发展史，由于中国的改革开放本身是前无古人的事业，做为改革开放的窗口和试验地，深圳在思想理论方面的探索，就为人类思想宝库增添了新内容，最终为人类文明的进步作出了贡献。正因为如此，西方理论家们十分重视深圳的经验。西方媒体评价说："世界看香港，香港看深圳。"新加坡咨政李光耀说，中国不能没有深圳。深圳为中国改革开放事业、为中华民族复兴、为中国特色社会主义理论的创新，所起到的作用怎样评价都不为过。

六大争论问题后来的结果怎么样呢？事实胜于雄辩。在我写这本书时，应该说基本上见分晓。随着中国特色社会主义理论体系的建立，深圳姓"社"姓"资"、姓"公"姓"私"的问题都不再是一个问题。前苏联杜马主席布雷津对深圳的评价最典型，他说："香港是一只资本主义的好猫，深圳是一只社会主义的好猫。深圳是由邓小平亲手塑造的挂在共和国胸前的一枚大勋章。深圳的建设成果使我们看到了社会主义事业的前途。"胡鞍钢与深圳的论战，也有了结果：国家对深圳放水养鱼，深圳对人民羊羔跪乳。深圳给国家贡献了累计8800亿元的中央税收。近几年深圳上交国家税收每年超过2000亿元以上，比大多数省交的还多。深圳以实际行动回答了胡鞍钢责问。姓"公"姓"私"的争论也有了定论。理论界认为深圳在所有制经济上的探索非常有意义，为建立以社会主义市场经济创造了成功经验。深圳的经验概括为社会主义市场经济理论，"以公有制为主体、多种经济成分共同发展"的方针写进了党的十六大报告中。对"淘金，还是贡献"的问题也有了比较一致的看法。早年到深圳创业的人，有多种多样的动机和目标，其中相当多人的创业过程确实表现出一种"主观上为自己赚钱，客观上为社会做贡献"的效果。这是在多种经济成分基础上出现的价值多元化现象，为我们制定政策和进行思想教育提出了新课题。在深圳"特不特"的问题上也达成了共识：没有人能够抛弃深圳，只有深圳人自己不努力而被抛弃。深圳面积只有两千平方公里，是全国副省级城市中最小的。但是深圳的GDP指标排在北京、上海、广州、之后为全国第四，人均GDP全国第一（2008年GDP7806.54亿元，人均GDP13153美元），深圳外贸出口总额连续16年位居全国大中城市榜首（2008年外贸进出口总额2999.55亿美元）。单位能耗和污染全国城市中最低，深圳为建设低碳经济做出了贡献。

中国的改革开放是创新事业，深圳经济特区的成立是党和国家的一次创新举

逃港的群众，心情悲愤表情痛苦。
图片由宝安区博物馆提供。

措。由于是创新，就没有先例可循，没有现成的道路可走，只能在黑暗中摸索，摸着石头过河；由于是创新，就难免会有这样那样的缺陷，需要不断地改进和完善。可喜的是，深圳终于杀开一条血路，走出了一条新路。深圳成功了。身为深圳人，我们对此深感骄傲。

历史事件链接

据深圳的历史档案记载，自1949年10月19日深圳迎来解放日后的20年间，共出现过4次大规模偷渡逃港风潮。第一次逃港是在1957年6月～9月，公社化运动期间，一次外逃5000多人；第二次是1961年～1962年的三年"自然灾害"时期，一次外逃1.9万人；第三次是1972年，外逃2万人；第四次是1979年，深圳撤县建市之初，有7万多人沿着每一条通向边境的公路蜂拥而去。最后，3万多人外逃，而此时，宝安县的劳动力人口只有11万人。（刘深《历史上的4次逃港风潮》《深圳晚报》2010年4月8日）

写该文参考了《深圳特区报》记者叶志卫采访吴南生的文章（《深圳特区报》2009年9月14日A7版）。关于深圳争论的章节，参考了记者易少龄的文章《厉有为：俯首甘为孺子牛的"改革之星"》（《晶报》2009年11月24四B10～11版）；陈宏《中国经济特区建立的前前后后》（《新华文摘》2006年12期）；曹天禄、梁宏《深圳改革开放30年：思想论争的历史沿革与启示》（《南方论丛》2008年12月四期）等文章。表示感谢。

第二篇
蛇口工业区创造了
"蛇口模式"

评语：袁庚将蛇口工业区比做小小的"改革试管"。蛇口确实不大，但是这根试管却不小。这是中华民族命运的试管，是思想的试管、文化的试管、制度的试管。这里所做的一切都产生了巨大的影响。蛇口因为是一根试管而在中华文明史上流芳百世。

深圳是个狭长的带状城市，东西长，南北窄，蛇口位于深圳最西面的南头半岛上。蛇口西面是珠江口的滚滚洪流，东面是深圳湾的万顷碧波，地形像一个蛇头昂着脑袋挺着脖子伸入海中，张开大嘴露出两排牙齿，好像要将海湾对面的香港新界元朗的流浮山咬一口。蛇口由此得名。虽说蛇口属于深圳，但是说起改革开放的时间，早于深圳。深圳经济特区成立于1980年8月26日，而蛇口工业区成立的时间可以从1979年1月31日算起，这一天李先念签发批复同意筹建"蛇口工业开发区"。

袁庚想出了在蛇口投资兴建工业区的点子

1978年10月，已逾花甲的袁庚就任香港招商局常务副董事长。香港招商局是中国近代史上多么赫赫有名的单位。招商局是中国民族工商业的先驱，创立于1872年晚清洋务运动时期。130余年来，曾组建了中国近代第一支商船队，开办了中国第一家银行、中国第一家大型煤矿开平矿务局、中国第一家大型钢铁煤炭联合企业汉冶萍厂矿公司、中国第一家大型纺织企业上海机器织布局、中国第一家银行中国通商银行、中国第一家保险公司保险招商局、中国第一条电话线，中国第一条铁路等等，开创了中国近代民族航运业和其它许多近代经济领域，在中国近现代经济史和社会发展史上具有重要地位。招商局集团(简称招商局)是国家驻港大型企业集团，经营总部设于香港，被列为香港四大中资企业之一。招商局以其悠久的历史和雄厚的实力，在海内外工商界有着广泛的影响。算起来，袁庚是招商局第29代"掌门人"。袁庚了解到，招商局是近代中国第一家股份制企业，也是中国近代创办的第一家民族工业企业，是晚清洋务运动至今仅存的唯一硕果。不管专家学者对李鸿章及其洋务运动作何评价，袁庚始终认为，招商局的诞生在中国近代经济史上是一次重大的制度创新。

袁庚何许人也，为什么被选中主政香港招商局？袁庚原籍是深圳人，1917年出生于大鹏镇水贝村。1938年袁庚参加大鹏抗日自卫大队，加入中国共产党。1944年任东江纵队联络处长，负责对日军的情报工作。1949年任两广纵队炮兵团长，参加解放珠江口岛屿的战斗。1950年随中国军事顾问团奔赴越南，成为胡志明的情报、炮兵顾问。1952年出任中国驻雅加达总领事馆领事。1961年调任中央调查部一局副局长。1968年，由于在东纵联络处工作时与美国情报部门合作，被扣上"里通外国"的罪名，拘捕关押在秦城监狱5年多时间。1973年，在周恩来过问下，被释放回家。1974年任交通部外事局局长。袁庚就是这样一个人，历经坎坷、战争考验，百折不挠，对党忠诚。因此被选作香港招商局掌门人。

袁庚上满怀信心上任，看到的情况却使他感到痛心。在香港，中资公司发展步履艰难，与民营企业的迅速崛起形成了强烈的对比。1950年，招商局起义回归祖国时有13条船；而当时的包玉刚只有2条船。到了1978年，包玉刚已经成为世界船王，拥有2000万吨的船队，而此时的招商局却破败不堪，靠卖资产度日，连一条船都没有剩下。袁庚说："看到一个曾经威震一方的百年老店变成这样寒酸的模样，心里非常难受。"

袁庚胸怀大志，雄心勃勃，决心扭转局面，重振雄风，干出一番大事业。1978年10月9日他给上级领导报上《关于充分利用香港招商局问题的请示》，在请示中提出"多方吸引港澳与海外游资"、"面向海外、冲破束缚、来料加工、跨国经营、适应国际市场特点、走出门去做买卖"等多项建议。3天后中央几位主要领导便圈阅了这份请示。袁庚在写这份请示时心中多少有点提心吊胆，没想到实际上与中央领导决心改革开放的意图完全合拍。

拿到了尚方宝剑，袁庚就开始甩开膀子大干了。一开始他打算在香港买一块地，弄一块井冈山、延安那样的根据地，作为招商局重铸辉煌的基地。他带着助手马不停蹄地连续看了几块地，都因地价高昂无法成交。香港地价太高，袁庚就将目光转向一海之隔的澳门。然而，澳门弹丸之地，没有招商局施展拳脚的地

蛇口第一炮。摄影 何煌友

方。袁庚不得不放弃在港澳买地的念头，开始将眼光投向与香港为邻的宝安县。

家乡对袁庚张开了欢迎的臂膀。在广东省领导的支持下，经过实地考察后，袁庚决定选择在蛇口办工业区。由省革委会和交通部两家联名向国务院上报了《关于我驻香港招商局在广东宝安建立工业区的报告》。1979年1月10日，该报告经交通部部长叶飞签发后呈送国务院，并报党中央。为了强调这件事的重要性，叶飞给李先念副主席写了一封信，请他抽空听取袁庚的汇报。李先念很快安排时间接见袁庚。听完汇报后，李先念面有喜色说："可以考虑给你一块地。"他看着桌上的地图，略作考虑，拿起铅笔将南头半岛圈起来："就给你这个半岛吧！"袁庚估摸着李先念铅笔头划的地块约有60平方公里。

袁庚没有想到事情会办得这样顺利，先念同志会这样支持。怎么办呢？没有可能与同事们商量了。袁庚计算机一样精确的脑袋飞快地转动起来：按照当时的土地开发成本，开发1平方公里最少需要1.1亿元资金；南头半岛60多平方公里，全部开发需要70多亿元，再加上银行利息，短期筹集这么多的资金有困难。于是他小声回答说："不要这么多，只要2.14平方公里吧。"在以后的发展中，土地不够用成为最大的瓶颈，影响了蛇口的发展规模。后来袁庚后悔了，他说自己不敢吃下南头半岛是平生第一大遗憾的事情。

在深圳的发展过程中，土地是最大的财富。因此许多人对袁庚不想要大块土地的做法感到迷惑。分析袁庚的做法，他当时有他的道理。蛇口工业区是中国第一个对外开放的工业区，是中国的第一次试验。只能成功，不许失败。袁庚对开发小块的土地有绝对的把握，但面积过大就不好说了。如果搞砸了，就会对中国改革开放的形象造成不利影响。这是政治方面的考量。当时国内实行计划经济吃大锅饭，使用土地、占用资源，可以不算账。但是，招商局是按照市场规则运作的香港企业，必须"看菜吃饭，量体裁衣"。筹集不到那么多资金，轻率上马可能形成"烂尾巴工程"，做不好不但赚不到大钱反而会造成巨大损失，招商局能承受吗？这是经济方面的考虑。有朋友说："嗨，土地就是钱！占住大块土地，不愁赚不到大钱。深圳不就是这么走过来的吗？你袁庚是何等聪明的人，为什么有这么好的机会而放弃呢？太可惜了！"用土地赚大钱是后来出现的事。人没有前后眼，当时谁也看不清楚。谁能想到深圳的发展速度会这么快，中国只用几十年时间就走完了西方国家几百年的路子呢？谁能想到开始并不太值钱的土地，以后价格直线上升，成为最大的摇钱树和金库呢？这是经验不足造成的，毕竟蛇口是中国改革开放最先开始的地方，人们做的是一项前无古人的事业，谁都不知道该怎样做才对。

从这件事情上，我们能够更加清楚地了解袁庚的人品。他是一个有理想的人，要让招商局在自己手里重开局面，再度辉煌；他是一个具有开拓精神的人，不断尝试尽快打开局面，做出一番事业来；他是一个负责任的人，不说空话，不做没有把握的事。不干则已，干就干好。从袁庚身上，我们既能感觉到中国优秀传统文化对他的影响，也能看到他对党和人民事业的忠诚。他想在香港买一小块土地，就是想为招商局建立一个像当年的井冈山、延安那样的革命根据地，为招商局的崛起奠基；一时实现不了，就来到蛇口延续梦想。这次成功了。蛇口出现了奇迹，成为一个可以实现创业梦想的地方。现在许多文艺作品讲述中国改革开放的历史，仍然喜欢使用当年蛇口开山第一爆的历史镜头。这一气势磅礴的画面，确实真实地反映了中国改革开放冲破旧观念旧体制束缚的爆发力。

蛇口喊出了"时间就是金钱，效率就是生命"的口号

经中央批准成立蛇口工业区后，蛇口大规模的建设开始了。

第一件事是建设码头。1979年8月，在第一期600米顺岸码头施工中，为了解决挖掘运输土方工程进展缓慢的问题，袁庚提出打破"大锅饭"的设想，实行定额超产奖励制度，大家表示赞成。按照规定，司机每天完成40车的指标，每车奖励2分钱；超过40车后，每车奖励4分钱。奖金鼓励了大家的积极性，司机们开始日夜加班，人均每天完成80车，最多的每天130车。一项土石方工程提前完成，司机们拿到了6000元的奖金。有关部门听说这件事后表示反对，下令停发奖金。领导说话不算数，司机们的积极性没有了，每天运送泥土的数量又降到了30～至40车。袁庚知道后发火了。他请来新华社记者将此事写成《内参》报送中央领导。时任中共中央总书记的胡耀邦看到《内参》清样后，批示支持袁庚的做法。一天后，蛇口的工地上恢复定额超产奖。蛇口的做法影响了全国。从那以后，一种"工资奖金上不封顶、下不保底"的做法在内地逐渐推广开。坚冰化开，春水流淌，中国的分配制度从此走上了改革的道路。

从4分钱加班费这件事情上，袁庚认识到国人对金钱的看法有问题。从孔子提倡"君子喻于义，小人喻于利"开始，人们开始羞于谈钱，甚至出现了"金钱是万恶之源"的极端看法；与金钱观相联系，在"大锅饭"的体制下，"干多干少一个样，干好干坏一个样，干与不干一个样"，国人对工作效率完全不在乎。袁庚想起了自己初到香港时遇到的一件事。他到香港后做的第一笔生意是以6180万港元买香港一幢24层大楼。买卖敲定的时间刚好是周五上午。谈判成功后，袁庚很高兴，邀请对方一块吃饭庆贺。但对方坚决不去，要求下午2时尽快到律师楼把相关手续办好，尽早拿到订金。下午，对方老板的奔驰轿车准时停到律师楼门前，汽车没有熄火。对方会计拿到招商局开出的2000万港元支票后，迅速钻进轿车，火速奔向银行存钱。眼前看到的事情让袁庚眼花缭乱。一询问才知道：香港银行星期五下午3时停止营业，直到星期一上午9时才开门。2000万港元如果在银行下班前不能入账，卖主就要损失3天的利息28000港元。

这两件事给了袁庚一个启示：时间就是金钱啊！1981年3月的一天，袁庚在建设指挥部领导人会议上布置工作。他在讲话中概括出了六句话："时间就是金钱，效率就是生命，顾客就是上帝，安全就是法律。事事有人管，人人有事管。"对这六句话参会的人纷纷点头认可，只有副总指挥熊秉权提出异议说："'顾客就是上帝'的提法好不好？"后来工业区机关将"时间就是金钱，效率就是生命"两句话写在广告牌上挂出来了，红底白字，十分醒目。最早的安放地点选在通向往返香港船班码头的道路两侧，这是为了告诉香港人：蛇口工业区是讲究时间和效率的。

口号一挂出来,引起了轩然大波,人们纷纷议论。有人叫好,认为国人的观念应该改变了;有人说"蛇口宣传拜金主义",是资本主义的货色;还有人说:"袁庚比资本家还要狠,又要钱,又要命。"正反两方面的反映汇报给袁庚,他笑笑,不为所动。在一次蛇口单位负责人座谈会上,袁庚发言时说:"时间就是金钱不是没有道理的。现在很多人骂我,但其实这句话也不是我发明创造的,中国人很早就讲了'一寸光阴一寸金'这句话比我说得厉害多了,时间比金钱宝贵。"

1984年1月26日,邓小平同志到蛇口视察。精明的袁庚前一天晚上,安排人将标语牌竖立在从市区进入蛇口的路口上,希望小平同志路过时能够看到。在"海上世界"游船上,袁庚向小平汇报工作。小平听完汇报后,走到窗前,望着一片繁忙的蛇口港码头,提了一些问题。袁庚一一回答。小平称赞道:"你们搞了个港口,很好!"看到小平兴致很高,袁庚不失时机地汇报说:"我们有个口号,叫'时间就是金钱,效率就是生命'。"搀扶着父亲的邓榕接话说:"我们

1986年,邓小平对蛇口提出的"时间就是金钱,效率就是生命"口号给予肯定。摄影 江式高

在路上看到了。"邓小平回答说:"对!"

对小平的话袁庚一时没抓住要领,"对"什么呢?是邓榕说的情况对呢?还是这句口号对呢?但是,总的看来小平同志语气中没有否定的意思,袁庚的身体慢慢放松下来。很快水落石出,结果见分晓了。邓小平同志回到北京后与中央领导谈话时,说出了这样一段话:"深圳的建设速度相当快……深圳的蛇口工业区更快,原因是给了他们一点权力,500万美元以下的开支可以自己做主,他们的口号是'时间就是金钱,效率就是生命'。"袁庚听到这句话后,一颗心才整个落地了。那天晚上他喝了几杯白酒,微醺,畅快,他对自己说:"老同志,没有后顾之忧了,可以大干一场了。"后来小平同志谈话中肯定"时间就是金钱,效率就是生命"口号的文章收入了《邓小平文选》第三卷。小平同志看到的那块钢结构标语牌1998年被中国革命历史博物馆收藏。

1984年10月1日,国庆35周年大庆。在经过天安门广场的游行队伍中,出现了深圳、蛇口两辆并列行走的彩车。深圳彩车上有一个大型白色的大鹏鸟雕塑,大鹏鸟身体两侧写着小平同志给深圳的题词:"深圳的发展和经验证明,我们建立经济特区的政策是正确的。"蛇口彩车上两根高高的立柱顶着一个明亮的金属球,寓意"二龙戏珠",暗合蛇口。车身两旁写着"时间就是金钱,效率就是生命"的标语。这两句话经新闻媒体传播,响遍了全国,也给了全世界一个中国坚持改革开放的强烈信号。"时间就是金钱,效率就是生命"这句口号被理论界誉为"冲破思想禁锢的第一声春雷"。

蛇口是改革的试管

在1986年5月的一次讲话中,袁庚将蛇口比作一根试管,说"蛇口是一根注入外来有益的经济因素、对传统式的经济体制进行改革的试管"。在人们的谈论中,蛇口的发展方式被称作"蛇口模式",与"深圳速度"相提并论。"深圳速度"是对深圳经济高速发展的称赞;"蛇口模式"是对蛇口工业区改革精神的褒扬。

概括地说,蛇口工业区是改革的产物,蛇口模式就是改革模式,也就是袁庚说的"改革试管"。蛇口大胆尝试,坚决改革,建成了全新的蛇口工业区,培育出了许多知名世界的大型企业。据有人统计,蛇口工业区在工程招标和承包、住房商品化制度改革等领域,创造了24个中国首创或第一。可以列举其中的几个:

1987年时的南山妈湾与蛇口港。
摄影 陈宗浩

　　一是率先改革用人制度。在蛇口工业区实行"择优招雇聘请制"。第一个招进蛇口的干部名叫王潮梁（他的故事在第六篇《打破铁饭碗，解放生产力》一文中详细讲述）。1984年，王潮梁接过接力棒，当上了蛇口工业区第四期公开招聘干部的主考官。就这样，全国各地的干部人才源源不断地南下成为蛇口人。

　　二是打破干部终身制。试行"干部冻结原有级别，实行聘任制"，开始实行民主选举和罢免干部的试验，打破干部制度的"铁交椅"，让领导干部能上能下变成现实。1983年4月，第一届蛇口工业区管委会成立。管委会在工作报告中提出：今后将废除干部职务终身制，实行聘任制，对管委会领导每年进行一次信任投票，两年改选一次。首届管委会1985年4月到期，采用投票方式选举第二届管委会。这是中国第一个直接选举产生的领导机构。选举的流程是：先由群众选出15名侯选人；所有侯选人轮流发表演讲，向选民汇报自己的施政方案；在选举时，侯选人除了要回答5个规定的问题，还要接受选民的个别质询。当时，有媒体形容，侯选人"坐立不安，汗流浃背"。第一届管委会7名成员中，有3位老同志被选票无情淘汰。后来又进行了几次班子换届选举。选举年被蛇口人称之为"大地震";非选举年则进行对领导班子成员的信任投票,被称之为"小地震"。1987年形势发生了变化,政企分开的改革在全国拉开序幕。1993年蛇口工业区由一个政企合一的混合体概念,变成了真正的企业;公司董事会取代了工业区管委会。在这种形势下,工业区的领导恢复了委任制。

三是实行新闻监督,用舆论监督干部,制约权力,反腐倡廉。袁庚主张政治透明,主张人民有知情权,报纸上可让大家公开发表自己的政治见解,并可以指名道姓地批评领导干部。1985年2月,试刊第2期的《蛇口通讯》准备刊登一篇批评袁庚的文章,总编辑韩耀根几经犹豫,还是决定送给袁庚本人审阅。袁庚在稿件的批语上写道:这封信的内容写得很好,基本符合事实,可以一字不改加以发表,其他人有不同意见也可刊登讨论。《向袁庚同志进一言》在《蛇口通讯》刊发后,在全国引起巨大反响。《蛇口通讯》刊登的批评袁庚的读者来信,被评为当年全国好新闻特等奖。

四是畅开言路,创造民主氛围,形成一种免除恐惧、敢于说话、敢于担当的良好的环境。其中,"蛇口风波"就是一个突出的例子(这个故事在第一篇《深圳杀开一条血路创办经济特区》一文中已详细讲述)。言论自由是宪法赋予公民的权利。敞开言路是思想创新的先决条件。当年的蛇口由于言路畅通,敢于说话,才创造出了许多的中国第一。

以上改革属于政治制度范畴的改革。袁庚执掌蛇口14年,一直致力于在蛇口营造一个生动活泼的政治局面,缔造一个让大家畅所欲言的社会环境。袁庚认为,没有政治体制改革的支持,经济体制改革就不可能取得成功。"引进或移植外国的先进技术与设备并不困难,难的是要创造一个什么样的社会环境来适应这种对外开放和经济改革。而进步的人、进步的社会,是任何国家和民族经济起飞的大前提。"

经济领域的改革主要集中在国有企业股份制改革方面。这方面,蛇口有3个成功的例子。一是1982年6月成立中国南山开发股份有限公司。这是中国第一家股份制中外合资企业,目标是开发建设赤湾港。1982年由8个公司投资1个亿,现在的总资产已达50个亿。深圳的港口已经在世界集装箱码头规模中排名全球第四、中国第二。深圳港是个港群的概念,分为东部的盐田港和西部港区,各有千秋,平分秋色,而赤湾港则是西部港区中的核心港口。二是创办招商银行。1987年4月,袁庚提出创办招商银行的建议,获得批准。招商银行由于在营业方式上不断创新,成为国内发展速度最快的一家银行。目前,招商银行总资产逾7000亿元,资产平均利润率在国内第一。在英国《银行家》杂志"世界1000家大银行"的最新排名中，资产总额居前150位。三是开办平安保险。1985年10月，袁庚批准成立全国第一家由企业与专业金融机构合办的保险机构——蛇口社会保险公司。1988年3月，经中国人民银行批准，发展成为平安保险公司。由于招商银行和平安保险经营业绩极其出色，使两个公司的领导人马蔚华、马明哲成为中国商界鬃毛飞扬、奋蹄飞奔的两匹骏马。在袁庚掌舵的14年里，招商局的资产翻了近两百倍，从区区1.3亿元增至如今的200亿元。百年老店的招商局终于走出了衰败的泥沼，扬眉吐气，挺胸屹立，成为香港四大中资企业集团之一，变为实力雄厚的跨国公司。他说在蛇口所做的一切都是"入党时的初衷"。袁庚是党和国家的忠诚战士，是一生为理想奋斗的斗士，是改革开放的风云人物，是在商海里搏击风浪的弄潮儿。

如今的袁庚，离休在家安享晚年。人老了喜欢回忆往事。回想起战争年代的战斗生涯，他依然浑身是劲；回忆起在香港、蛇口商海里的斗智斗勇，脸上经常浮现出得意的微笑。他也经常深刻地反思自己，感到在改革开放30年中有"三大遗憾"：一是在要地的问题上他要了小的放弃了大的，捡了芝麻丢了西瓜；二是蛇口当时有许多制度上的创新，可惜没有通过人大立法确定下来。"假如我抓住时机给蛇口立法，让它成为特区中的'特区'，该有多好？"袁庚说；三是当时包玉刚、李嘉诚、霍英东、胡应湘等许多大资本家要在蛇口投资入股。由于当时存在着种种政治方面的顾虑，袁庚谢绝了。蛇口终究没能做大做强。

我不断地思索袁庚老人的"三大遗憾"。关于第一点，前面已经分析过了。关于第二点，我想起了当年的吴南生在主政经济特区时，首先要求由全国人大通过"特区条例"的例子。从这一点更可以看出吴南生同志的高明之处和长远眼光。如果袁庚也能够将当年蛇口的许多政治制度上的做法通过人大立法，那么后来袁庚退休后许多好的做法就不会随着人事的变动而改变、废止，也就会对中国后来的政治制度改革产生难以估量的示范作用。关于第三点，如果蛇口当时真的引进了香港一些世界级的大财团投资入股，把蛇口真正办成一个国际性的股份公司，那蛇口的面貌就会完全不同。也许蛇口已经成为世界上著名的跨国公司，在世界舞台上叱咤风云了。

世界上没有后悔药。历史的潮流不可能回流。我们只能说，任何人做任何事都会受到历史的局限，伟大人物也是如此。但是，历史是体育竞技场上的接力赛，一名选手跑完自己的一段赛程，取得了好成绩，就完成了自己的使命；接力棒将被交到第二个人手中继续奔跑……袁庚是一位极其优秀的运动员，在他的赛

袁庚近照。图片由家人提供。

跑范围内，他已经跑出了速度最快的好成绩，屡屡打破中国记录、世界记录。袁庚是中国改革开放造就的英雄，是善于创新的巨匠；蛇口也成为中国改革开放的一面旗帜，是改革开放中国的一个象征，一个符号。

历史的长河就是这样后浪推前浪，一波接一波地向前流淌。不管河流有多长，也不管河道多么曲折，河水总是汹涌向前，直奔大海。这一点也许能使袁庚老人感到欣慰。

写作该文参考了涂俏《袁庚传·1978～1984改革现场》一书；赵海均《见证三十年风云》（《新华文摘》2008年22期）一文；庄向阳《1985，"竞选演讲"登场》（《晶报》2010年4月19日A16版）。表示感谢。

第三篇

敲响拍卖土地
第一槌

评语：深圳人敲响了拍卖土地的第一槌。从此，土地变成了金钱，成为建设特区源源不断的资金源泉。因为这一槌，深圳在一片荒凉的土地上建起了现代化的城市；中国告别了贫穷，开始变得富裕，现代化建设事业开始启动。这时人们才突然发现，脚下的土地原来蕴藏着巨大的财富。

深圳创办经济特区，中央财政没有给钱。深圳百废待兴，城市基本建设摆开战场需要大笔的建设资金，因此早期的深圳最缺的就是钱。有道是，巧妇难为无米之炊。中央交给了办经济特区的任务，但是没有钱，又怎样办特区，怎样烧好这顿饭呢？有人说："当时的深圳领导为钱愁死了。"就是在这种情况下，深圳创出了一个建设经济特区的壮丽事业。

香港人指点深圳人：不要抱着金饭碗讨饭吃

最先学会靠土地赚钱的是骆锦星。他当时任市房地产管理局副局长。1980年1月在房管局下成立了房地产公司，负责开发、建设、经营涉外房地产业务。这是全国第一个涉外房地产公司，局里分工骆锦星抓该公司。新成立的公司有6名干部、4辆自行车，没有一分钱，市政府划了3平方公里土地让他们想办法。开始谁也不知道如何出手。这时候老师出现了，香港妙丽集团董事长刘天就主动找上门来，提出双方合作：深方出土地，港方出资金，在大头岭下兴建东湖丽苑高级住宅楼，楼宇由港方负责出售，利润双方分成。分成比例骆锦星狠狠杀价：二八分成，港方得二，深方得八。骆锦星是按照"漫天要价，坐地还钱"的买卖原则叫的价，好让对方杀价，没想到港方毫不犹豫地就同意了。港商有港商的办法。楼房的设计图纸一出来，刘天就就在香港登广告卖楼花，楼房还没建，资金全部进了账。用客户的钱建好楼，获利数百万元。这下子骆锦星服了。他学会了"卖楼花"的方法，以后照瓢画葫芦连续开发几个楼盘，使房地产公司资金过亿元，成为深圳早期最有实力的公司之一。

骆锦星创造的经验被推广开来。当时特区需要大量建楼房，但没有资金，只能与香港客商合作建房。深圳以租用土地、收取土地使用费等形式，分别与香港外商合作开发项目，开创了中国大陆有偿、有期使用土地的先例。

刘天就教会了骆锦星用土地赚钱的门道，而真正给市政府出用土地赚钱搞开发的是另一位更有名的港商霍英东。李灏调到深圳工作后，于1987年聘请了内地和香港10多位专家和实业界人士当顾问组成了这个顾问委员会。市政府每做什么重大决策，都要听取顾问委员会的意见。霍英东是当时香港6位顾问之一，每次开会他从不缺席。

深圳早期开发的模式是：政府先对大范围的土地进行"七通一平"的基础工程建设。然后根据城市规划建设项目的要求，将成片土地划给房地产开发公司进行小区综合开发。房地产公司通过土地资本化，如预售房产、担保贷款等，边建边售边回收。到了1986年，随着特区建设步伐的加快，资金缺口也越来越大。市领导经常为筹措资金而紧锁眉头。

有一天，市政府召开顾问委员会会议。会中休息时，李灏同霍英东聊起了深圳缺乏土地开发资金的问题。李灏皱着眉头说："资金短缺已经成为深圳发展的瓶颈。1985年政府搞"七通一平"，向银行举债6.5亿元，每年要还利息5000万元。用银行贷款开发的罗湖、上步两个管理区初见成效，上海宾馆以西的新区开发迫在眉睫。这边搞开发的人要开发新区、追加资金，那边的银行催着偿还贷款和利息，叫我从哪里去弄钱呢？"霍英东仔细地听完后，笑着指指窗外的土地说："钱，可以从这里来呀。"这句话像电流通过身体，使李灏有了感觉。他请霍先生继续往下说。霍英东介绍说："香港开始开发时也存在着资金短缺的问题，便靠土地筹集资金。60年代港英政府财政收入的大部分来自土地转让的费用。香港比深圳小一半，只有1千多平方公里。政府十分珍惜这点土地，全部收归政府。在做好全面规划基础上，实行高地价政策，通过公开拍卖的形式，为政府获取巨额收入。在高峰年代的1981年一年的卖地收入，就占了当年政府总收入的37%。以后也平均达到了17%。政府严格控制土地供应和维持高地价还有别的好处：控制城市发展速度和基建规模；带动金融发展，房地产发展占全部银行贷款的31.6%；刺激了股市，房地产股票占了上市公司股票的70%以上……"李灏茅塞

敲响土地拍卖第一槌。深圳房地产公司经理骆锦星踊跃举牌。摄影 刘廷芳

顿开。他请霍英东在这方面帮助深圳政府多出出主意。他沉吟一会儿向霍先生提出一个问题："我们有的领导对这个问题有些说法：'香港资本主义的土地可以生钱，深圳社会主义的土地行吗？'对此你怎么看？"霍英东肯定地回答说："不管是什么主义，都要在土地上生存。马克思不是很赞同'土地是财富之母'这句话吗？"

在霍英东建议的启发下，市领导决定将这个问题彻底研究清楚。1986年国庆后成立了"专题研究组"，课题是"如何推进土地使用制度改革，能不能拍卖土地"。调研组邀请著名经济学家、时任香港大学经济系主任的张五常教授来深作报告。张五常算账说："深圳已经开发的土地如果以每平方米5元出售，每年可得到2个亿；如果每平方米50元，便得到20个亿。而香港目前的地价是以每平方米达万元港币计算的！"经济学家的话再次启发了深圳人。这年11月17～26日，由李传芳带队的研究组又到香港实地考察取经。回深圳后，研究组向市领导上报了《深圳市房地产改革赴港考察报告》。并在这份考察报告的基础上，起草了《深圳经济特区土地管理体制改革方案》，提出了改革现行的行政划拨土地、收取土地使用费的办法，采取公开拍卖为主，公开拍卖、招标与行政划拨相结合的特区土地管理制度。1987年7月，市委常委会通过了该方案。

现在可以行动了。

划时代的土地拍卖会

深圳决定举办共和国首次土地使用权的公开拍卖会。拍卖会定于1987年12月1日在深圳会堂举行。

这是石破天惊的举动，是冒着违反国家宪法罪名风险的行为，自然引起了全国的关注。中共中央政治局委员李铁映、国务院外资领导小组副组长周建南、中国人民银行副行长刘鸿儒，以及来自全国17个城市的市长亲临现场；向来关心此问题的香港方面也派出了一个由28位企业家和经济学家组成的"深圳第一次土地拍卖参观团"；中外十几家新闻单位的100多位记者到会，记录了这一历史时刻。

是日下午4点，深圳会堂座无虚席，人声鼎沸，人们情绪兴奋，但是气氛有点紧张。这场拍卖会受到了需要土地的企业的极大关注。拍卖的这块土地，编号H409-4，紧靠风景秀丽的深圳水库，面积8588平方米，规划为住宅用地，使用年限50年。拍卖前3天，共有40多家企业领取了正式编号参加竞投(包括9家外资企业)。其中，有房地产公司，其在以往的土地开发中尝到了甜头，对这一块要拍卖的土地虎视眈眈；有急需土地建设自用厂房和宿舍的单位，前来碰碰运气；也有一些单位缺乏实力，但是对该项活动有极大的兴趣，想来观战。最后一分钟赶到的是中航工贸中心的代表，他匆匆冲进来，气喘吁吁地说："刚看到报纸……好事哪能错过……"他看着按顺序领到的44号应价牌，嘟囔着说："这个不吉利的号码应该跳过去呀，死定了，这次没戏了……"

时间到了，两位主持拍卖的工作人员出现在舞台上。主拍卖官是刘佳胜，时任市规划国土局局长；副拍卖官是廖永鉴，时任市政府基建办综合处副处长。今天由他们唱主角，但两人不是专家，是毫无经验的新手，真的有些紧张。为了搞好这一次拍卖会，他们俩专门到香港拍卖会学习观摩。会前两人认真准备，对可能出现的情况想了又想，每个细节讨论再讨论，决心做到完美。两人对承担的任务和责任极度兴奋又少许有些担心，互相鼓励说："无论成败，我们都会是历史人物。成功了，是历史的见证人；失败了，就是历史的罪人了。有人说，大丈夫到世上走一回，不能流芳百世，也要遗臭万年。此话不管对不对，我们都要有思想准备。"历史机遇把他们推上了这样千载难遇的大舞台。拍卖会开始了。在这重要历史时刻，两人西装革履，扎着领带，显得极为庄重。刘佳胜手里握着一把枣红色的拍卖槌。说起这把槌还真有来历。做拍卖会准备工作时，他们发现国内没有地方能买到这种专业的拍卖槌，赶紧向香港的朋友们求救。热心的香港测量师学会会长刘绍钧先生满口答应帮忙，专门从英国定做了一把做工精致的拍卖槌，槌身上镶嵌了一块铜牌，写上一段文字："深圳市人民政府笑纳，香港测量师学会敬赠。1987年I2月1日。"这把槌后来被深圳博物馆收藏。

在做完各种说明后，拍卖活动开始了。为了让所有到会的人对报价听得清楚明白，会上使用两种语言报价，先由刘佳胜普通话报一遍，再由廖永鉴广东话报一遍。刘佳胜第一次报出的底价是：200万。语音未落，会场四处举起了几十块应价牌，不同声音喊着："205万！""210万！""250万元！"价格上升到390万元时，会场安静下来。许多人知道这个价比前不久一块招标成交的地价高出了86元／平方米。这时候，市工商行房地产公司的代表突然站起来叫价："400万！"人们兴奋起来，场内响起一片掌声。台上的刘佳胜和廖永鉴不由自主地互相看了一眼，因为他们事先讨论过，400万的价格是理想的预期价格。

"420万！"这次举牌的是骆锦星，时任深圳特区房地产公司总经理，是位实力人物。场内又响起一阵掌声。又经过几个回合，价格上升到了"485万元"。几位追着叫价的人不语了。刘佳胜正准备击槌时，后排传来一个粗壮的喊价声：

"490万！"骆锦星脸有些红了，急急举牌，志在必得；对方也不失弱，寸土不让。直到骆锦星坚定地喊出"525万"时，对手才摇摇头收兵了。"525万一次，525万两次，525万三次。"刘佳胜连唱三次数后，一槌定音。这块土地以超出底价300多万元成交，整个拍卖过程持续了17分钟。刘佳胜庄严地宣布："这块土地的使用权归经济特区房地产公司！"全场掌声雷动，祝贺这个历史性时刻的诞生。20年后的今天，廖永鉴回忆往事时说："至今我仍能感觉到那时自己怦怦的心跳，好像要蹦出来。"这块土地上后来建起了东晓花园住宅区。

拍卖土地第一槌取得了极好效果。从此以后，不仅盘活了特区的土地，换回了当年特区建设最为急需的资金。使深圳的土地成为最大的资源和财富，建设一座新城的资金问题彻底解决了；更重要的是打破了我国传统观念上、理论上、法律上的"禁区"。这一事件后被认为是"中国改革开放的里程碑"事件，当年在国内外引起了强烈反响。拍卖的当天不少外电纷纷评论："这是中国土地制度在理论和实践上的一次重大突破"、"中国经济改革进入新的里程"、"这是新中国空前的壮举，标志中国改革历史进入新时期，是市场经济的一个里程碑"。也有人持反对意见，说："深圳除了五星红旗，都成资本主义的东西了！"还有人说："当年革命先烈用生命换来的社会主义江山都被深圳卖出去了。"因为土地拍卖，深圳掀起的改革大潮，迅速波及全国，产生了巨大而深远的影响。

深圳的土地拍卖促使国家修改《宪法》

深圳土地有偿转让的成功尝试，极大地冲击了中国现行土地管理体制，立法界也对原有的土地法律条文重新进行了审定。1987年10月，深圳市政府修改了1982年实施的《深圳特区土地管理暂行规定》，将原规定中"土地使用权不能转让"的条款改为"土地使用权可以有偿出让、转让、抵押"。同时更名为《深圳经济特区土地管理条例》，报请省人民政府审定。1987年12月29日省第六届人民代表大会常委会第三十次会议通过这一《条例》，正式取代了1981年的《暂行规定》，在法律上确立了深圳经济特区国有土地使用权有偿出让和有偿转让的制度，确立了土地所有权和使用权分离、土地使用权进入流通领域的土地管理体制。

虽然深圳人为发现了土地价值的秘密而高兴，但不是人人都能明白这个道理，接受这种做法。1989年3月全国人大召开时，几个省市的代表"质询"国务院

土地拍卖造成了建设一夜城的奇迹。摄影 余海波（《深圳商报》主任记者）

特区办，指责深圳拍卖土地是"违宪"行为。代表们的观点也不能说不对。宪法明确规定："任何组织或个人不得侵犯、买卖、出租或以其它形式非法转让土地。"

对代表们的指责，李灏这样回答："深圳的做法没有违宪。按照我们的理解，一块土地同时拥有所有权和使用权双重属性。所有权永远属于国家，我们拍卖转让的只是土地的使用权；而且使用权还有时限，几十年后收回。我们认为，老的宪法条款规定不够细致具体，需要我们根据实践中遇到的问题进行完善。"这个回答说服了很多人，一时想不通的人发现这样的说法还真的不太容易反驳。多么有智慧的话语！

1988年4月12日，七届全国人大一次会议通过了《中华人民共和国宪法修正案》，将我国原宪法上"任何组织或者个人不得侵占、买卖、出租或者以其他形式非法转让土地"一句，修改为"任何组织或者个人不得侵占、买卖或者以其他形式非法转让土地，土地的使用权可以依照法律的规定转让"。1994年7月5日，第八届全国人大常委会第八次会议通过《中华人民共和国城市房地产管理法》。1998年8月29日第九届全国人大常委会第四次会议修订通过《中华人民共和国土地管理法》。这些法律法规在修订中肯定了深圳经济特区土地管理体制改革的做法，为全面实行国有土地使用权有偿让渡提供了根本的法律依据和保障。

深圳也依照法律不断规范土地使用权有偿出让制度。2000年11月，成立了土地房产交易中心。次年3月，深圳市政府第100号令发布《深圳市土地交易市场管理规定》，成为国内首部依法规范土地交易行为的法规。《规定》要求所有经营性土地无一例外进入市场交易，并首创了土地交易市场的新方式挂牌交易。但是，新土地管理办法施行中发现了一些漏洞。由于市场环境不健全，企业可以通过多种途径拿到土地；相比之下，通过拍卖方式拿地成本较高，许多企业不大愿意参加。针对这一问题，2002年7月1日，深圳首先实施《招标拍卖挂牌出让国有土地使用权规定》，停止土地的协议出让、私下转让等不规范行为，所有经营性土地都要在土地交易市场公开招标拍卖。这样一来，土地出让由多渠道变成单通道，土地买卖变得公开和透明，真正实现了"土地资源的市场配置"。以上几次改革，一次比一次严密、有效。业内将这次改革行动形容成"革命"：拍卖土地第一槌是第一次革命，颁布《管理规定》为第二次革命，实行"招拍挂"是第三次革命。经过这样3次革命性的改革，深圳土地使用权拍卖制度基本成熟。2001年以后，政府在土地交易市场公开出让的土地总面积达182.7万平方米，成交金额53.87亿元，平均超出保留价30%左右。企业在土地交易市场转让的土地总面积达131.6万平方米，成交金额20.8亿元。深圳的经验推广到全国，激活了房地产市场，使中国的经济形态改变了面貌。

土地拍卖"第一锤"，对中国的工业化、现代化转型发挥了巨大作用；对国人的土地观念的改变产生了重大的影响。对土地经济性质的看法，中国人与外国人不大相同。西方国家由于经历了几百年资本主义文化的洗礼，在资本主义制度下一切都变成为商品，土地与其他商品一样，可以自由买卖没有什么特殊。所以港英政府对香港土地的管理做法比较开放，让弹丸之地产生了天文价格的财富。而中国不同。古代中国王权制度下，"普天之下，莫非王土；率土之滨，莫非王臣。"国家土地属于以皇上为首的地主们；农民依附于土地，靠土地吃饭，却"上无遮雨片瓦，下无立锥之地"，没有属于自己的一寸土地。中国历次农民起义的要害都是土地问题。"打土豪，分田地"，是最激动人心、最有煽动力的口号；也正是在解决土地所有权的基础上新中国的大厦建立起来了。新中国成立后，我国实行公有制和计划经济体制，土地属于国家所有（也有少量属集体所有）。抽象的国家所有，造成了这样的结果：或者是谁都不拥有、谁都不负责；或者是实际使用者无偿占有，国家并没有收益。结果，拥有九百六十万平方公里

深圳东部港区的盐田港。摄影 郑义

的大国，却陷入了一穷二白的困境。

深圳人的理论创新是将土地的所有权与使用权分离开来，土地的所有权属于国家属于全民；但是土地的使用权可以在一定的时间段里拍卖给经营者使用，期满收回，再度循环。这个理论上的突破，解决了困扰我们多年的棘手问题。理论问题的解决使土地的价值显露出来。于是，中国进行工业化、现代化转型需要的巨大资金支持也得到了解决。

土地拍卖第一锤，可以用惊天动地来形容，其意义非常深远，说成是一场新的土地革命也不为过。

写作该文采访了李灏同志。参考了《李传芳：土地拍卖第一槌惊天动地》口述文章（《晶报》2009年9月8日A18版）；汪开国、杨朝仁、董建中、沈杰编写的《深圳经济变革大事》中《惊世之举》章节、《深圳观念变革大事》中《从"土地出租"到"土地拍卖"》章节等。表示感谢。

第四篇
打破"铁饭碗",
解放生产力

评语：探求深圳高效率的秘密，在于解放了劳动力。打破铁饭碗，使人们从偷懒变得勤奋；没有了大锅饭，逼得人们为自己的经济利益而奋斗。实行竞争机制，极大地解放了生产力。人还是那些人。但是机制一变，就从这些普通人身上挖掘出了无穷尽的潜力，汇集成了推动深圳经济特区前进的巨大动力。

深圳是个创造效率的地方。在单位土地面积上生产的经济效率、深圳人均生产率等许多指标都在全国占首位。同创立经济特区前相比，土地还是那块土地，人还是同样的中国人，为什么其后就能够产生惊人效率呢？原因在于改变了对人的管理制度。深圳打破了铁饭碗，破除了干部的终身制，简言之，在人的管理上搞活了，人活了，效率就提高了，也就解放了生产力。这就是深圳高效率的秘密所在。

刘天就教会了我们"炒鱿鱼"

刘天就是香港妙丽集团董事长、《天天日报》社社长。他是第一个到深圳投资开办酒店的港商。

1979年的一天，刘天就一大早从香港来到深圳。过了罗湖桥后，他看到的是简陋的火车站，破旧的街道，泥泞的道路，不要说没有出租汽车，连公共汽车也很少见。他虽然知道深圳比较落后，但还是对眼前的破旧景象感到惊讶。没有交通工具怎么办呢？他看到旁边有几个骑单车（内地叫自行车）的人在拉客。他招手叫来一辆单车，坐在单车的后尾货架上，对骑车的后生仔说："去市政府。"单车在坑洼不平的道路上颠簸，刘天就咬牙坚持。他这么着急为什么呢？原来他从报纸上看到深圳市制订公布了一个"房产补偿贸易法",由深圳出土地、厂房,鼓励外商出设备、资金合作办厂,赚钱后双方分成。敏感的刘天就来深圳是想要投资办企业。接待他的政府工作人员高兴地说:"刘老板行动真快呀。"他回答说:"邓小平先生笔一圈,深圳成了经济特区,机会千载难逢!此时不来更待何时!"工作人员说:"早起的鸟儿吃虫多。刘老板有眼光。"

商谈后很快达成合作协议:深圳在风景秀丽、竹林成片的大头岭划出一片地皮,刘天就出资港币1500万元,双方合作兴办宾馆,起名竹园宾馆。1980年,竹园宾馆破土动工。1981年1月25日竹园宾馆正式开业。刘天就聘请香港酒店管理专才陈怡芳先生任总经理负责管理。这是中国改革开放后的第一家合资宾馆。当时的深圳只有两家小小的旅店:火车站附近的侨社旅店和深南大道旁边的深圳旅店。就像内地小城镇的旅店一样,住宿条件非常简陋;床单十天半月换一次,有的甚至半年才换一次;房间没有空调,"贵宾房"才配备风扇。竹园宾馆虽然不算豪华,但是是严格按照香港标准建设和管理的酒店:竹林摇曳的环境十分优美;中西餐厅供应可口的中餐菜肴和西餐点心;房间配有空调。酒店管理的标准让深圳当地的职工们难以想象:例如,服务员每天要清理客房,换洗床上铺盖用品;洗手间保洁不仅要求做到无臭味还要喷香水;服务员要对顾客微笑弯腰打招呼;服务员穿戴整洁,特别是女服务员要求施淡粉涂口红……。中方服务员长期在国营单位工作,上班懒散,作风疲沓,对这些要求心理上很排斥。有人公开反对说:"房间一周清理一次足够了,每天清理卫生很浪费";有的女服务员也不愿意涂口红,质问说:"这不是资产阶级小姐作风吗?"有的员工甚至对西装革履的港人住客看不惯,嘟嘟囔囔骂他们是资产阶级少爷……港方经理严厉批评了这些行为和怪话。这一下深圳的一些职工受不了了,长期以来他们头脑中全是"工人是领导阶级"的观念,怎么受得了香港资本家派来的管理人员的批评呢?中港双方管理人员的工资标准相差很大,这让中方一些职工认为是"受资本家的剥削"。多种不满意加在一起,一气之下干脆不来上班了。由于管理上不去,服务质量下降,住客越来越少,这样下去宾馆可能倒闭。

这下子刘天就信心动摇了,他向市委书记梁湘提出,要撤资、终止合同。梁湘十分重视第一个合作宾馆的问题,委派市委副秘书长、财贸办主任李定到竹园宾馆蹲点,挽救竹园宾馆。李定带领饮食服务公司的温富等人组成工作组,来到竹园宾馆调研。经过调研了解到中港两方人员对如何管理宾馆看法有分歧。如果按照我方人员陈旧的思想观念做下去宾馆肯定会倒闭;港方坚持的是一种先进的酒店管理理念,但是我方的职工不肯服从。表面上看问题出在我方员工身上,但

20世纪80年代，深圳吸引了大批青年人才，
华强北路成了求职路。摄影 黄天肇

是实际上根子在中方经理身上，他本身思想就不通，认为港方要求的服务标准是
苛求。最后，李定果断决定，将原中方经理调回原单位，任命温富接任宾馆总经
理。温富思想不保守，也很有能力。他努力与港方经理搞好关系，虚心学习香港
的先进管理经验，建立和完善各项规章制度。改革旧的劳动用工制度，打破"铁
饭碗"，不论新老职工都根据工作能力和表现重新任职；废除原来的等级工资，
从总经理到普通工人，实行12个薪级的工资制度，工资、奖金与职务高低和工作
好坏挂钩；制订出员工违纪处罚规定，从警告到解雇分为5种不同处罚方式。一系
列改革措施的出台得到了绝大多数员工的积极拥护，宾馆服务达到了优质标准，
管理出现了新气象。

　　但是，也遇到了很难办的事情：仍有极少数员工，就是不听指挥，有的随便
旷工几天不来上班。工作组长李定问刘天就："这种情况你们香港是怎么处理
的？"刘天就回答说："在香港，处理的方法很简单，累犯不改的，'炒鱿鱼'
解雇。""炒鱿鱼"的制度能不能在竹园宾馆实行呢？这可是新中国成立后从来
没有过的事情啊。宾馆领导决定先"打招呼"，发了"如果再不上班，就要开

除"的通知。社会主义制度下开除工人？不可能！有些职工不相信宾馆真敢炒人，还是不来上班。一名主管会计甚至说："政权是共产党打天下打出来的，工作、工资是国家给我的，小小竹园宾馆就敢改变？"李定就让人列出一份表现最恶劣、在家呆着不上班员工的名单，共列出12名，经过反复讨论，决定对这12名违纪的员工分两批解雇，第一批解雇6人。解雇名单公布后，引起了强烈震动。被解雇的员工大吵大闹，被解雇员工的家庭打来电话严厉责问；有一位女职工是某地委书记的儿媳妇，到处告状大闹了3个月。不仅在宾馆引起了震动，在社会上也引起了种种议论。当时工作组压力很大，但是如果撤销解雇决定，改革会半途而废，宾馆肯定倒闭。于是，宾馆领导顶住压力，坚持改革做法。最后，员工们一看宾馆来真的，不听话不行了，旷工的也都回来了。后来宾馆面貌焕然一新，服务水平提高了，经济效益好了，竹园宾馆被评为省先进单位。香港老板刘天就也高兴了，扩大了对内地的投资规模。

鉴于竹园宾馆的实践，广东省、深圳市劳动部门系统调研总结后，提出了试行劳工合同制度的政策。1980年11月，竹园宾馆与其员工正式签订劳动合同，成为改革开放后中国内地第一家签订劳动合同的用人单位。由此，竹园宾馆成为全国第一个对员工"炒鱿鱼"、打破"铁饭碗"、对用工和工资制度进行改革的企业。

蛇口首次打破干部统一管理的模式

就在竹园宾馆为打破铁饭碗闹得不可开交的时候，改革干部制度的另一场好戏在蛇口工业区的舞台上上演了。

袁庚来到蛇口办工业区，首先遇到的问题是手下没有干部，事情靠人干，没有人怎么能干出一番事业呢？但是，蛇口招调人却是个难办的事情。开发蛇口的是香港招商局。虽说香港招商局的主管领导是国家交通部，但是招商局创办的蛇口工业区的性质是香港的中资机构投资，相当于外资企业，因此在干部管理上独立于国内干部制度。这就使蛇口工业区干部的招聘和管理有了特殊性。管理人员不可能全从香港调来，必须使用内地干部；而独立于内地干部管理体制之外，又没有办法直接使用内地干部。这种情况，既给蛇口造成了困难，又为改革干部制度带来了机会。对于内地实行的严密的干部制度，有人形容为"干部私有制"。袁庚心里很明白，要想从内地调干部来，在蛇口这块热土上共举大业，必须将

"干部私有制"的制度捅出一个口子。

为此，蛇口工业区组织了一个工作组，在蛇口工业区劳动服务公司总经理乔胜利带领下到内地招聘干部。第一站来到武汉市。1981年11月，在武汉海员俱乐部会场里举办了第一场招聘会。招聘到的第一名干部是王潮梁。他是交通部长江航运局科研所工程师，毕业于西北工业大学飞机系飞机专业，江苏无锡人，英文不错，专业颇佳。当年的王潮梁41岁，只知深圳没有听说过蛇口。王潮梁在原单位有些怀才不遇的感觉，决定参加考试试一试。王潮梁至今清晰地记得当时考试的情况：笔试3门：英语、国际知识、写一篇《试论我国对外改革开放政策》的论文。王潮梁在40多名笔试者中夺魁，获得了面试资格。正在他为等待面试着急不安时，突然接到通知，让他到一家餐厅与主考官们一起吃饭。大家边吃边聊，问他有什么爱好、特长，王潮梁一一作答。饭后，让他站起来，闭上眼睛原地踏步1分钟。王潮梁有些莫名其妙，后来才知道，这就是面试。闭眼原地踏步是国外一种测验方法，了解一个人的定力。王潮梁通过了考试，被录取了。拿到录取通知书，王潮梁找单位领导要求办理调动手续，单位领导吃惊不小，断然拒绝不放人。无奈之下王序号梁写信给蛇口工业区领导，请他们帮忙。令王潮梁万分激动的是很快收到了回信。这封信王潮梁珍藏至今，这是一封1981年11月13日蛇口工业区有关部门寄给他的"保密信件"，信中转述了袁庚（时任蛇口工业区管理委员会主任）的这样一句话："……不知他有没胆量，开个头。那里不肯调，就辞职。我这里收。最多就是人家去告状。最好告到国务院。我就想有一两个同志来开这个先例，捅开'干部私有制'。现在人才浪费问题太严重。人才在本单位不充分发挥作用，又不让人家调走。这种视干部为囊中私物的状况不打破，人才流动不起来，我们国家'四化'搞得起来吗？"袁庚的话大大地提高了王潮梁的胆量，他四处奔走，据理力争。最后并没有到"辞职"这一步，长江航运科研所最终同意放人。9个月后王潮梁如愿来到蛇口报到成为"蛇口人"，也成为改革开放后全国第一个招聘干部。

1980年3月，袁庚给谷牧副总理写报告，请求在蛇口工业区人才问题上实行"择优招雇聘请制"。1982年3月，袁庚给中组部部长宋任穷写信，提出在有关省、市、院校进行"招考招聘"蛇口工业区所需的人才。在谷牧等中央领导的支持下，中组部通知各地从内地商调管理和技术干部，支持深圳蛇口工业区的发展。"干部私有制"的体制终于被撕开了一个口子。

在干部管理使用上，比自由调动更难、更重要的，是解决"干部能上能下，打破终身制"的问题。让我们接着讲王潮梁的故事。1982年4月，踌躇满志的王潮梁来到蛇口准备大展拳脚，但是分派给他的第一个工作是在海滩当救生员。这让王潮梁哭笑不得：他并不会游泳。好在实际上也没有什么真正的"游泳救生"工作，他的具体任务是骑着自行车带游客们到处转转。虽然工资比在内地时翻了一倍多，但是原先说好的总经理却变成了现在的"救生员"，这让他感到有些郁闷。好在王潮梁来蛇口时，准备干事业而不是为了当官。他并不计较，埋头苦干。布袋中的锥子总会露出尖头。在蛇口的土地上，是人才终究会脱颖而出。王潮梁先后任蛇口工业区指挥部专业技术人员职称评定人员、海上世界股份有限公司总经理、都乐文化娱乐公司总经理、蛇口工业区管理局办公室主任、蛇口招商国际旅游公司总经理等职。

王潮梁只是一个例子。袁庚在蛇口进行干部制度改革，尝试举行民主选举制度，打破干部终身制，实行聘用制，能者上，庸者下，让领导干部能上能下变成了现实。1983年4月蛇口工业区正式实行民主选举和罢免干部的试验，打破干部制度的"铁交椅"。1985年4月，蛇口工业区出台了《招商局蛇口工业区管委会组织暂行条例》和《招商局蛇口工业区管委会选举暂行办法》。标志着民主选举开始法制化。第一次民选的结果与组织部门的预选人选名单基本一致；在第二届管委会民选中第一届管委会7名成员有3人落选；袁庚虽然得票名列榜首，但仍有93人没投他的票，比例占22.3%。蛇口开始推行民主试验之后，管理区的管理体制、干部结构和行政作风有了很大改善，社会道德风尚、人的思想境界和经济效益也有了很大进步。

虽然蛇口的干部制度改革最终没能坚持下去，但是它毕竟开创了干部制度改革的先河，为我国后来的干部制度改革、公务员制度的建立、基层政权民主选举等各方面提供了有益的经验。

人自由了，生产力就解放出来了

从1982年起，深圳把竹园宾馆的改革推广到国营企事业单位，对新招的工人一律实行合同制。蛇口工业区从1982年起，不论是工人还是干部，均实行合同化管理。1983年，市政府颁布了《深圳市劳动合同制暂行规定》，进一步扩大了用工制度改革范围。到1989年底，特区的合同制工人已发展到6.75万人。如果包括"三来一补"企业和建筑、服务性行业中的职工，深圳已经有了一支50万人的合同制工人大军。深圳摸索的经验经过立法成为制度。1986年，深圳起草《深圳经济特区劳动条例》,于1987年底呈送省人大审议修改后定为《广东省经济特区劳动条例》,1988年8月19日实施。1992年7月1日全国人大授予深圳市人大特区立法权,市政府起草《深圳经济特区劳务工条例》,1993年10月1日施行。这个条例为国家后来制定《劳动法》提供了重要借鉴和参考。1995年1月《劳动法》颁布实施。2008年1月1日《劳动合同法》颁布施行。

早期的深圳,对工人解决的是"干不干"、如何调动积极性的问题;对干部就难办得多,需要解决"有没有"的问题。深圳的基础是原宝安县的底子,创建初期只有2名工程师、几十名技术人员,新毕业的大学生刚开始省里每年只分给深圳一百多个指标,对深圳来说远远满足不了需求。深圳便学习蛇口的经验,也开始从全国招聘干部。深圳第一次公开招聘干部是在1981年。市组织人事部门(当时合署办公)派出招聘组到北京招人。在中组部和一些部委的支持下,首批招到了一百多名原在"三线"工厂工作的工程技术、管理人员。首战告捷,鼓舞了深圳的信心。1982年,深圳大张旗鼓在全国公开招聘干部。中组部再次大力支持,开出了介绍信。有了这个"尚方宝剑",工作进展十分顺利。从这次开始,深圳连续5年,从北京、天津、上海、沈阳、长春、西安、武汉等大城市招聘了大量优秀干部。其中有革命先烈叶挺将军的儿子、航天工业部高级工程师叶华明、著名电影演员祝希娟等。后来深圳建立起了常设性人才市场,人才的招聘、交流成了常态。到了1986年上半年,深圳已从全国招聘了5.4万名干部和技术人员,基本满足了建设上的人才所需。这项工作暂告一段。

后来深圳对引进人才的标准又提高了,开始从我国海外的留学生中招聘人才。1992年5月3日,由深圳市委书记李灏批准成立深圳招聘团,由市委副书记厉有为任团长,赴美国旧金山、华盛顿等5个城市招聘留学生。这是深圳首次以政府名义招聘境外专才,对中国来说也是第一次。这次招聘大获成功,有140多名留学生填表表达了愿意回国到深圳工作的意向。接着,2001年~2008年又组织了5次境外人才招聘活动,先后到美、英、法、德等国家一些城市和香港招聘,回国留学生越来越多。从2001年起,深圳已连续9年引进留学人员每年超过1000人。2009年更是突破了3000人。到2010年底深圳已累计引进海归近3.9万人,其中硕士以上学历近八成。深圳的归国留学人员数量为全国各城市之首。越来越多的归国留学人员把深圳作为回国工作创业的首选城市之一。数据显示,来深的归国留学人员中有28.6%选择创业,目前全市共有归国留学人员企业1512家,产值超过1亿元的归国留学人员企业有26家。

30年后的今天,深圳已有了一支庞大的人才队伍。全市大专以上学历与高级

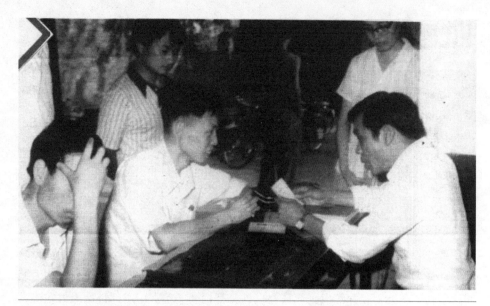

蛇口第一个招聘来的王潮梁，后来当上了招聘主考官。图片由深圳报业集团提供。

技工以上人才共183.7万人，其中具有初级以上职称的专业技术人员94万余人，高级职称人员8.98万人；具有博士以上学位的7400多人；国务院特殊津贴专家457人；更有牛憨笨等数名两院院士。

在解决了"有没有"人才问题后，如何选拔使用干部，"如何用"的问题就摆到了面前。干部选拔改革先从企业开始，后来扩大到了政府机关。这方面蛇口走在前面，实行经理（厂长）负责制和选举聘用合同制；一年后蛇口的做法在全深圳特区推广。1983年5月，深圳在市旅游公司和进出口公司进行试点，聘用了总公司经理、副经理等。1986年，深圳开始在市劳动局、审计局、标准计量局等10个局级单位公开从社会上招考局级干部；在市城建开发集团公司、城管办等4个局级单位公开招考聚集干部和经理。最后从近千名报考人员中选拔出24名正、副局级干部。1988年6月，深圳开始了公务员制度的探索实践。1995年3月，深圳16个单位的631名工作人员经过考核批准，顺利过渡为我国第一批国家公务员。它标志着我国建立公务员制度的重大人事制度改革开始启动。2008年8月，新成立的国家公务员局将全国唯一公务员分类管理改革地方试点任务交给深圳。2010年1月，《深圳市行政机关公务员分类管理改革实施方案》及有关配套制度正式实施，全市行政机关公务员职位划分为综合管理、行政执法、专业技术三大职类。改革的目的，就是通过职位分类和聘任制的实施，淡化官本位、打破铁饭碗，让深圳行政机关公务员队伍更专业、更高效、更廉洁。从竹园宾馆开始的职工打破"铁饭碗"改革和蛇口工业区开始的打破干部终身制改革，好像是两股清泉溪流从高山上流下来，最终汇成了滚滚奔流的改革大河。

"铁饭碗"和干部终身制成为改革开放的两大障碍。这是怎么形成的呢？两者的情况有些不同。先说"铁饭碗"。中国本来不存在这个问题。"铁饭碗"是在新中国建立后实行计划经济条件下出现的，究其原因是由于我们对社会主义优越性理解出现偏差造成的。中国历史制度是皇权绝对统治的一种封建制度。社会中的一切都属于皇帝，在这种制度下没有必要再分出国有、民营两种经济形态来，因此中国的经济制度基本上是属于王权领导下的民营经济。这种制度下，个人对自己的饭碗负责，因此不可能有"铁饭碗"。我国社会主义制度建立后，照搬苏联计划经济那一套做法，国家直接管理经济，因此也对体制内职工的饭碗负责，出现了"铁饭碗"。由于中国做不到像苏联那样实行彻底的计划经济，所以实行一种双轨制：将国民分成城镇户口和农村户口两部分，对城镇户口的职工实行铁饭碗制度；而国家无力管理的农民则自己负责自己的饭碗。实行"铁饭碗"制度造成的结果是分配上的平均主义和劳动效率的低下。因此，国家进行改革开放，首先就碰到了如何解决职工"铁饭碗"的问题。竹园宾馆最早遇到并较好地解决了这个问题，因此竹园宾馆成为中国第一个打破"铁饭碗"的单位，具有破冰意义。

再说干部终身制。中国行政官员的终身制形成很早，可以追溯到科举制度的实行。"科举制创立于隋、盛行于唐、发展于宋、衰亡于明清，是一种建立在小农经济基础上并与君主专制同志相适应的官员铨选制度，同时也是一种与教育紧密相连的考试制度。"（杨齐福《新华文摘》2006年2期）科举制是一个选拔行政官员的好办法，是人类历史上第一次出现的非常先进的人才选拔制度。通过科举制选拔各级行政官员是中国封建制度能够长期存在的保证之一。中国的科举制被英国人学去后，发展成为一种健全的公务员制度。美国学者顾立雅认为，中国对世界文化的贡献远不止造纸和火药的发明，通过科举制建立的文官制度"是中国对世界最大的贡献"。科举制度解决了干部的选拔问题，但是没有解决行政官员任职终身制的问题。每个朝代经过长期积累，官员数量越来越多，出现严重的"冗官"现象。这就给社会造成了巨大的负担。农民不堪重负时，经常揭杆起义，最终通过政权更迭的方式解决官员终身制问题。

改革开放大潮中涌现出来的蛇口必然也会遇到干部问题。由于蛇口是由香港招商局创办的工业区，是一个相对独立于内地干部统一管理体制之外的"试管"，因此必须首先解决干部来源和管理问题：怎样吸引干部来蛇口工作，又怎么解决干部能上能下的问题。蛇口在这一方面进行了很好的试验，萌发了干部制度改革的第一枝新芽。可惜的是蛇口试验的时间比较短，没有彻底解决问题。蛇口最早在全国招聘干部，对调进的干部打破级别管理制度，对各级干部进行民主选举制度试验等等，最后还是回到了干部制度管理的原有轨道上。但是，蛇口所做的试验在历史上刻下了印记，对我国干部制度改革产生了深远影响。

竹园宾馆职工打破"铁饭碗"和蛇口解决干部终身制问题，这两件事有什么重要意义呢？意义就在于对人的管理活了，让人恢复了自由。这既符合人的本性，也符合马克思理论关于未来理想社会"自由人的联合体"的论断。从表面上，竹园宾馆是老板炒了职工鱿鱼，实际上这是一种双向选择：职工也可以对老板"炒鱿鱼"。如果一个职工能力强，他对本单位不满意时就可以辞工到更好的单位去。事实上深圳的劳动力市场情况就是这样的：一方面是老板大量地炒员工鱿鱼，另一方面又是员工越来越多地积聚到一些高技术、高收入的企业，这实际上就是职工炒了老板的鱿鱼。这样一来，在市场经济条件下，实现了劳动力的自由流动，解放了生产力，带来了高效率。干部的管理也是如此。早期的蛇口工业区为什么具有那样生机勃勃的景象，充满了无限的活力？就是因为打破了干部终身制。群众可以评议干部、监督干部、选举干部，处在这种环境里的干部，必须要认真倾听群众的意见，根据民意不断地提高自己、完善自己，这自然也就提高了工作效率；而且更为重要的是，这种开放的干部制度能够保证不断地将新的优秀的干部选举到各级领导岗位上。同时也实现了干部自身的自由。对整个社会来说，打破职工的"铁饭碗"、解决干部终身制问题，可以让社会保持一种活力和高效率，最终加快社会进步的步伐。竹园宾馆和蛇口改革的意义就在这里，我们社会主义制度的改革就应该向这个方向发展。

作者手记

1983年我随基建工程兵部队集体转业后，调入深圳市委宣传部宣传处工作。处领导吴松营分配给我一项任务：为计划第二年召开的广东省首届社会主义精神文明建设先进单位表彰大会，选择典型，采写经验材料。我来到竹园宾馆进行采访。宾馆中方经理温富同志给我提供了很好的采访条件，除了自己接受我的采访外，还请秘书帮我安排采访日程。我先后采访了港方总经理陈怡芳、助理钟惠坚和许多职工。在采访中我听到最多的一个词就是"炒鱿鱼"。当时我对广东话不熟悉,不明白这个词为什么是"辞退工人"的同义词?陈怡芳向我解释了这个问题。他问我:"你吃过炒鱿鱼吗?"我回答:"吃过,北方也有鱿鱼。"他又问:"你有没有发现鱿鱼炒熟后会卷起来?""是的,无论是炒菜,还是煮汤,做熟的鱿鱼都是卷起来的。"陈经理说:"对了。工人被解雇后就要卷起铺盖走人了。炒菜时鱿鱼卷起来就像卷铺盖的样子。所以'炒鱿鱼'就是解雇人了……"原来如此,我恍然大悟。这一次彻底弄明白了这个词的意思。与这个词对应的是"跳槽",意思是"员工炒老板的鱿鱼"。后来再有北方来的朋友不懂这两个词时,我还能得意地卖弄卖弄。

在竹园宾馆时我感到什么都新鲜,感觉到港方的管理的确先进。竹园宾馆的经验材料很快写好了。从一定程度上说,上级选择典型就是比对各市上报经验材料的水平。由于深圳的材料下的功夫比较足,深圳市委、竹园宾馆、中建三局一公司和沙头角十三中队等4份经验材料都入选了。其中,深圳市委的材料是吴松营带我一起写的,竹园宾馆和中建三局一公司两份材料都是我自己采写的。1984年,在省表彰大会召开时,会议上印发的典型材料深圳数量最多。温富还代表竹园宾馆在会上发言。会议奖给竹园宾馆一台当时比较稀罕的20寸彩色电视机。

开会回来后,采访竹园宾馆时的情景经常在我脑海里浮现。按捺不住写作的欲望,我以中餐部部长陈惠莲的事迹为主写了一篇《新竹》的报告文学发给了《青年文学》杂志。这篇文章获"我们这一代年轻人"征文二等奖。后来有一次我将竹园宾馆的故事讲给深圳一家报纸的青年记者谢静听,引起了她极大的兴趣。我带她再次到竹园宾馆采访后,合作写出了一篇《微笑的竹园》的报告文学,刊登于当年的湖南《芙蓉》文学杂志上。

说起来竹园宾馆的故事发生在近30年前,但是今天想起来还是那样地清晰、亲切,一辈子都很难忘记了。

写作该文参考了《刘波:深圳开全国招聘先河》(记者王小欢整理刘波口述文章,《晶报》2009年6月18日A17版);《李定:改革开放要先打破条条框框》(记者王鸥鸣整理李定口述文章,《晶报》2008年9月4日A15版);汪开国、杨朝仁、董建中编写的《深圳经济变革大事》中《打破铁饭碗》章节。表示感谢。

第五篇
取消票证
走上市场经济之路

评语：深圳最早开放消费品价格，取消了在中国实行40年的各种票证，使购物变成了一种自由的选择和轻松的享受。这件事标志着深圳走上了市场经济发展的方向，成为全国打破计划价格管理体制的突破口。

1984年深圳宣布取消各种票证。这一做法对深圳当时的发展来说是迫不得已的选择，但是对全国来说却是拉开了由计划经济走向市场经济的序幕。在今天回过头来看取消票证这件事，其对中国经济的发展产生了十分重要和深远的意义。

不解决吃饭问题留不住建设者

俗话说，大军未动，粮草先行。于1980年8月26日宣布成立的深圳经济特区，很快就感觉到了"民以食为天"古训的正确性，解决吃饭问题成为摆在深圳市民面前的最大问题。

经济特区成立后，短短几个月，人口就由2万余人一下子膨胀到30多万人。当时，国家实行计划经济，几乎所有吃穿用的物品都凭票证供应。深圳只能够按照2万人的标准得到国家的供应指标。虽然省有关部门后来给深圳增加了成倍指标，但对于当时潮水般涌进特区的人潮，仍然是"杯水车薪"解决不了问题。"人是铁，饭是钢，一顿不吃心发慌，"粮油店、副食品店前面经常排长龙，几十万张口等着米面下锅，怎么办？市领导如坐针毡，坐立不安。

深圳紧急组织采购队伍，四面出击，到内地高价收购粮食、肉类和其他副食品。但当时全是计划供应统一物价，深圳高价收购，打乱了原来的市场供应局面。那一段时间里，国务院特区办经常收到其他省区的投诉。四川省投诉说，深圳人到四川收购干辣椒，影响了当地辣椒的收购和供应计划，搞得"无辣不吃饭"的四川人吃饭没有了胃口；山东省投诉说，深圳人到山东买走大量优质花生，影响了他们的收购和出口计划，使当地完不成创外汇任务。这样的状告多了，让特区办领导不胜其烦，批评深圳不按规矩出牌。

但是，深圳自己也有满肚子的苦水没地方倒出来。为了遵照国家保持物价稳定的规定，特区政府在内地的采购，高价购进，平价供应给市民，其中的差价列入政策性亏损。据统计，1980年起，深圳高价采购的粮食、副食品比重从14%到40%不等，鲜鸡蛋竟然高达82%。而且这种价格补贴的比例每年都在大幅度增加。1983年仅粮食一项一年财政补贴高达950万元。负担十分沉重。这不是长久之计。深圳政府本来家底就不厚，大量的补贴不可能长期坚持下去。

深圳平价供应副食品造成了两方面的问题。一方面不能从内地吸引货源，只有政府商业部门的采购队伍才能用高价采购，而民营公司没有办法做这种赔本生意；另外一方面深圳的平价副食品与香港副食品的高价形成了巨大的差价，深圳市场上的副食品被能够过境的本地居民偷运到香港出售。结果，深圳市场上的副食品更加短缺。

吃饭的问题，已经开始严重影响深圳从全国各地吸引人才。当时来到深圳的人，大多数没有迁移户口。国家配给的粮票、副食品票都在内地。来到深圳时，最多带来一、二个月的票证，用完了就要靠内地家中寄，不是长久的办法。而且，有不少人当时是瞒着单位偷偷来到深圳闯世界的，单位知道后不但不支持，还要求有关部门停发各种票证，情况就更困难了。因此，不解决吃饭问题，来闯深圳的人们就无法生存，无法坚持。实际上，当时确实有很多人因为这个问题又退回到了内地。

不改革这种票证经济，经济特区没办法办下去了。深圳市委、市政府领导班子痛下决心，要闯过这个关口。大家都知道，计划供应、票证经济、统一价格，在计划经济体制下这些都是雷区，是不能随便碰的，如果敢于闯这个雷区，严重后果无法预料。1981年时任市委书记兼市长的梁湘，到新园招待所看望刘海粟，这位国画大师被深圳请来绘制一幅《大鹏展翅》的巨幅大画。政治家与艺术家聊天，从取消票证的做法说到了政治命运的可能。刘海粟关心地对梁湘说："你在深圳特区率先推行市场经济，搞好了有人说你走的是资本主义道路；假如搞糟了，会有人说你复辟资本主义！反正有一项大帽子正等着你去戴哩！"梁湘坦然

1984年，深圳的人民南路商业老街开始繁华。摄影 郑东升

地回答说："不入虎穴，焉得虎子，只要立党为公问心无愧，我什么都不怕！千秋功罪，让后人来评说吧！"表现出了一种无私无畏的精神。

勇闯物价关

当时负责这项工作的主管领导是副市长周溪舞，在这个问题上他的压力最大。他回忆当时的情况说："1981年秋天的一天，梁湘笑着对我说：'老周，过中秋节，我吃饺子想买醋都买不到，你这财贸是怎么管的？'我知道梁湘是开玩笑，但我心头的压力很大。"怎么办？周溪舞决定运用国家给特区的特殊政策，打破商业领域中计划经济的限制，成立一家进出口服务公司，四处采购，解决市场供应问题。这个决定在今天看来最普通不过，但是当时谁也没有意识到这一做法实际上打破了新中国建立以来一直实行的三级采购、统购统销的流通体制，是在国家计划经济的整个链条上突破了一个环节。可能就是因为这个突破，深圳这块土地上一只蝴蝶翅膀的扇动，若干年后在全国形成了市场经济兴起的风暴。

深圳的做法引起了连锁反应。内地许多省、市纷纷来深圳设立商品批发站。这就产生了两种结果：一方面，全国各地的商品涌进深圳，深圳市场出现了前所未有的繁荣景象；另一方面，政府无法用行政命令控制价格，价格随行就市开始浮动了。

李定当年是市政府财贸办主任，具体负责这方面的工作。从他当年经历的泮溪酒家高价米饭、高价收购荔枝等一些事情中，可以看出深圳勇闯价格关的脉络。

餐厅卖高价米饭。泮溪酒家是深圳最早开办的高档酒楼之一。顾客到酒家吃饭要收粮票。有一次，酒家老板向李定反映，一些来自内地的建设者问："没有粮票能不能吃饭？米饭贵一点也可以。"根据这个情况老板建议说："可不可出高价买一些粮食，供应给没有粮票的客人？"当时卖高价粮违法，李定有点拿不准，找周副市长请示。周溪舞爽快地说："我看可以。就拿泮溪酒家先搞一个试点，不要宣传，不要一下搞太大，做一下试验，看看有没有问题。"泮溪酒家就开始出售高价饭，一碗米饭，有粮票5分钱，没有粮票5毛钱，相差十倍。还是有很多客人来吃高价饭，反映很好。

高价收购荔枝。深圳盛产荔枝，以前深圳创汇主要靠荔枝。外贸公司的收购价是8分钱一斤，果农自己到农贸市场叫卖价格3毛多钱，如果卖到香港价格1元港币。由于价格差别过大，到了收购荔枝的季节，不管政府官员怎么劝说、派民兵路上拦海边堵，果农就是不愿卖。因此，深圳连续几年完成不了出口创汇任务。1982年，李定主动向周溪舞请缨，愿意亲自带财贸办的同志去荔枝园收购荔枝，但收购价格根据情况在现场确定。周溪舞同意了。李定得到授权，来到荔枝园，以质论价，4角到8角一斤，最优质的1.2元一斤。结果，不但深圳收购情况良好，连东莞果农闻讯也赶来出售荔枝。当年，破天荒收到500多吨荔枝，出口到香港赚了一大笔外汇。省里管理部门的官员知道后坐不住了，先是打电话劝说，接着登报点名，甚至发文件制止、开会通报批评，最后派工作组到深圳追究责任，找到周溪舞提出要撤李定的职。周溪舞对来人说："这个事情我知道，如果有责任的话，责任是我的；如果要撤职的话，就撤我的。"结果不了了之。第二年深圳还是这样做。第三年，省里也放开价格收购了。

工业品销售放开价格。以前全国物价统一，商品价格由上级确定。谁违反价格规定会被戴上扰乱社会主义经济秩序的帽子。1981年，深圳在和平路搞了一条商业街。到了冬天，接到上级通知，电风扇价格上涨15%。香港人评价说："冬

重建后的东门老街，现代美观，但是失去了城市记忆。摄影 许业周

天电风扇涨价？神经病。"有人将香港人的话汇报给李定。李定认为香港人说的有道理，有些商品应该随行就市，价格不能一刀切。于是市财贸办就在这条街上推行浮动价格。结果，商品销量大增，商家赚到了钱，顾客也很满意。

放开价格最终稳定了价格。

随着深圳的人口越来越多，市民吃菜成了大问题。1982年时，国家规定青菜收购价格4.5分钱一斤，由于价格过低没有人愿意种菜。李定按照市领导要求从汕头支援，请来5千名菜农来深圳种菜。两个月后人全跑光了。深圳又从广州再请来5千菜农，结果没几个月又跑光了。种菜亏本，菜农当然不干。市政府决定由财政拨钱补贴菜农，但是补贴一段时间就撑不下去了。李定等人向市领导建议，提高蔬菜收购价和销售价。当时这是违反国家有关规定的大事，而且群众也可能反对，市领导都不同意。后来实在没有别的办法了，市委召开常委会专门讨论这个问题，经过争论，同意试一下看看。结果，价格一放开，青菜价格飞涨，一斤青菜从5分钱涨到4角、6角，最贵时1块钱！市场上虽然有菜了，但是市民吃不起，开始怨声载道。市委领导很着急，准备再次开会取消放开价格的措施。会议即将召开前夕，菜价开始下跌，从1元降到8角，又降到了6角。大家又惊又喜，决定再等等看。后来下跌的价格稳定住了。价格关终于闯过去了，深圳成功了。

一步步取消票证

小平同志南巡深圳的1984年这一年，深圳政府宣布，自11月1日起，深圳特区范围内，粮油敞开供应，取消一切票证。与此同时，取消国家对粮食、食用油、猪肉、蔬菜、煤气(球)五大宗商品的财政补贴，实行议价购销，自由选择。到了11月1日这一天，深圳大大小小的粮店贴出告示：从今日起，买粮不需凭粮本。三号大米每斤由0.146元调到0.29元……。对此，市民的第一反应是发慌!纷纷到全市各大粮站排队抢购粮油。一清晨，各大粮站前面已经排起了长队。粮站一开门，一堆人蜂拥而入，很快粮站就没粮卖了。队伍中开始出现骚乱，很多人骂了起来，甚至有人跟粮店的职工打起来……

面对市场上出现的乱象，深圳市委市政府多次召开紧急会议，研究对策。经过激烈争论，逐渐取得共识：深圳要充分利用国家赋予经济特区先行先试的政策，大胆地试验，大胆地改革；在取消票证的同时提高物价，以防止出现抢购；提价会造成干部职工生活水平下降，因此相应地发放物价补贴，提高工资水平。由于沉着应对，措施得当，恐慌和混乱很快平息下来，没有发生大的风波。

深圳取消票证走过的路子，经过了4个阶段：第一阶段为小步改革阶段（1980～1984年）。其特点是"调放结合，以调为主，分步理顺价格"。第二阶段为大步改革阶段（1984年～1987年）。其特点是"放调结合，以放为主，进一步理顺价格关系"。第三阶段为深化改革阶段（1988年～1991年）。其特点是"管、放、调并重，巩固物价改革成果，进一步完善价格体系"。第四阶段为完善改革阶段（1991年至今）。其特点是"完善管、放、调，改革的重点从改革商品价格转到有关收费管理上"。特区创办之初，由市政府物价部门管理的农副产品有110多种，到1983年改革物价下放权限后，只管9种，其余全部放开，由商场自主定价。到1984年10月，深圳市放开价格的商品比重约占社会商品零售额的80％。老百姓惊喜地发现：票证越用越少，商店里的商品却变得越来越多，像春天的山花一眨眼满山坡开放；价格放开后，开始价格很高，但好像冬天里的水银柱一下子就降下来了。市民喜欢上了商品琳琅满目的繁荣市场，享受着自由购物带来的便利和快乐。其他地方的人对深圳取消票证的事怎么看呢？抱着一种支持、尊敬的态度。周溪舞讲了他的一次亲身经历。有一次，他到北京开会。在会

周溪舞是当年负责商贸工作的副市长，为市民的菜篮子操心。图片由《深圳特区报》提供。

务接待处报到时，服务的同志看到周溪舞来自深圳的登记后，主动说："你们深圳取消了粮票，不收你的粮票。"周溪舞对此有点出乎意料，因为以前到京开会，经常会遇到一些人态度不太友好地说些风凉话：你们深圳的干部都发了财吧？听说深圳很多人搞投机倒把？深圳靠赚内地人的钱养肥自己……等等。周溪舞说："只有这一次，北京人是用羡慕的眼光与我说话。"他感觉十分自豪和得意。

深圳取消票证10年后，1993年4月1日，国务院发布《关于加快粮食流通体制改革的通知》，在全国范围内取消粮票和油票，实行粮油商品敞开供应。从此，伴随城镇居民近40年历程的粮票、油票等，号称为"第二货币"的各种票证完成任务，退出历史舞台。在这一点上，深圳比全国早了10年。

为走向市场经济开辟了道路

据有关部门调查，1995年深圳取消票证10年后，每百户居民耐用消费品拥有量为：彩色电视机112台，电冰箱100台，洗衣机98台，照相机62架，收录机87部，自行车119辆。取消票证、放开价格犹如"芝麻开门"，打开了财富的大门。

从1979年到1989年，深圳的物价增长两倍多，与此同时，工业生产总值从原来的8000多万元增加到116亿元，农民人均纯收入从152元增加到1450元，职工的工资从原来的平均一年769元增加到3852元。也就是说，10年内，物价增长两倍多，职工、农民收入分别增长5倍和9倍以上，生产更是增长100倍以上。

深圳取消票证、放开价格是无奈之举，但是在客观上却是打破计划经济射出的一支响箭。匈牙利经济学家科尔奈将计划经济称作"短缺经济"，其特点就是实行票证和购货排队。深圳由于取消票证、放开价格，就合乎逻辑地走上了市场经济道路。在计划经济体制下，政府负责资源的配置任务，整天疲于奔命，忙得脚后跟打后脑勺，但是费力不讨好，越管市场越萧条；把配置资源这个苦差事交给市场后，局面立即改观。凭借市场这只神奇之手，中国人在短短的十几年时间里告别了票证和排队，让短缺经济变成了商品琳琅满目的富裕经济。

在中国市场经济改革成功的今天，回过头来我们能够更加清楚地认识当年深圳价格改革的意义。全国价格改革是中国整个经济改革最为困难和最为关键的改革，价格改革能否成功，直接关系到全国经济改革的成功。作为中国改革的总设计师邓小平多次讲到要闯价格改革的关，即便有很大的风险，也要闯这个关。深圳实施价格改革的成功，为全国进一步进行价格改革提供了非常宝贵的经验。有人评价说，深圳经济特区成功地进行价格试点改革，对中国整体经济改革的贡献是排在第一位的。因为，中国市场经济的改革，实际上是价格改革。价格是牵一发而动全身的，价格改革直接关系到中国居民的经济利益，能够得到群众支持，就能成功；群众反对，就会失败。如果深圳进行的价格改革试点失败，中国的价格改革也许会推后10年。

这是一场改革攻坚战，深圳成功了。

作者手记

深圳将于1984年11月1日取消粮票等票证，粮食敞开供应、价格实行浮动。这个消息提前传开了。手中存有粮票的人都提前到粮店，用粮票购买最后一次平价粮食。我原来在部队工作时攒下了许多全国通用粮票，是5斤一张的大额面粮票。崭新的一沓粮票，我拿在手里翻来覆去地看，想到以后可能没用了，产生出一种特别割舍不开的情感。

我计划10月31日去购粮。这天一早我骑着飞鸽牌自行车，来到离家最近的园

李定是当年的市政府财贸办主任，谈起往事心情愉快。
图片由《深圳特区报》提供。

岭粮店买粮。虽然我出发得比较早，粮店门前还是排着很长的队伍。我已经向单位请了假，上午可以不去上班，就耐心地排在队伍后面等。八点半钟粮店准时开门营业。情况比我想象得好一点，虽然队伍很长但是排了不到一个小时就轮到我了。我先是要了一袋50斤装的面粉，这是蛇口面粉厂生产的优质面粉。我母亲说这种面粉筋道，擀面条、拉扯面都很好吃，让我多买一点。然后又买了30斤大米。本来还想多买，但是我住在8楼，又没有电梯，扛上去是个问题，只好就买这么多算了。粮店里的工作人员态度很好，帮我将面袋和米袋搬上自行车后尾架上，用绳子绑结实。自行车后尾太重，摇摇晃晃没法骑，我就慢慢地推着回家了。

作者的悼念

正在写这篇文章时，传来了周溪舞辞世的不幸消息。2009年11月13日年近80的周老永远地闭上了眼睛。周溪舞从1981年到1990年十年任期内，负责抓经济工作，构建了深圳工业经济，在工作中做出了突出贡献。深圳人民会永远记住他的贡献。

写作该文参考了《发挥市场作用建立良性经济循环》（记者饶洁整理周溪舞口述文章，《深圳特区报》2008年12月26日A18版）；《李定：改革开放要先打破条条框框》（记者王鹏鸣整理李定口述文章，《晶报》2008年9月4日A15版）；汪开国、杨朝仁、董建中编写的《深圳经济变革大事》中《取消票证与价格改革》章节；陈宏《1979-2000深圳重大决策和时间民间观察》有关章节。表示感谢。

第六篇

创建外汇调剂中心
为外向型经济开路

评语：中国曾经外汇少得可怜，如今成为世界上外汇储备最多的国家。深圳最早成立外汇调剂中心，为中国管理外汇、增加外汇储备、最终成为外汇大国创出了路子。外汇是国家财富的硬通货，是中国制造的产品风靡世界的报酬，是中国国际地位提高的证明。深圳为此做出了贡献。

2009年7月15日新华社发消息，中国人民银行最新数据显示，截至2009年6月末，我国国家外汇储备余额一举突破2万亿美元，达到2.1316万亿美元，同比增长17.84%。中国已经成为外汇储备最多的国家。看到这个消息不由得让人想起20世纪80年代深圳成立的外汇调剂中心。这两件事有非常紧密的关系，如果说当年的外汇调剂中心是将一颗小小的种子撒播到了深圳的土壤里，那么20年后这颗种子已经成长成为覆盖中华大地的参天大树。

深圳最大国有公司董事长因买卖外汇面临批捕

1985年夏季，李灏被任命为广东省副省长兼深圳市市长。

上任不久的一个星期日，市纪委和市检察院的领导到李灏家里登门拜访，拿着请示要求市长批准对深圳特区发展公司总经理孙凯风、副总经理张西甫的立案审查。李灏听后吃了一惊，忙问："发生了什么事？"来人回答说："特发公司涉嫌参与外汇黑市买卖，将40万美元按黑市价格卖掉了……"听着汇报，李灏搞清楚了事情的来龙去脉。由于深圳当时外汇黑市交易现象严重，中纪委将之列为大案调查处理。当时，中纪委几十人，加上省纪委抽调的人员，组成近百人的大队伍，浩浩荡荡来到深圳，开始深入调查这个问题。特区发展公司当时是深圳最大的公司，出口一批商品，赚了一笔外汇，按规定，应去银行将这批外汇换成人民币，他们却私下将这笔外汇卖给另外的企业了。李灏急急追问："孙恺峰现在人在哪里？"来人回答："他害怕了，以看病为名躲在医院里。"李灏想一想说："既然人没有跑，能不能等一等？"听市长这样说，纪委和检察院的同志只好同意缓一缓。

李灏为什么让等一等呢？因为他对买卖外汇这种事心中有点数，这是他上任后遇到的既迫切又棘手的问题之一。当时的深圳确实存在着一个外汇买卖黑市，但是形成黑市有深刻的原因。深圳经济特区成立后，形成了一股进出口贸易的热潮，出现这种情况很自然，因为发展工业项目需要时日，而贸易则来得快，经济特区一成立就面临解决吃饭的现实问题。许多公司以贸易进行原始积累，但是大家都热衷于做进口而不愿意做出口。为什么呢？这是国家外汇管理政策造成的。当时的金融政策规定：企业做完出口业务后要立即到银行结汇。银行按照国家规定的外贸汇率结算。1979年外汇1美元公开挂出牌价是兑换1.5元人民币，贸易结算价则是2.8元，外汇结算实行双轨制。随后美元不断升值，几年后涨到1美元兑换4元人民币左右，但是银行结算仍是2.8元不变。这样一来，就出现一种外汇结算对进口有利、但对出口不利的局面。有的企业看到进口能够获取暴利，就大量进口，牟取暴利。进口需要外汇，从银行申请外汇不可能，就想方设法到处收购外汇，结果产生了外汇黑市。国家当时实行的外汇政策形成的效果是打击了出口，鼓励进口。

李灏来到深圳时正是外汇黑市买卖猖獗的时候。由于购买外汇的公司越来越多，深圳周边城市的许多公司都来到深圳购买外汇，使外汇越来越紧缺，导致黑市外汇猛涨，1美元炒到5~6元人民币。这样一来，企业每结汇1美元就会产生2~3元人民币的亏损。亏损问题怎么解决呢？如果你是国家计划经济体制内的、有外贸经营权的企业，在出口时形成了亏损，可以向国家财政申请补偿，全额给予报销。这样做，对于国家体制内的外贸公司来说，除了手续麻烦一点外没有别的问题；对于国家来说也没有什么损失，只是将外贸中赚到的钱通过财政补给企业，也就是从左边口袋里拿出钱放到右边口袋里。计划经济体制下就是用这种办法在国家的层面上最终形成了平衡。

但对在深圳作外贸生意的企业来说，这是一个关系到生存的大问题。深圳的外贸没有纳入国家计划经体制内，因此，深圳企业做外贸业务形成的亏损国家财政不承担责任。当时的深圳地方财政靠从银行贷款过日子，也不可能帮助企业。于是，深圳的企业面前只有两条路可走：或者是坐以待毙，关门大吉；或者是铤而走险，将自有外汇按照黑市价格卖出去，保住成本从而进入新一轮的业务循

2009年国庆节李灏（右一）在天安门城楼上。图片由本人提供。

环。特发公司的全名是"深圳经济特区开发公司，是市政府直属的全市实力最强的国有公司，孙恺峰是老资格的国家干部。这样的公司为了企业的生存发展都要这样做，更不要说其他公司了。

对此李灏心里非常着急。如果任这种情况发展下去，就会严重地冲击国家的金融秩序。李灏来深圳前的职务是国务院副秘书长，对国家整个经济情况非常熟悉。他知道任何国家都有外汇储备安全问题。当时中国的外汇只有近100亿美元左右，外汇储备非常少。如果这样下去，就会扰乱国家的外汇市场秩序；进一步说，如果这种有利进口不利出口的局面不改变，愿意做出口创汇的企业会越来越少，国家的外汇储备来源就会枯竭，国家的外汇储备安全也就会受到威胁。

同时，这个问题不解决，深圳提出的建立外向型经济的目标是不可能实现的。外汇是什么？外汇是国家与国家之间金融结算的工具。外汇是国际汇兑的简称。通常指以外国货币表示的可用于国际间债权债务结算的各种支付手段。这是随着资本主义经济发展而发展起来的一种金融现象。在农业时代的自然经济状况下，国际间的贸易数量非常少，不需要外汇这种支付手段。国与国之间做生意，或者用货货交易的方式；或者用由金银等金属货币充当中介物进行贸易。随着14~15世纪地中海沿岸国家兴起，资本主义开始萌芽。15~16世纪的地理大发现，迅速扩大了欧洲对外贸易的地域，欧洲商人的贸易活动从地中海地区扩展到大西洋沿岸以致世界各地。这种情况推动了社会经济的发展，西欧资本主义开始进入原始积累和工场手工业大发展的新时期，世界经济逐渐走上了经济全球一体化的路程。国际间的贸易活动越来越多，这时候国际间的贸易结算开始以外汇作为结算手段。在经济全球化的形势下，一个国家要想发展就必须利用本国在资源或是生产技术方面的优势，生产出有竞争力的商品，做好出口贸易，赚取更多的外汇。深圳市是对外开放的窗口，提出发展外向型经济，参与国际竞争，外汇调剂问题不解决，发展外向型经济就只能是一句空话。如果深圳不能发展外向型经济，就没有必要成立经济特区。因此这件事不是一件小事，关系到深圳经济特区的生存和发展。

特发公司买卖外汇的事，有复杂的两面性：企业按照市场规律办事是合理的；但是违反国家外汇管理规定又是违法的。李灏在与其他市领导通气形成统一看法后，找中纪委工作组解释了这件事。李灏说："特发公司做的事合理不合法。外汇买卖其实是集团企业内部的调剂，老总个人没有从中牟利，因此孙恺峰不能抓。我们正在考虑建立一个外汇调剂新制度。有了这个制度，特发公司的做法就合法了……"中纪委的同志听李灏讲得很有道理，在向上级领导汇报经同意后，结了案，撤走了队伍。

成立外汇调剂中心得到了银行的支持

李灏感觉到外汇交易问题是一项影响深圳发展的重要问题，于是提出成立交易机构。这件事需要先说服中国人民银行深圳分行的领导，由他们做通国家银行领导的工作比较方便。李灏找到中国人民银行深圳分行行长兼国家外汇管理局深圳分局局长罗显荣，与他商量这件事。李灏原以为说服工作比较难做，没想到罗行长对此很理解，这有点出乎他的意外。聊天以后李灏才知道罗行长在外汇问题上也吃过小亏。有一次，罗显荣独自来到罗湖商业区的一家餐厅，要了一盘水饺和一罐啤酒。吃完饭结账，服务员告诉他，水饺可以付人民币，啤酒要付港币。他不理解地问："为什么要求付港币？"服务员回答说："因为餐厅的啤酒是用港币进的货……"罗行长有点尴尬，因为身上没带港币。没办法，罗行长亮明了自己的身份。服务员作不了主，叫来餐厅负责人。他破例同意罗行长用人民币结账，但是要按黑市价格结算。这件事刺激了罗行长，他完全赞成李灏市长的提议，解决外汇兑换问题，好让市民能够用人民币买进口的啤酒喝。

李灏和罗显荣达成了共识。市领导开始构想的是成立外汇交易中心，罗显荣感觉"交易"两个字可能太过敏感，建议改用"外汇调剂"一词。"交易"属于买卖性质，偏重市场行为；而"调剂"属于调余补缺性质，靠近计划经济。两个词实际上差不多，但听起来感觉不同。罗显荣是"行内人"，深知成立外汇调剂中心是有风险的事，上面同意了好说，如果不同意自己丢官事小搞不成事大。李灏说："中央领导把搞好经济特区的任务交给我们了。经济特区搞不好不是小事，那样党的改革开放政策的正确性就会受到质疑。看来这个风险非冒不可了。"罗显荣说："深圳经济特区能不能搞好，银行责无旁贷。我们干！外汇调剂中心搞不好我负责。"李灏说："我知道你老罗是一个敢负责任的人。我听你们一个副行长说你经常对他们说：'我们的乌纱帽不要老戴在头上，都摘下来放在办公桌上，随时准备失去……'整个深圳的干部都应该有你这样的思想境界。这次这件事市委负责，如果上面追查下来，我顶着。"两位胸怀大志的人，表情严肃，握手鼓励，击掌为信，分头行动，推动工作迅速取得进展。

1985年8月，中国人民银行深圳分行草拟了《深圳经济特区留成外汇调剂管理办法》。9月，向国家外汇管理局提交了《关于在深圳经济特区建立留成外汇调剂中心的请示报告》。但是，未能得到批复。深圳人没有气矮，对方案再次修改，强调参加调剂的企业限于特区的国营、集体企业，"三资"企业和特区外的企业不得参与外汇调剂；调剂价格由调剂中心根据参加单位的换汇成本进行适当比例浮动等。

深圳市委、市政府经过研究，成立了由副市长甄锡培任组长的"外汇调剂领导小组"，负责筹建深圳经济特区外汇调剂中心。11月，深圳市政府以275号文正式颁发了《深圳经济特区外汇调剂办法》。12月，深圳经济特区外汇调剂中心正式成立，由甄锡培任主任，罗显荣任副主任。外汇调剂中心的营业地点最初设在园岭新村18幢404室的一套住宅里(后来迁至国际商业大厦)。从银行抽调了3个小青年当工作人员，从财会部借了20万元作为开办资金，到广州买回来一台电脑算是工作设备，外汇调剂中心就这样开业了。最早的业务很简单：申请调剂外汇的两家企业商量好调剂外汇的数量和价格，由工作人员输入到深圳外管局的电脑里就可以了。12月12日，外汇调剂中心办理了第一笔外汇交易，成交金额100万美元。到了这个时候，像前面说的特发公司按黑市价格出售美元的一类事情，就不再违法了。直到1988年3月10日，也就是在外汇调剂中心将满3周岁时，中国人民银行以银发489号文下达《国家外汇管理局〈关于外汇调剂的规定〉的通知》，外汇调剂中心才算是正式领到了经营许可证。

深圳市外汇调剂中心的成立在全国是首创。它的建立，不仅极大地缓解了外汇的供求矛盾，打击了外汇黑市交易者，还为国家收取了一定的税利。深圳外汇调剂中心"摸着石头过河"，边干，边总结，边改革。调剂范围从仅限于深圳特区扩大到全深圳；调剂对象从仅限于国营、集体企事业单位，到后来允许所有企业都参加；调剂价格从10%的范围内浮动到随行就市。外汇调剂中心的成功实践得到了国家外汇管理局的充分肯定，在发给深圳许可证之前，中国人民银行就发文决定在全国各地设立外汇调剂中心。在给深圳颁发"准生证"后的次月，国家外汇管理局在成都召开专门会议，介绍了深圳外汇调剂的做法和经验。自此之后，全国相继成立了近百家外汇调剂中心。截至1993年，8年间深圳外汇调剂市场累计交易143亿美元，年均增长6.5倍。

1994年，深圳外汇调剂中心与京津沪等地电脑联网成功；同年底，深圳联网全国。在中国外汇交易中心银行间外汇交易系统正式启动后，深圳经济特区外汇调剂中心转变为中国外汇交易中心的一个分中心。1998年12月，深圳外汇调剂中心正式更名为中国外汇交易中心深圳分中心。至此，"外汇调剂中心"这个名称才功成名就，退出舞台，隐匿在历史的烟尘中。

创建外汇调剂中心为深圳建立外向型经济开辟了道路

如果仔细研究一下，就会发现外汇调剂中心在深圳建立外向型经济上起到了一个非常重要的作用。

中央对深圳提出了"改革开放窗口"的要求。国务院[1986]21号文件中要求特区的任务是建成以工业为主、工贸结合的外向型经济。深圳早在20世纪80年代初，就提出了"四个为主"，即建设资金以引进外资为主，经济成分以发展外资企业为主，经济运行以市场调节为主，产品销售以外销为主。建立外向型经济，需要大力发展对外贸易；而发展对外贸易，必须解决外汇兑换问题。外汇兑换是工具，没有这个工具无法揽下外贸这个瓷器活；外汇兑换又好比是一条船，有了这条船深圳的外向型经济才能顺利渡河到达彼岸。

有了外汇调剂中心以后，深圳兑换外币汇率的问题解决了。从1985年12月12日深圳外汇调剂中心办理第一笔100万美元外汇交易开始，到1993年深圳外汇调剂市场交易量达到2969亿美元，调剂量在全国调剂中心中名列前茅。有了外汇调剂中心，企业与企业之间的外汇资金与人民币资金才有了兑换的合法途径和通畅渠道。这样至少解决了两个问题：一是解决外商投资的回报问题。以前外商来深圳投资赚到人民币后没有办法换成外汇转出去。结果不但影响了外商继续投资，而且对其他潜在的投资商也形成了负面影响。有了调剂中心后，这个问题迎刃而解，愿意来深圳投资的外商越来越多。二是有效地调剂了企业之间的外汇资金与人民币资金余缺。企业做外贸生意，有的以进口为主，有的以出口为主。做出口的赚到了外汇，没有办法以合理价格兑换成人民币，无法继续从国内采购；而做进口的，赚到人民币后，不能兑换成外币，就无法进口下一批商品。这就好像是两条河流都被筑坝拦住，水流不通，财源不通。现在有了外汇调剂中心，人为的堤坝被打通，水流畅通，航道通畅，百舸争流，千帆云集，外贸的长河出现了一派兴旺景象。这样一来，不但企业的外贸生意进展顺利，调动了企业扩大出口的积极性，而且，炒卖外汇的黑市得到了有效的抑制，保护了一大批企业干部。

外汇调剂中心的业务正常开展起来后，深圳的进出口业务空前繁荣，有力地促进了特区外向型经济的发展，使深圳对外贸易增长创造了奇迹。"建特区前的1979年，进出口总额仅有1600万美元，到2007年，已达到2875亿美元。28年来，深圳外贸进出口总额以年均43.3%的速度增长，大大高于同期全国16.2%的年均增长速度。1993年，深圳的对外贸易总额首次超过上海，居全国大中城市首位，进出口总额占到全国总量的14.41%。当跃上这个台阶后，深圳以一种规模效应和'增长极'效应一直把这一相对优势保持到今天，差不多达到了亚洲四小龙成熟时期的水平。"（樊纲《中国经济特区研究》107页）

深圳外贸经济的出色表现促进了整个城市经济的迅速发展。据统计，深圳国内生产总值从创办经济特区之初(1980年)的2.7亿元发展到2007年的6801.6亿元，年均以33.7%的速度增长，超过全国年均增长17.8个百分点，GDP总量仅仅排在上海、北京和广州之后。在2007年，人均GDP为10628万美元，是国内首个超过1万美元的城市；居民可支配收入为24870.21元，在全国排名第二。（樊纲《中国经济特区研究》119页）

以上成绩的取得，与当年外汇调剂中心的成立有很大的关系。深圳外汇调剂中心的成立，有力地证明了市场经济与计划经济之间不是势不两立的对立关系，不存在不可逾越的鸿沟。深圳的实践证明了小平同志说的这句话是正确的："我们必须从理论上搞懂，资本主义与社会主义的区别不在于是计划还是市场这样的问题。社会主义也有市场经济，资本主义也有计划控制。"深圳用创立外汇调剂中心这把钥匙，打开了社会主义与市场经济之间的这扇大门，为中国特色社会主义理论宝库里增添了一件宝物。

从深圳建立外汇调剂中心开始，计划经济体制下僵化的外汇管理制度被冲破了。就好像是神奇的宝葫芦被打开了，中国的外贸潜能被激活了。中国很快成为出口大国，"Made in China"标记的产品出口到了世界每个角落。出口大国必然成就外汇储备大国。2006年2月，中国大陆（不包括港澳）的外汇储备总额达到8537亿美元，首次超过日本，位居全球第一。到2009年6月，中国外汇储备余额为21316亿美元。

发明"混沌理论"的美国科学家爱德华·洛伦茨有一句名言："一只蝴蝶在巴西轻拍翅膀，可能会在密西西比河流域引发一场风暴。"如果说当年的外汇调剂中心是蝴蝶扇了一下翅膀，那么"世界最大外汇储备国家"就是20年后形成的风暴。

今天的中国人不差钱。

写作该文采访了李灏同志。参考了《李灏：关于深圳几项重大改革的回忆》（记者樊鹏整理，《深圳特区报》2008年5月5日）；樊纲《中国经济特区研究昨天和明天的理论与实践》一书；丁时照、朱丽华《中国汇市，深圳发源》一文（李南玲主编《从深圳开始》）。表示感谢。

第七篇

创办中国第一个
股票交易所

评语：股票是资本主义最出色的创造之一。不夸张地说，资本主义的主要特点就写在股票这张纸上。创办股票交易所，是深圳学习资本主义市场经济的神来之笔；股票，给深圳带来了欢乐也造成了苦恼；发展股票市场，使深圳变成国内重要金融城市，使中国变成金融大国。

新中国成立后，几乎将所有认为带有资本主义色彩的东西全部扫地出门。30年后中国开始改革开放时，深圳突然感觉到需要股票交易市场，以方便与国外资本家做生意。于是，深圳创办了中国仅有的两家股票交易所之一。

英国人的话启发了李灏创办股票交易所的思路

事情要从深圳市委书记李灏考察英国时的一次经历说起。1988年，为学习了解西方资本主义市场经济运作经验，时任深圳市委书记的李灏带队到英国、法国、意大利三国考察，题目之一是考察证券市场的运作。在英国伦敦，香港新鸿基证券公司帮助组织了一个投资座谈会。李灏在会上介绍了深圳经济特区的情况，最后热情地表态说，欢迎英国金融投资家到深圳投资。这时有一位英国某家基金公司的经理回答说："我们不能直接向你们的工厂企业投资，只能买你们企业的股票……。"李灏听了他的话，感觉到这个问题很新鲜。他开始研究股票问题。

股票这个东西是聪明的荷兰人创造出来的。17世纪初，英国工业革命发生，商品经济迅速发展。荷兰人很会做生意，特别是擅长航海贸易，因此被人们称作"海上马车夫"。当时的荷兰是世界上最大的航运国家，一个国家的商船数量相当于英、法两国商船数量的总和。荷兰人将欧洲工业品运到中国、

深圳当年买股票的群众如潮水汹涌。摄影 张新民、蓝水添、林浩。

印度，换来瓷器、丝绸、香料等各种奢侈品，能够得到几十倍、上百倍的暴利。利润惊人，但是风险也巨大。一叶扁舟，航行万里，大海上经常掀起万丈巨浪，随时可能将商船埋葬于海洋深处。因此，做远洋贸易需要大本钱。当时荷兰小商人多，单独吃不下这样的大生意；同时为了规避巨大的风险，有人想到了集资成立股份公司的主意。1602年荷兰成立联合东印度公司，向全社会招股融资成为当时世界上最有实力的大公司（在谁是世界上第一家股份公司的问题上有不同看法。有一种说法，1554年英国成立的"莫斯科公司"是第一，这是一个以入股形式从事海外贸易的特许公司）。但是，光有股份公司还不行，有人急用钱时想出售股票换成现金。于是，又有聪明人想出了一个主意，成立一个专门的市场，让股票像萝卜白菜一样能够买卖交易。这个市场被定名为交易所。世界历史上第一个股票交易所是阿姆斯特丹证券交易所，于1609年在荷兰阿姆斯特丹诞生。荷兰东印度联合公司成为第一家上市交易的公司。如今全世界规模最大的证券交易所，是纽约和伦敦的证券交易所。证券交易所是个好东西。有了证券交易所，资金就像活水一样畅通无阻地流动起来。它既为社会上大大小小的闲散资金创造了方便的投资渠道；又为具有很好成长前景的公司随时融到急需的资金开辟了道路。正是因为有了政权股票市场，资本主义迅速发展、成熟起来。

深圳的情况与当年的荷兰多少有些相似之处。发展经济、解决吃饭问题，是深圳的首要任务，但是缺乏资金。聪明的领导人注意到了群众手里有一些散钱。如何把社会上的闲散资金集中起来发展经济呢？宝安县领导在这个方面开了头一炮。他们向社会集资，成立了新中国第一家股份制公司，发行了新中国历史上的第一张股票（深宝安的故事将在《新中国第一张股票诞生记》一文中详细讲述）。第二个实行股份制的是深圳发展银行。在吸纳特区6个信用社资金的基础上，向社会公开招股发行"深发展"股票。在两个单位取得成功经验的基础上，深圳开始了进行公有制国有企业股份制改革的工作。以前，深圳的国有企业主要采用经济责任制和租赁承包两种方式。但这两种方式都无法解决"负盈不负亏"的问题，甚至出现了市交通运输公司职工李长城经营管理不善导致承包企业破产的案例。于是，深圳从1986年开始探索国有企业的股份制改造和国有资产管理体制改革的路子。市政府先后颁布了《深圳经济特区国营企业股份化试点暂行规定》和《深圳市经济特区国营企业股份化试点登记注册的暂行办法》。要求市属国有企业试行股份制改造。将赛格集团公司、建设集团公司、物资总公司等6家市属大型国营企业作为股份制改革试点单位；招商银行、平安保险等股份制企业都在这个时期里相继成立。1987年4月，深圳市政府正式组建市投资管理公司，做为

股民自己操盘，在股海中冲浪。摄影 张新民、蓝水添、林浩

政府领导下的市属国有资产管理机构和控股公司。深圳股份制企业越来越多了，许多国有资产也变成了股份公司，这种情况下，就有了股票交易的需求，公司纷纷要求设立交易股票的市场。实际上，当时深圳已经有了股票交易活动。例如，深圳发展银行股票一开始就可以交易，但属于柜台交易，随着交易量越来越大，柜台交易承受不了了。

英国考察期间，李灏考虑最多的就是如何学习西方先进国家的经验，建立深圳证券市场体系。考察结束一回到香港，安排的第一项工作就是研究证券市场问题。李灏开始想找世界著名的日本大和证券探讨一下。大和证券的老板名叫宫崎永一，早在1980年李灏就与他有交往，互相比较熟悉，关系也不错。后来考虑到日本离深圳太远，语言交流也不方便，就改变主意约香港新鸿基证券公司商谈。双方谈得十分投机，最后李灏决定聘请新鸿基当深圳证券市场的顾问，新鸿基欣然接受。这个顾问不是摆摆样子，是要做事的。深圳希望帮助做3件事。一是帮助起草一个建立深圳证券市场的总体方案；二是帮助起草证券市场的各种法规制度；三是帮助培训证券业务方面的骨干人才。做这么多事不能白干，深圳付给新鸿基顾问费1元钱。李灏从香港回来后，马上成立了资本市场领导小组，将这项工作摆到议事日程上。有人议论说："深圳要搞资本市场？太赤裸裸了吧！"李灏听到这种说法，开始有些不以为然，后来想："改个名吧，省得节外生枝。"于是将领导机构改名为：深圳市证券市场领导小组。李灏办事向来雷厉风行，这件事情上更不含糊，要求深圳证券交易所的筹备工作立即开始。一时找不到合适的办公场地，就租了国贸大厦的几间仓库摆上桌子，筹建好办公室就开始工作了。

深圳股票交易所是先生孩子后领出生证。

　　深圳园岭新村是深圳最早的由政府开发的住宅区之一。早期的柜台股票交易所就设在这个住宅区里。深圳市民对股票这个新鲜玩意儿开始不大明白，深发展的股票开始推销不出去，推销股票的员工走街串巷，上门宣传，甚至开着广播车推销。买的人还是比较少，许多单位就发动干部和党员带头购买。经过一段时间，人们开始有点认识了，就慢慢尝试着买一些。没想到股票涨得很快，看到自己的股票天天涨价，股民又惊又喜，忍不住兴奋向别人炫耀。听到股票来钱快，许多人赶紧取出存款加入到买卖股票的行列。于是股票涨得更快了，吸引来了更多的人，很快出现了狂热的场面。由于柜台交易慢，满足不了每天越来越大的交易量，人们开始不耐烦起来，就直接在场外交易。住宅区的大树下、草地上，挤满了股票发烧友，他们一手握着股票，一手抓着现金，讨价还价，大声吆喝。这也许像当年美国纽约股票交易所刚刚开张时的景象，在一个名叫华尔街的地方，股票交易商们就是在大橡树底下做股票交易的。但是，深圳买卖股票的却只是普

深圳证券交易所希望牛气冲天。摄影 王兰君

通市民，大家对股票半懂不懂，好像这个东西只赚不赔。涌向场院里的人越来越多，整天泡在这里打听股票消息，设法购买股票。手中有股票的人压货不卖，供求关系失衡，股票价格天天都在暴涨。狂热的气氛中孕育着越来越大的危机。到了1990年，场外交易泛滥起来，面临着失控的危险。

李灏越来越着急，天天催速负责同志抓紧工作，情况不容许再拖了。11月下旬的一天，李灏带着几位市领导和几大银行的行长，一起来到新筹建的深圳证券交易所参观。宽敞的交易大厅装修一新，整齐地摆放着一排排计算机。技术负责人汇报说股票交易操作系统已经安装调试完备。年轻的交易员们，身穿黄马褂守在自己的岗位上，眼睛盯着屏幕手指飞快地操作。负责同志汇报说，这里正在做实际操作的模拟训练。看起来一切准备工作都已经就绪，有点象模象样了。

李灏看得比较满意。他发问说："既然准备工作就绪了，为什么不开张？"一名负责人回答说："国家有关部门还没有批下来……"。李灏一挥手说："批不批先不管，你们抓紧时间开业。先试验嘛，有问题市政府负责任。12月1日是个好日子，就选这一天试营业！"

1990年12月1日，深圳证券交易所开业了。

深圳的这一举动给历史学家们造成了难题，他们对新中国证券交易场所开业的正式日期有点说不清楚。要说实际开业的日期，深圳早，12月1日；而上海交易所是拿到正式批文后于12月15日正式开业的。深圳交易所的批文直到第二年才拿到，于是深圳在1991年7月9日补办了一个开业仪式。有一次我问李灏这件事的原委，他哈哈大笑说："上海是先办手续后生孩子，而深圳是先生孩子后登记……"。

深圳证券交易所成立后，深发展、深万科、深原野、深金田、深宝安（俗称"老五股"）成为首批上市公司。1991年，完成了11家上市公司的股份制改组，改组了9家内部股份公司。绝大部分上市公司发展情况良好，逐渐发展成为国内外知名的上市公司。

深圳股票市场带给深圳的欢乐与痛苦

深圳有了股票市场以后，大家都感觉到世界变了个模样，与以前大不一样了。股票深深地影响了深圳人的工作和生活。在深圳，几乎人人都买股票，成为大大小小的股东。深圳的股票涨涨落落，给人们带来几多忧愁、几多欢乐。遇到牛市，个个眉开眼笑；遭遇熊市，大家愁眉苦脸；尤其在股票大幅波动时，股票好像坐上了过山车翻滚跳跃，股民们也变得紧张万分神经兮兮。

深圳股市初创时期，像个小孩儿似的，情绪很不稳定。忽牛忽熊，牛起来很"牛"，熊起来又太"熊"。1990年4月中旬，牛市突然爆发出牛脾气，深发展、万科、金田、安达、原野股价全面猛涨，到11月中旬平均上涨10倍，黑市交易惊人。大涨必有大落，熊市猛然扑出来。11月22日，"老五股"等股票均无成交，熊市熊到这种情况为国际上罕见。1991年4月3日，深圳发布和编制股指，把当日基数作为100点，次日即一路下滑，到9月22日跌至45点左右，跌去55%。按国际惯例，股指跌去30%就可称为股灾。深交所经历了严重股灾。为早日摆脱熊市，市政府和人行深圳分行开始救市，组织几家金融机构筹集2亿元资金悄悄进行救市、托市。深发展首先托住了，由13.7元一直稳住在14.5元左右。很快股市开始逐步回暖。1个月后，即从1991年10月3日起，股价开始上升，除原野微升外，其余5只股票平均上涨24.77%。1991年11月9日、10日，新股发行启动，全市290多个银行网点发放新股认购申请表，中签率4%。新一轮投资热潮又出现了。

股票给深圳造成的最大伤害，要算1992年发生的"8.10事件"。1992年中国人民银行总行批准深圳发行新股，面值5亿元。这个时候全国的人都知道股票可以赚钱，形成了全国性的"股票热"。深圳以前发行股票的方式是凭身份证买表抽签。这种发行方式有缺陷，出现过一些问题。但是市长郑良玉抱着试试看的心理决定再做一次。按照规定每个人可买10张表，中签率10%，中1张就可以在二级市场上赚1～2万元。因为能够赚大钱，吸引了全国各地的百万股民南下深圳，有人甚至到农村收购身份证用口袋装着带到深圳。有一个邮局收到的一个包裹里装有700多张身份证。据当时有关部门估计，大约有320万张居民身份证"飞"到了深圳。8月9日开始售表。提前两天的7日下午，买抽签表的队伍就开始形成，8日全市300多个网点排队购表的人达120万人。由于供求矛盾尖锐，一些人雇人排队，花钱买位，私下炒表一张表最高炒到1000元以上。原定9日、10日两天发售，结果提前一天售完。由于发售过程中出现徇私舞弊、截留抽签表的现象，一部分排一天一夜队而一无所获的群众开始焦躁起来。股民开始集会，群情激愤，上街游行。游行队伍向市政府进发，有人甚至打信号弹助长声势。深市市委、市政府领导紧急磋商，采取措施，请示上级领导同意后，将原本准备第二年发行的股票额度500万张抽签表提前发行销售。做出决定后，草草写了几条，开出广播车去广播："市里决定增发500万张抽签表，明天继续卖……"听到通知，游行队伍呼啦一下散去了，都去排队了。这一招厉害，不是扬汤止沸，而是釜底抽薪。就这样，一场不知道会出现什么样糟糕后果的事件终于平息了。对这件事，李灏说是自己"一生中最为惊心动魄的事件。"郑良玉说："这是我人生经历中最为震动的一次事件，当然也是教训最深刻的一次。"这件事说明了深圳证券业发展的艰难。

中国只有上海和深圳两个股市。兄弟两个暗中较劲，进行了20年的"长跑比赛"，两个股市各有所长。深交所筹建时完整借鉴香港联交所的一套做法，在上市挂牌、交易规则等方面都直接照搬香港经验，起步比上交所快。1995年，上交所成交额开始大幅超过深交所。这种情况促进深交所在硬件上加大技术创新力度，使交易系统更加完善安全，同时提高"软件"质量，为上市公司提供周到的优质服务，结果吸引各地新上市公司选择深交所作为上市地。1996年8月，深交所成交额开始全面超过上交所，这一年深圳股市以174.92%的涨幅登上全球股市排行榜的冠军宝座。1998年1月，中国证监会规定企业上市必须"上海先上一家，深圳再上一家"，深交所开始被甩到了后面。2000年9月深交所停止发行新股。主板停发新股对深圳经济产生了不利影响，券商、保险公司、基金管理公司等金融机构弃深圳而去，投奔上海。2004年6月25日，中小企业板在深圳证券交易所正式开盘，证监会允许深市重新发行新股，使深圳股市生命返青活力重现。这次深市发行的8只新股票被称为中国股市"新八股"。2009年10月23日，深圳创业板在深圳正式举行开板启动仪式，为深圳的股市增加了新的活力。首批上市的28家创业板公司，平均市盈率为56.7倍。截至2010年3月12日的数据显示，深市上市公司总计910家，沪市的874家，数量上深市多一些。但是，沪市在存量规模和募资功能上有压倒性优势。沪市总市值高达17.29万亿元，远高出深市仅6万亿元的水平；其中沪市总流通市值高达11.3万亿元，相当于深市总流通市值的3倍有余。融资规模也相差较大，沪市上市公司累积首发实际募集资金超过1.1万亿元，深市首发实募资金仅3127.61亿元。

证券市场的设立给深圳带来了极大的好处，促进了深圳金融业和整个经济的迅速发展。中国仅有的两个证券市场之一设立在深圳，特别是中小企业板和创业板设立在深圳，使全国的资金流向深圳，给深圳建设金融中心城市创造了极好的条件。按照中国证监会首任主席刘鸿儒同志的概括，深圳在金融改革方面创出了多个全国第一：1981年人民银行总行批准筹建南洋商业银行深圳分行，是新中国建立后引进的第一家境外银行。1987年5月深圳发展银行成为新中国建立以来第一家上市发行股票的股份制商业银行。1987年人民银行总部决定在深圳建立全国第一家证券公司——深圳特区证券公司。1988年中国人民银行批准成立平安保险公

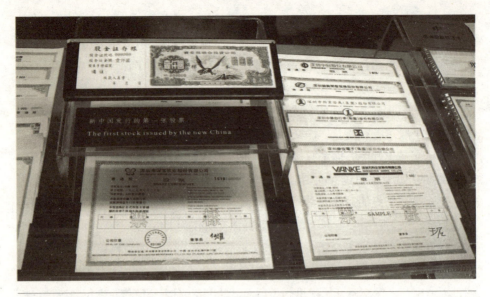

宝安股是新中国第一张股票，与万科股等一起上市。图片由宝安区博物馆提供。

司，打破了中国人保独家经营保险的体制。刘鸿儒评价说："现在，深圳已经成为北京、上海之外的全国第三大金融中心。"

经过多年的努力，深圳不仅成为国内重要的金融中心，而且在世界金融中心排名中位置越来越靠前。伦敦金融城政府从2007年3月开始推出全球金融中心指数（GFCI），这是世界金融中心竞争力最权威的调查排名。按照该指数2010年3月公布的报告，根据对全球75个金融城市调查数据，全球前15大金融中心排名为：伦敦、纽约、香港、新加坡、东京、芝加哥、苏黎世、日内瓦、深圳、悉尼、上海、多伦多、法兰克福、波士顿、北京。全球75个金融中心中，中国内地有深圳、上海和北京3个城市上榜，实在令人感到高兴。

深圳证券市场的创立改变了深圳，改变了中国。就深圳来说，它的创立不仅让深圳变成了重要的金融中心城市，而且由于资金大量流向深圳，为深圳企业的发展创造出良好的金融环境，最终使深圳的经济发展速度在全国名列前茅。就中国而言，证券市场的建立，给中国带来了资本积聚效应。截至2010年3月，沪深股市上市公司总市值达24.5万亿元人民币，居全球第三位；加上香港，中国开始在世界上扮演金融大国的重要角色，地位越来越重要。取得今日的辉煌成绩，证券市场功不可没。

可见，证券市场是资本倍增器，是撬动经济发展的杠杆。

深圳"8.10股票事件"中的股民。摄影 张新民

　　写作该文采访了李灏同志。参考了《李灏：关于深圳几项重大改革的回忆》（记者张鹏整理李灏口述文章，《深圳特区报》2008年5月5日A3版）；《郑良玉：深圳证券业艰难中崛起》（记者王圣整理郑良玉口述文章，《晶报》2009年8月6日A18版）；《王喜义："摸着石头"筹建深交所》（记者余彦君整理王喜义口述文章，《晶报》2009年7月23日A19版）；记者沈清华采访刘鸿儒《深圳市全国金融改革探路先锋》一文（《深圳特区报》2010年3月18日A4版）；《深圳着手建立金融改革创新综合试验区》（谢湘南《南方都市报》2010年5月19日AⅡ16-17版）；汪开国、杨朝仁、董建中编写的《深圳经济变革大事》中《股份制》章节。表示感谢。

第八篇
新中国第一张股票诞生记

评语：股票是西方人发明的，中国人也可以拿来用；股票是资本主义市场经济的产物，在社会主义制度下也能很好发挥聚集资金的神奇作用。深圳办经济特区时政府没有钱；发行股票将社会上的闲散资金集中起来，集腋成裘，聚沙成塔，建设起了一座现代化城市。

新中国第一张股票，诞生于1983年7月8日，是由深圳市宝安县联合投资公司发行的。这只股票不但在中国开了先河，而且引起了西方世界的注意，据说纽约大都会博物馆中，就收藏了这张股票。

新组建的宝安县由于缺乏资金被迫发行股票

新组建的宝安县是怎么回事？需要作一些简单的介绍。1979年撤销宝安县组建深圳市，全市面积为2020平方公里。1980年8月26日中央、国务院批准成立深圳经济特区。经济特区是毗邻香港的那块狭长土地，面积327.5平方公里，约等于全市面积的1／6；特区外还有5／6的非特区。这部分怎么管理呢？1981年7月中央、国务院决定在非特区部分恢复宝安县建制，为深圳市下属县。广东省委任命方苞为深圳市委常委、宝安县委书记；李广镇任县委副书记兼县长。李广镇后来回忆说："此时，宝安县原来的'老底'都留给了深圳市，当时的市委书记梁湘问我，你们把县城设在哪里啊？后来决定在现在的西乡建新宝安县城，当我到现场看时，那真是连一片瓦都没有……"

财政困难的市政府只拨给新成立的宝安县1000万元。这区区小钱只能用来发工资、办公，根本谈不到建设新县城、发展县经济了。建设资金必须另想办法。经过讨论，县委县政府决定成立一家公司，用公司运作的办法筹集资金。1982年11月县政府发出75号文件，批准成立宝安县联合投资公司。任命县政府办公室副主任曾汉雄为公司总经理。

公司虽然成立起来了，但是公司经营同样需要资金。养鸡也要一把米。政府只拨给公司20万元开办费，经营资金又从哪里来呢？当时深圳没有钱，宝安更困难。中央只给政策不给钱，必须要在用足、用好政策上想办法。那一年，胡耀邦同志到宝安观察，提出改革开放以来宝安群众逐渐富裕了，社会上的闲散资金多了，要想办法把群众手中的闲钱集中起来，用于经济建设，以创造更多的社会财富。受胡耀邦指示精神的启发，根据公司班子提出的建议，县领导经过研究认为应该在社会上集资，利用群众手中的钱办企业。李广镇谈了当时的情况："在1983年初一次县委常务会上，我提出进行集资，搞股份制，就算这是资本主义的东西也要大胆试一下。如果有谁不同意这个办法，那么就请拿出办法来……"大家想来想去无计可施，就同意了集资搞股份制的办法。

想集资是一回事，能不能集到资是另一回事。当时人们手里现金很少，一块钱恨不得掰成八瓣花。集资是非常困难的事情。为了让促成集资募股成功，县领导想出了很多办法：

一是财政投资作股东，增强股东信心。县政府决定从县财政中拨出200万元来垫底，政府当上了大股东。200万元在当时相当于全县一年1600万元财政收入的1/8。拿出这么一大笔钱，谁都感到心疼。财政局长首先表示反对，他说："这么多钱财政一下子拿不出。而且财政的钱投入企业有很大风险，我负不起这个责任！"李广镇有点生气了，开始来硬的："这事县政府决定了，钱拿不出来也拿，拿不出来也要拿！"局长还是不服气说："县长同志，你这不是强迫命令吗？"李广镇手一挥大声说："就算是强迫命令，我都要做一次！"最后财政拨款200万元投进公司，占有20％的股份，其余800万元从社会募集。不但财政投股，而且县委县政府要求机关个人也要带头买宝安股票，数额从50元至数百元不等。3名正副县委书记更是要求为人表率，各认购了1000元。

二是建章立制规范运作，让股民放心。政府要求公司建章立制，制订出了公司章程，内容包括依法设立，入股自愿，退股自由，年终分红等。按照规定，私人股份可以继承，可以转让。股东所得股金红利属合法收入，受法律保护。这些与正规的股市规则无异。为了打消股民的顾虑，章程中写了"可以退股、保本付息"的条款（这种保证"只赚不赔"的做法，不符合股市规则。因此，这一条后来被取消了）。为了做得像模像样，公司参考香港股票样式，请设计师设计了股

中共宝安县第五次代表大会召开，李广镇在大会上讲话。图片由宝安区委宣传部提供。

票的样本，委托广州的一家印刷厂印制。宝安股票的图案是一只大鹏鸟，伸展翅膀，张开利爪，在空中翱翔。这个图案象征着宝安联合投资公司的事业如大鹏展翅，搏击长空，蓬勃发展。意义非常好，股民很喜欢。股东除了股票，还有股权证，可以在年终分红时登记数据。

三是在公开刊登广告，吸引投资者。1983年7月8日，宝安股票公开发行。7月25日，公司在《深圳特区报》上刊登招股启事："欢迎省内外国营集体单位、农村社队和个人(包括华侨、港澳同胞)投资入股，每股人民币10元。实行入股自愿，退股自由，保本付息，盈利分红。"谁也没想到，宝安公司招股的广告引起了非常积极的反响。上海、北京、新疆等20多个省、市、自治区的群众要求投资参股。一些华侨、港澳同胞也投资做了股东。到1984年底，集资达到1300万元，超过了原来的计划。

对于宝安股票的集资入股，领导带头也好，全国各地群众积极参股也好，当时的人们对股票增值并没有概念，不是为了赚钱发财，而是为了支持改革开放，为建设深圳经济特区、新宝安做贡献。事情就是这么奇怪，越是想发财的人就越不容易发财，而并不是为了发财的人最后却获得了财富。历史的发展中存在着无数个这样的变数和机遇，抓住机遇的人，也许更准确地说法是无意碰上这种机遇的人，最后反而发了大财。

获得集资的宝安联合公司，如鱼得水开始正常经营，如虎插翅迅速取得了良好的经济效益。公司运作一年就产生了良好的经济效益，第二年就有能力向股东分红了。1985年，公司获纯利15.7万元，股东首次分得红利，其中宝安福永凤凰乡的农民文富祥，购买1000股股票，分得红利100元和股息48元，共计148元，收益达到14.8%。

宝安股票成功上市为"老五股"之一

1990年12月1日，深圳证券交易所开业了。

1991年，宝安联合投资公司更名为深圳市宝安企业(集团)股份有限公司。6月25日，宝安股票公开在深交所挂牌上市，成为最早一批在深圳上市的股票。深宝安的股票代码为00001，总股本2.64亿元。当时这是全国规模最大的上市公司。当年税后利润达1.06亿元，比上市前增长6倍。深宝安股票在股票交易所活跃交易至今。当时，在深圳股票市场第一批与深宝安一起上市的，还有深发展、深万科、深金田、深原野(现世纪星源)，这就是老深圳人熟悉的"老五股"。

深宝安集资募股，解决了宝安公司最初急需的经营运作资金，抓住了改革开

新中国第一张股票——宝安县联合投资公司股票。
图片由宝安区委宣传部提供。

放初期的宝贵时机，为新宝安经济发展抢得了先机；而且随着股票上市，开始参加集资的单位和个人财富数倍增长。直到这时，人们才认识到了股票的财富倍增器作用。这方面有一个好例子。在深圳东部的大亚湾畔大鹏镇有一个名叫大坑的村庄。因为建设大亚湾核电站全村迁移到王母墟建设了大坑新村。搬迁任务完成后国家拨付的移民安置、土地补偿经费剩余150万元。这笔钱村里没有分掉，而是按照李广镇县长的建议投资到宝安县联合投资公司。深宝安上市后，大坑获得1500万股法人股，股票价格最高时达到2亿多元，全村村民不足200人，人均100万元。大坑由此成为全国最富裕的村之一。当时的香港报纸评价说："北有大邱庄，南有大坑村"。

深宝安与上海飞乐，谁是新中国第一只股票

对"谁是新中国第一股"的问题有争议。广东人说深宝安是第一股；而上海人说上海飞乐是第一股。究竟哪种说法对呢？我查了一下两只股票公开发行和上市的时间。深宝安公开发行的时间是1983年7月8日；而上海飞乐音响公开发行的时间是1984年11月18日（发行1万股，每股票面价格50元）。深宝安要早一年多时间。上市时间呢？深圳证券交易所在没有拿到国家有关部门批文情况下于1990年12月1日开业，由深圳"老五股"挂牌交易；而上海交易所是拿到正式批文后于12月15日正式开业，由飞乐等股票开始交易。这样看来，无论是股票公开发行的时间，还是上市交易的时间，深宝安才是真正的"新中国第一只股票"。以深宝安为代表的股票成功募股和上市对中国经济的发展具有十分重要的意义。

一、因为创造了"集资募股、股票上市"的方法，政府对其"只给政策不给钱"的深圳才找到了积聚资金的渠道，从而使"杀开一条血路"有了可能。宝安联合投资公司的企业规模和对财政的贡献是有限的，但它创造出的股份制公司的影响是非常深远的。当时缺乏资金是普遍的现象。许多村镇急着找资金，建厂房，发展来料加工，看到县里可以集资办公司，于是纷纷效仿，动员村民集资建厂，建立股份合作公司，极大地推动了经济的发展。那个时候镇、村的股份公司、来料加工厂如雨后春笋般建立起来，例如，蔡屋围、沙头角、万丰村和横岗镇等都是早期创办比较好的村民股份制公司。据统计，深圳全市以原来的村为单位成立了200多个股份合作公司，按原值算资产总值超过600亿元，而现值已经是几千亿元的规模，成为深圳公有制经济的半壁江山。

二、发行上市股票这件事，充分体现了深圳各级领导具有创新精神和"敢为天下先"的气派。这种创新和敢于承担责任的精神是深圳的宝贵精神财富之一。创新是深圳的灵魂，没有创新精神就没有深圳的今天。对集资办企业、办股份制公司等一些做法，今天看起来很普通，人们可能会说："没有钱，搞集资是很自然的呀！"但是当时情况完全不同，那时人们的思想还禁锢在左的一套理论中，当时普遍的看法是："集资、搞股份制是搞资本主义。"思想不解放，又没有政策依据，对领导来说，作这样的决定是有政治风险的。事情办好了，领导并没有特别的功劳，要是办砸了领导就要承担责任，受处分、撤职都不是没有可能。那当时的宝安县的领导为什么愿意这样做呢？李广镇谈起当年的想法时说："不这样做就会丧失早期发展经济的机遇。虽然对我们来说有风险，但是只要对老百姓有好处，不损害国家利益，我们就要大胆去干；只要对经济发展有利，对改善民生有利，我们就积极去做。改革开放就是要创新，我们就是凭着这样一个信念，不怕担风险，敢于面对失败。"广镇同志的话令人肃然起敬。我想就是因为早期建设深圳经济特区的干部、党员们有这样一种创新和敢于负责的精神，才有可能

李广镇副市长（左二）在宝安区委书记梁道行（右二）陪同下，到龙华镇调研。
图片由宝安区委宣传部提供。

创造出许多"全国第一"，也才有可能取得深圳今天这样的大好局面。

三、新中国接受股票这一事物，就为中国经济由计划经济转向市场经济找到了方向和路径，从而为中国改革开放事业的成功打下了体制和和机制上的基础。股票是荷兰人在400年前发明的。股份制、股票和证券市场，做为工业时代的产物，成为发展资本主义经济的利器。而在400多年以后，股份制和股票再次为社会主义经济特区的发展作出了贡献。股票帮助深圳人聚集资金，使深圳的经济起飞有了资金上的保证。

它山之石，可以攻玉。

写作该文参考了《李广镇：改革创新就要敢于承担风险》（记者陈晓航整理李广镇口述文章，《晶报》2008年8月14日A14版）；汪开国、杨朝仁、董建中编写的《深圳经济变革大事》中《股份制》章节。表示感谢。

第九篇

国贸大楼建设创造了"三天一层楼"的深圳速度

评语：人类历史是文明的进步史。不同文明体发展进步的过程就是一场比赛。谁能以最快的速度发展，谁就能够站在历史长河的潮头引领新潮流。改革开放后的深圳在一段时间里无疑是人类文明发展中速度最快的地方。奥运会提出的口号是：更快，更高，更强。深圳曾经做到了；今后也不会停步，将继续速跑。

在深圳罗湖区的繁华闹市有一座五十三层高的大厦，全名叫国际贸易大厦。这个大厦曾经是居全国第一高度的大厦。五十三层的旋转餐厅是来深圳旅游的人必然要到的地方。旋转餐厅40分钟转一圈，正好可以在享受广式早茶的同时居高临下四面八方浏览一遍城市的美丽风光。1992年1月20日上午，小平同志第二次视察深圳，特地到国贸大厦参观，受到市民自发的热烈欢迎。他在国贸大厦顶层的旋转餐厅，俯瞰这座城市的景色，欣喜地指着窗外的一片高楼大厦说，深圳发展这么快，是靠实干干出来的，不是靠讲话讲出来的，不是靠写文章写出来的。深圳的经验就是敢闯。

如今国贸大厦，不要说在全国拔节竞高的摩天大厦中不起眼；就是在深圳，这座大厦的高度也排在地王大厦、赛格广场大厦的后面屈居老三。但是这座大厦在深圳特区建设早期创造了"三天一层楼"的建设速度。今天，人们谈论深圳高度，不能不谈国贸大厦；谈论深圳速度，不能不谈国贸大厦；谈论创造中国第一的深圳人，更是不能不谈国贸大厦。

建一座标志性大厦夺取中国第一高度

建设国贸大厦的点子最早是谁想出来的呢？根据我查

到的档案资料，这个点子是第二任市委书记、市长吴南生提出来的。开始他希望建一栋38层的巨型大厦。为什么38层呢？是因为当时全国最高的大楼是南京金陵饭店，37层。建38层，高于金陵饭店，就创造了高度的全国之最。

梁湘市长上任后，支持加速建造这座大厦。1981年5月，国内38家集资单位第一次在深圳竹园宾馆召开筹建国贸大厦会议。梁湘同志亲自召集会议，讨论把这座大厦作为各省市和国务院有关部门设在深圳的对外"窗口"，38家集资单位一家一层，当时大厦造价约800元／每平方米。但是在提交市委常务会讨论时，大家感到38层的高度还不够，与香港也没法比。讨论后议定建一座地上50层、地下3层共53层的大厦。顶层能停直升飞机。

这座大厦由全国集资建设，也是集中全国的智慧完成的。国贸大厦选址罗湖区人民南路与嘉宾路交汇处的东北角，湖南省地质勘测公司承担了测量任务。大厦设计由多家设计院投标，最后选中了湖北工业建筑设计院由黎卓健、袁培煌等人设计的方案。施工设计遇到的第一个难题是大厦的基础施工。机电设计院提出采用香港已普遍采用的挖孔灌注桩方法，经过深圳建设公司总工程师室主任黎克强等工程师们经过认真测算认为方案可行，由广东省第二建筑公司承担挖孔桩施工任务。大厦基础和主体施工招标，共有7家省级以上建筑企业获准参与投标，最后由中国建筑第三工程局中标。中建三局总部在武汉，是最早一批进入深圳参与特区建设的国有大型企业。局长张恩佩亲自组织投标，中标后决定由副局长李传芳坐镇深圳任现场总指挥。

向滑模技术要速度

中建三局关于在施工中使用滑模、争取创造高速度的施工技术方案，是能够中标的关键因素。什么是滑模技术呢？所谓滑模，就是先用钢模板搭建出一个墙体空槽，往里浇灌混泥土浆；等到混凝土凝固到一定程度，用千斤顶将模板顶起来，开始新一层的浇灌。这有点像厨师把豆浆倒在木格子里做豆腐，像泥瓦匠用泥巴在木模子里打泥砖，又像艺术家将石膏泥注入模具里塑人像。但是材料不同，规模不同，技术要求不同，最主要的是风险大大不同。

在使用滑模技术前，传统的施工工艺叫翻模。用这种技术施工，就是先在准备建设的大楼外部密密麻麻搭建一圈脚手架，随着大楼增高脚手架也随之增高，一直搭到最顶层。脚手架是施工平台，工人们站在上面，制模板，扎钢筋，浇水泥。水泥凝固后，把模板拆下，升高一层再制模板，再扎钢筋，再浇水泥……如此重复循环，一层层往高建。用这种技术，像国贸这样平面达1530平方米的层面，完成一层工期最少需要15天。按照这个速度，50层主楼施工需要750天。

如果用滑模的新工艺施工，就不需要搭建脚手架了。用模板做成板墙，将混凝土灌入板墙内，混凝土凝固，模板滑升，墙就立在那儿了。大楼的平面就是一个施工平台，工人们一边扎钢筋、一边浇铸混凝土，一边滑升模板，几道工序紧凑衔接，流水作业，效率成倍提高。在国贸工程投标中，中建三局就是用这样的先进施工工艺技术方案，投标胜出。

国贸大厦创造了三天一层楼的"深圳速度"。摄影 余海波

1982年5月施工开始，半年多时间完成了地基处理、地下工程和裙楼的施工。在大楼主体建筑施工中开始试验滑模工艺。滑模技术不算是原创的技术，在国内外一些小型施工中有人采用过。但是在一栋53层、地面以上高度达150米、建筑面积超过10万平方米的大型工程中使用这项技术，尚无先例。很快，施工人员发现，滑模技术不大容易掌握。滑升速度快了，混凝土尚未成型，墙体会软瘫、坍倒；滑升慢了，混凝土完全凝固，墙身会被拉裂。最初的3次试验都失败了。这

时候，从施工工人、技术人员、管理人员，到局领导都感觉承受着巨大的压力。正是因为滑模技术难度很大，建筑行业内并未广泛使用。20世纪40年代丹麦在一项工程中使用了滑模技术，但是失败了，大楼坍塌死伤了30多人；美洲一座大厦采用滑模技术，质量不过关造成几千万元损失。因此，中建三局在当时的中国第一楼施工中使用滑模技术，可见要冒多么巨大的风险！但是具有强烈使命感的三局领导们愿意冒这个风险。局长张恩沛说："我们别无选择。只有使用滑模技术，才能实现我们在投标中的承诺；只有使用滑模技术，才有可能赢得高速度；只有使用滑模技术，才能保证我们在深圳建筑市场上保持强大的竞争力。滑模工艺寄托着我们中建三局三千员工的希望。"副市长罗昌仁亲临工地为大家打气，他鼓励说："失败乃成功之母。千万别气馁，把拉裂的墙体打掉重来。"

由三局副局长、深圳工程总指挥李传芳，工地主任、施工总指挥王毓纲，支部书记、施工副指挥厉复兴，总工程师俞飞熊，滑模主管、设计组组长罗君东等人，组成小组，负责技术攻关问题。大家集思广益，反复测算数据，一次次模拟试验，慢慢摸清了问题的关键所在。经过反复试验，移动滑模时混凝土应该达到的最佳强度数据已经掌握了，影响质量的是混凝土浇灌速度问题。施工平台达1530平方米，需要连续不断地浇灌2400多立方的混凝土。这是一个巨大的数量！由于设备力量不足，混凝土供给量跟不上，影响了浇灌速度。就算是三局这样的国家队，也因为经费不足无法配备足够的设备。工欲善其事，必先利其器。为打好这一仗，三局领导一咬牙，从银行大额贷款，添置了急需的设备。

在这个关键的时候，用聪明才智解决技术难点是一个方面，而需要有坚强的思想心理素质抗击压力也是一个重要方面。中建三局和深圳市的领导毫无保留地给予支持，极大地鼓舞了他们的信心。局长张恩沛每天晚上都要与深圳工地通电话，询问情况，判断分析，帮助解决问题。深圳市的领导梁湘、市委副书记周鼎等多次到工地上视察，主管的副市长罗昌仁更是三局在国贸大厦试验滑模技术的坚定支持派，他说："滑模技术一定能成功，我们要把成功的机会给三局。"

从1983年6月开始，技术攻关几乎用了4个月时间。第四次试滑于1983年9月18日晚9点开始。这是一个重要的时刻。大家谁也坐不住。张恩沛局长从武汉赶来，亲自坐镇指挥。罗昌仁副市长赶到工地，鼓舞军心。张局长一声令下，静静的工地突然声音大作，机器轰鸣，大地微微颤动。搅拌机转动，输送泵吐料，成千上万吨的混凝土像汹涌的河水一样涌进平台上无数个进料口，场面无比壮观。入夜11点，到了预定的第一次滑模提升时间。机器停止怒吼，人们屏住呼吸，工地上一片肃静。提升滑模的动力来自分布在施工平台各关节点位置上的576个油压

国贸大厦封顶。摄影 江式高

千斤顶。拉动闸门，数百个千斤顶同时启动，"哒、哒、哒……"千斤顶顶压上升的声音清脆而惊心。

结构复杂庞大、重量达280吨的滑模，被千斤顶慢慢地顶升起来。模板升起的地方留下了一道混凝土墙，象齐刷刷的竹笋破土而出，如兵马俑战士排列出阵。在李传芳的眼中，"青灰色的墙体柔和、光滑、坚实，没有一丝裂缝，在工地夜灯的照射下，像婴儿的皮肤一样令人心醉。"接着，继续浇灌，每半个小时提升一次，最后，达到了一层楼的标准高度。经过激光检测，楼层的水平度和垂直度完全符合标准(最后大厦竣工时，大厦的倾斜度只有3毫米，远远超过了国际水准)。

第四次滑模成功了！李传芳按捺住猛烈的心跳，拿起麦克风对着工地等待已久的1600名员工说："同志们，告诉大家一个好消息，滑模成功了，我们胜利了！"工人们听罢，先是瞬间的寂静，接着就欢呼起来。人们把安全帽从头上摘下，使劲地挥舞着，喊叫着，拥抱着，泪水和汗水交织在一起。滑模技术试验成功后，国贸大厦建设速度不断提高，从15天一层，变成7天一层。大厦建到20层以后，又提高到6天一层，5天一层，4天一层。建到30层时，终于实现了3天一层。"深圳速度"由此诞生了！

1984年3月15日，新华社向全世界发布一条消息：正在建设中的中国第一高楼深圳国际贸易大厦主体工程建设速度创造了"三天一层楼"的新纪录，这是中国高层建筑历史上的奇迹，标志着我国超高层建筑工艺及速度已达到世界先进水平。从此，"三天一层楼"成为享誉中外的"深圳速度"的象征，载入了特区建设的史册。此后，国贸大厦、"深圳速度"成为中国改革开放的重要标志。

深圳速度建设了一夜城

国贸大厦创造了两个第一：大楼高度第一，建设速度第一。

但是按照今天的标准，高度，国贸大厦早就不行了。在深圳，后来又有了地王大厦和赛格广场大厦，国贸大厦已经屈居第三。从全国范围说，城市中的大厦高度越来越高。一位外国学者感叹说："中国的城市正在越长越高。"2008年11月，上海中心大厦破土动工。按照规划，5年后竣工的上海中心大厦将以632米的高度超过508米的台北101大楼，成为新的"中国第一高楼"，并与目前排名世界前十、高420.5米的金茂大厦和492米的上海环球金融中心，成三足鼎立之势。不光是上海，各地的"第一高楼"数据也在不断刷新：2008年9月，南京绿地广场紫峰大厦顺利封顶，以450米的高度一跃成为"江苏第一高楼"。2008年10月，投资80亿元的重庆"嘉陵帆影·国际经贸中心"破土动工，设计塔楼高度超过455米，将成为"西部第一高楼"。目前，在建的广州西塔建筑，总高度432米，建成后将成为广州"离天堂最近的建筑"。

摩天大楼起源于西方。欧洲早期最高的建筑是教堂。也许教会的神父们认为教徒们在高高尖顶的教堂里祈祷，最容易被上帝听到。世界上第一幢摩天大楼是1884年美国芝加哥建的房屋保险大楼。实际上，这幢楼才10层高，但在楼房建筑史上被称之为"摩天大楼之父"。19世纪末期，早期的摩天大楼如雨后春笋涌现出来，其中比较著名的有美国芝加哥1974年建成的西尔斯大厦（110层，443米高）；纽约曼哈顿20世纪20~30年代建成的帝国大厦（102层，381米高）。后来，世界贸易中心大楼超过了帝国大厦，9·11事件中世贸大楼倒塌后，帝国大厦又回到纽约第一高楼的位置。后来摩天大楼从美国走出来，走向亚洲。2004年，中国台湾省的台北101金融大厦曾一度戴上了世界最高摩天大楼的桂冠（101层，509米高）；第二名是马来西亚吉隆坡1998年建成的双子星塔（88层，456米高）。2010年1月25日，阿拉伯联合酋长国迪拜兴建的哈里发塔（原名迪拜塔）（200层，828米高）竣工，虽然出生的时机不太好，迪拜遇到严重的金融危机，但是这不妨碍哈里发塔成为"世界第一摩天大厦"新科状元。这个高度不知道能保持几年？沙特阿拉伯已经计划要在美丽的红海沿岸城市吉达修建高达1600米的摩天大楼。摩天大楼刚开始出现时，成为节省土地资源和显示财富实力最好的象征。但是高层建筑存在着种种弊病：巨额的投资和运营成本、高于普通建筑的危险系数、难以维系的生态环境质量等。对问题理解深刻的西方发达国家，已经不

1989年时的深圳东门老街。摄影 郑东升

东门老街旧貌变新颜，说明了深圳的变化速度。摄影 薛云麾

再依靠建筑的高度来体现城市文明了。

论高度，国贸大厦已经远远落在后面，把桂冠让给了一个又一个的后来者。但是，论速度，国贸大厦创造的三天一层楼的记录仍然是非常先进、值得骄傲的速度。在这方面也许没有几家能够与它相比，更不要说超过。更重要的是，"三天一层楼"的速度不是只体现在一座楼的建设上，而是代表了深圳城市的建设速度。中建三局建设国贸大厦创造三天一层楼的故事，就是深圳整个城市建设的缩影。有了"深圳速度"，才有了其在20多年间从一个边陲小镇发展成为现代化大都市速度的奇迹。28年时间，自我积累、自我发展，深圳从一个县城，变成了今天下属7个区的副省级城市；深圳城市建成区从开始的几平方公里扩大为今天的几百平方公里；深圳的人口从建特区前的31.5万人增加到上千万人。昔日的这个边陲小镇，已变成一座现代化城市。

深圳用"三天一层楼"的速度，写出了"一夜城"的神话。

作者手记

1984年，广东省召开首届全省社会主义精神文明建设表彰大会。按照省委宣传部的要求，深圳需要整理几份先进典型的经验材料。我当时刚刚随着基建工程兵部队集团转业，调入市委宣传部宣传处工作，调研和整理经验材料的任务就落到了我的身上。经过一番调研后，确定了几个单位，其中就有中建三局一公司建设国贸大厦的经验材料。我到国贸大厦工地，重点采访了工地主任王毓纲、书记厉复兴、总工程师俞飞熊、滑模设计组组长罗君东等人。

采访现场，我看到干部职工们住在活动板房和工棚里，工棚是用油毛毡和竹杆、竹席、竹叶搭起来的。深圳高温酷热，又经常下雨。板房和工棚里又闷热又潮湿。1983年9月11日夜间，12级台风正面袭击深圳，工棚全部被毁。工棚顶被大风吹跑了，瓢泼大雨直接灌到工棚里，人们用木板、塑料布挡雨，有人干脆把洗澡木盆顶在头上。工人们全身湿透，大风大雨中在露天里熬了一夜。第二天一早，工人们顾不上收拾住处，都跑到工地上整修设备，下午又正常开工了。1984年春节前一天，国贸工地对面南国影院工地工棚突然燃起大火，浓烟蔽日，火光冲天，火星不断地蹦落到这边的工棚上，情形紧张极了。工人们纷纷从塔吊上爬下来，站到工棚顶上，不停地浇水，保住了自己的工棚。

工地上实行12小时轮班倒，人停机不停。工人们士气旺盛，不讲条件，拼命苦干。每天在烈日蒸烤下辛勤施工，肩扛重物，搬运材料，浇灌水泥，用振动棒振动水泥排除气泡……大汗淋漓，衣服湿了又干，干了又湿。工作再苦再累也不怕，生活环境艰苦不畏惧。特别是工地上的女工们，负责整座大厦的钢筋绑扎工作，一根钢筋长12米、粗35毫米，重150斤。从仓库运到工地，要姑娘们自己扛。公司发的特制加厚肩垫没几天就被螺纹钢磨烂了，肩膀皮肉上全是淤血和伤疤，只好多穿两件衣服坚持干。最后，肩膀上磨出了厚厚的茧子，已经不感觉特别痛了。

工地上实行严格的军事化管理，工人们是夫妻也得分开住集体宿舍。就连副总指挥李传芳与当总工程师的丈夫也没有条件住在一起。工作生活如此艰苦，但工人们一点也不觉得苦，他们认为能参加特区建设是一生中最大的荣耀。

我听了很多这样艰苦奋斗的故事，心中特别受感动。很快写出了经验材料，报到省委宣传部后顺利通过。大会召开时，深圳参会代表团由市委宣传部李伟彦部长任团长，我是秘书随团服务。王毓纲代表中建三局一公司出席会议。会上一公司作为先进单位得到了20寸彩色电视机的奖品。他们建设国贸大厦的经验被列为大会材料受到好评。

写作该文参考了《罗昌仁：深圳速度靠"闯"》（记者欧东勇整理罗昌仁口述文章，《晶报》2009年6月2日A16版）；《李传芳：三天一层楼的"深圳速度"是怎样诞生的》（记者胡志民整理李传芳口述文章，《深圳特区报》2008年9月8日A3版）。表示感谢。

第十篇
世界最大的
移民城市

评语：杂交优势在自然界是普遍现象。动植物杂交会产生优势，而文化杂交也会产生优势。深圳是世界上最大的移民城市，移民城市形成了杂交文化。文化杂交是一场冲突、碰撞、变异、融汇的过程。不同文化碰撞会产生火花，差异文化融汇会生长出创新文化。

深圳是一个十分独特的城市。虽然地处广东，但是城市居民都说普通话，可能深圳是广东省里唯一一个普通话真正流行的城市；虽然在岭南文化圈子里，但是从文化特征上深圳更像一个北方城市。深圳之所以有这样的语言和文化特征，是因为它是一个移民城市。

缺少劳动力的边陲小镇

在全国副省级城市中，深圳市面积倒数第二小，例如大连市 12,573平方公里，青岛市总面积10,654平方公里，宁波面积9,365平方公里。相比之下深圳只有2,020平方公里（后来经过卫星精确测绘证实，深圳的准确面积为1,960多平方公里），比1,565平方公里的厦门略大一点。

如此小的城市面积，却是全国副省级城市中人口最多的城市。而且，城市人口中绝大部分是外来移民。关于深圳人口数，政府有关部门公布了原居民、户籍人口、常住人口、总人口这样4组数据：建立经济特区前深圳的原居民数31.5万人；现在深圳的户籍人口约为190万；持有暂住证的人口近670万；全市人口总数约为1200万。其中，"深圳市民"的概念数字是860万人(就是户籍人口+暂住人口)，深圳的许多"人均"的数字就是按照这个数字平均的。如果按照860万人"深圳市民"概念，原居民只占3.6%；如果按照总人口1200人计算，原居民只占2.6%。也就是说，在今天生活在深圳城市的人口中，每百人中只有2～3个人是"深圳土著人"。

深圳原居民为什么这么少呢？两个原因：流失的多，补充的少。

先说流失的多。宝安曾出现过4次大规模偷渡潮。第一次是1957年前后，实行人民公社化期间，一次外逃5000多人；第二次是1961年经济困难时期，一次外逃1.9万人；第三次是1972年，外逃2万人；第四次是1979年，撤县建市初期，有7万多人沿着几条公路成群结队地拥向边境线，伺机越境。最后外逃3万人。平时零散的外逃事件也屡禁不止。对于只有11万劳动力的宝安县来说。这一次次外逃不啻为一次次大失血。

再说补充的少。补充人口少又有两种情况：一是自然增加的人比较少。按理说深圳原居民的自然生育率，不会比别的地方少。但是由于大量外逃移民，使当地人口增长数量缓慢。解放30年，宝安县人口增加3.8万，年平均增长率为0.48％，与全国同期增长率1.93％比，仅是其1/4。一些"老宝安"说：宝安县人30年没有生小孩。二是外地移民少。由于原来的深圳经济落后，生活条件艰苦，不要说从内地大城市移民，就是从广东其它城市移民都没有什么人愿意来。

吕雷、赵洪在《国运·南方纪事》中讲了这样一个故事：1979年深圳特区刚刚启动建设时，曾到茂名石油工业公司(这是广东最大型的中央企业)调派一批工人去特区工作。离特区近在咫尺的茂名人居然不知道特区要做什么，没有人愿意去，于是公司就强行摊派名额到车间班组，因为谁都不愿意去，所以只好在车间主任及班组长的主持下票决。结果那些平时表现不好的、调皮捣蛋的、迟到早退的，都被派到了深圳。当然他们既然阴错阳差地成了深圳特区的开创者，现在想必早已功成名就了。这种情况，直到1984年小平第一次南巡，初步为特区及对外开放政策正了名后才有所好转。

刘波同志是深圳早期市委分管组织工作的领导，他也讲当时招聘干部困难的故事。1981年，深圳各种人才奇缺。市长梁湘交代说："刘波，你是管人的，现在给我到省里要人去。有多少要多少，多多益善。"刘波原来是省委组织部分管人事的副部长。这件事还不是小菜一碟？所以，当时拍胸脯说保证完成任务。他来到省委组织部，提出第一批要商调机关的科、处级以上干部300人。组织部领导爽快地答应了，立即开会布置任务，要求省直机关和广州市直机关各调150人。通知发出后，干部们一听说是去深圳，大部分不愿意。当时的深圳一片荒芜，生活艰苦，与苏联的西伯利亚差不多，去干什么？刘波一听傻眼了。想起了他拍胸脯的保证，亲自上阵，每天找人谈话做动员。一个不愿去，一个硬动员去，说着说着就吵起来了。有一个老熟人吵得最凶，他说："你刘波跟谁熟就害谁，以后大家没朋友做了！"一直磨了近3个月时间，最后带回了9个人的档案。这些人是刘波在省委组织部工作时的熟人，他们看在多年交情的份上才勉强答应。刘波这一炮没打响，心里一直感到窝囊没面子。刘波面带愧色向梁湘汇报商调干部不太成功的情况时，梁湘说的一句狠话让刘波终生难忘："你给我想办法招人，不管用什么办法，不然的话特区没有办法搞。"这就是这句话，为深圳后来从全国招聘干部埋下了伏笔（深圳招聘干部的故事见第六篇《打破"铁饭碗"，解放生产力》一文）。

就在这种背景下，随着深圳经济特区的建立，中国人口史上，也许是世界人口史上，短时间内、数量最大的一次移民行动拉开了帷幕。短短30年时间里，深圳就成为世界上最大的移民城市。

深圳接受了最大的一批移民

80年代初，军队开始了建军历史上一次最大规模的裁军。国务院、中央军委决定撤销铁道兵和基建工程兵两个兵种，将工程兵部队大大压缩，兵种机关缩小成为总参机关中内设的工兵部。这次裁军减去一百万军人。我当时在基建工程兵冶金指挥部八支队政治部工作，部队当时正参加安徽省马鞍山钢铁公司的建设任务。消息传来，心情沮丧的战友们调侃说："一只巨型的铁公鸡(铁道兵、工程兵、基建工程兵)被宰杀了。"

而这时候，深圳市的领导正在为缺少自己的建筑队伍而发愁。这两件事很巧地碰到了一起。基建工程兵兵种领导要负责几十万官兵的安置问题。司令李人林派出副参谋徐馨来同志前去广东联系，希望能接纳一部分基建工程兵。徐副参谋长与省市有关领导接触，发现当地领导对接受基建工程兵并不很热心。反对的意见主要有两种：一种认为广东基建队伍不算少，"米饭本来就不多，又要多来几个人分着吃，怎么够啊？"另有一些人担心：深圳毗邻港澳，很敏感，一下子调进几万名解放军战士，会不会造成不良影响？

时任深圳市委书记的梁湘有点举棋不定，决定派市政府副秘书长舒成友进京向李人林司令汇报，面商此事。在调进基建工程兵部队一事上，舒成友是赞成派。他带着梁湘的亲笔信进京见到自己的老领导李人林，整整谈了两天半。回到深圳，舒成友向梁湘汇报了会谈情况，提出了自己赞成部队调入深圳的3点理由：

1982年，基建工程兵两万人调入深圳，集体转业建设深圳。**摄影 周顺斌**

一是特区建设需要这一支建设力量。原宝安县的建筑公司只有500余人，逃港潮发生后，只剩下300人左右；而且跑到香港去的都是年轻技术好的，剩下的承接不了什么像样的工程。二是中央直属和外省的一些基建队伍开始进入深圳，但他们是"飞鸽牌"，有钱赚会留下，赚钱少就会飞走了。深圳需要自己的队伍。三是基建工程兵是一支"劳武结合、能工能战、以工为主"的部队。既有人民解放军不畏艰难纪律严明的优良传统，又懂基建技术，是支年轻、能干的好队伍。

舒成友还说到一点，谁听了都会动心：基建工程兵带来一批装备和资产。这支队伍拥有各类技术干部1088人，设备总值5161万元，机械设备77818匹马力，固定资产原值6000万元，流动资金近1亿元。工程兵转业来深圳，也把这些财富无偿地带到深圳……舒成友转述徐馨来参谋长的话说："这是李司令员养的一个闺女，养了18年。现在长得漂亮活泼聪明伶俐，要出嫁了。这批财富是李司令员给闺女的嫁妆。这么样的一门亲事，你们深圳还不想要？"梁湘听后搓搓手，笑着说："说得有道理呀！应该说，这正是门当户对的一门亲事！"在几天后的一次市委常委(扩大)会议上,梁湘拍了板:"接!"

从1982年9月开始,到12月,基建工程兵各部队先后从上海、天津、唐山、沈阳、本溪、锦州、鞍山、汉中、西安、郑州等地调往深圳。那一段时间里,上百列火车连续不断驶入深圳,共有两个师、两万人调入。为了避免引起港澳一些人士的敏感反应,部队进入深圳时,身着便服,不携带武器。1983年9月15日,深圳市委、市政府召开在深基建工程兵集体转业大会。市委书记梁湘到会讲话。他宣布在深两万名基建工程兵当天集体转业,并改编为城市市属施工企业。其中,两个师部机关合并为特区建设公司;属下的7个团分别改编为深圳市1、2、3、4、5建筑工程公司和深圳市市政工程公司、深圳市机电设备安装公司(后来这些公司中又产生了长城、金众等上市公司);医院改编为深圳市基建职工医院(后来这个医院先后改名为华强医院、红十字会医院,现在为市第二人民医院)。

马成礼对这支部队当年能够进入深圳的原因有另外一种说法。他是最早进入深圳的基建工程兵干部之一,1979年就做为领导干部之一,率原基建工程兵一支队一个团进入深圳支援经济特区建设。这支部队原来承担鞍山钢铁公司的部分基建任务,队伍素质好、技术强、作风硬、敢打硬仗。进入深圳后,短短几年里先后承担了市政府办公大楼、深圳第一座20层建筑的电子大厦,以及友谊商场、泮溪酒家等建设任务,均快速度、高质量地完成了任务。这支部队的出色表现,给当时的市领导们留下了深刻印象。因此,当部队大裁军的消息传来时,梁湘和其他主管的市领导就开始产生将基建工程兵部队招调来深圳、集体转业后建设成深圳市自己的基建队伍的初步想法。应该说是深圳和基建工程兵兵种两方面领导,不谋而合,两厢情愿,最后促成了这桩美事。马成礼当时是是一名团职参谋长,直接负责工程技术指挥工作。部队集体转业后,他代表深圳甲方直接参与了国贸大厦的策划和建设。国贸大厦建成后,成立了深圳市物业发展公司,马成礼任经理;后来公司升格成为"深圳市物业发展集团公司",他升任董事长。2010年,马成礼做为全国复转军人模范代表,到北京人民大会堂参加了"第十届中国世纪大采风活动"颁奖仪式,被组委会评为"全国十大优秀企业家"。

战士在城市中的命运

我是基建工程兵的一员。1982年随部队调入这座城市,1983年集体专业后成为深圳的一个市民。我第一次进入深圳实在1982年9月。那时,基建工程兵两个师调入深圳已成定局。部队每次重大行动前都要进行广泛深入的宣传动员工作。但是，当时人们对深圳的情况一点不了解，部队动员时不知道该说些什么。为此，兵种总部决定成立一个调研小组深入深圳开展调研，起草部队宣传提纲。兵种宣传部大笔杆子李训舟任组长，带两名助手，这两个人从准备调入深圳的两个师政治部各抽调一人，3人小组火速进入深圳开展工作。我当时在基建工程兵冶金指挥部八支队宣传科工作，被选中参加调研小组。深圳的调研工作大概开展十多天。我们到市政府了解政策规定，接触社会各界人士咨询情况，与早两年先到深圳参加建设的一支队一团的干部战士座谈，从东到西跑遍深圳几个区实地体验……，白天了解情况；晚上整理资料，按时完成了两万多字宣讲提纲的写作任务。这份材料被兵种领导批准后下发各部队动员宣讲时使用。

由于我本人喜欢上了深圳，写作时的心情比较乐观，因此将深圳的情况写得比较好，尤其是对深圳未来的景象描绘得更加美好。因此，这个宣讲提纲在部队动员时发挥了积极作用，据说一些战士听完动员后热血沸腾，摩拳擦掌，恨不得立刻插翅飞到深圳。但是，部队调入深圳后，却感到现实与想象反差很大，艰苦的环境令许多战士很失望。部队分别驻扎在白沙岭、竹子林等地。这里荒地一片，什么都没有，只好选择较平坦的空地，用毛竹搭架、编竹叶做墙，床板一铺，就成了宿舍。乐观的战士们称这是"竹叶宾馆"。竹棚热时像蒸笼，冷时如冰窖。蚊子特别多，叮得我们都是包。没有自来水，挖井取水。厨房一时建不起来烧不了饭，就上街买面包。没想到有的面包要求付外汇券，买不到足够的面包，有人只好饿着肚子。最后在市政府有关部门的协调下才买来足够的面包填饱了肚皮。有人告诉我说："一些战友听说宣讲提纲是你写的，私下里骂你呢。说你把深圳写得太好了，说的话靠不住，以后再不相信你的话了……"

1983年6月，我被选调到市委宣传部工作。虽然调离了部队，但是由于在宣传部宣传处工作，下基层搞调研的机会比较多，加上我与部队战友们的来往比较多，因此对部队的一些实际情况比较熟悉。我听说部队中的一些队伍处境比较困难。他们有些原来主要承担建设军用飞机场、打战备坑道等一类国防工程，对城市民用建筑不懂行；再加上到了地方对施工任务由上级分配变为自己寻找这种变化很不适应，手足无措，一筹莫展，很长时间里拿不到施工任务。没有活干就没有收入，职工们也就没有工资收入，生活陷入了困境。

听到的这种消息多了，我感到心情很沉重。有一天，在与邻居聊天时说出了部队的困难情况。我的邻居是著名作家吴启泰，当时他刚从安徽调到深圳影业公司工作。吴启泰对我谈到的情况感到大为惊奇，他很难相信一片乐观气氛的深圳竟然存在着这样一个困难的群体。他建议我深入了解情况，写成材料向有关部门反映。于是我开始深入调查了解，详细收集情况。还邀请启泰与我一起去战士们住的地方看看，他很乐意地与我去了好几个地方与大家聊天。越调研，我们心情越沉重；越了解，我们越感觉应该为他们说说话。于是经过若干个不眠之夜，我俩合作写出了长篇报告文学《深圳，两万人的苦痛与尊严》，投稿给深圳《特区文学》杂志。杂志总编是著名作家陈国凯。他审稿后，决定将已经编好的杂志临时抽稿，换上了这篇报告文学，于1986年第五期上刊发。

　　料想不到的是，这篇报告文学发表后在深圳掀起了轩然大波。战友们欢欣鼓舞，认为这篇文章说出了他们的困境，相信会引起领导和社会对这支部队的关注。许多战士花去菲薄的工资，大量购买杂志寄给内地的战友和亲属，他们用这种方式表达自己的苦闷心情。这期《特区文学》因此数次加印，创下了发行纪

1983年，深圳第一栋20层高楼电子大厦是基建工程兵部队建设的。摄影 周顺斌

录。该文也引起了有些人的不满。由于这是深圳自建立经济特区以来首篇反映存在的问题的文学作品，因此有人认为给深圳脸上抹了黑。当时我听说有人组织写作班子打算起草批判这篇报告文学，但是一直没有看到这样的文章发表。从那时候到后来很长一段时间，战友们十分关心我个人的命运，怕我因为写了这篇报告文学而受到什么处理。还好，没有人因为之找我什么麻烦。我听到的消息是，梁湘等主要市领导并没有对这篇文章的作者有严加管教甚至惩罚的意思。并且让我和吴启泰感到高兴的是，可能是因为这篇文章的呼吁起了作用，也可能是市领导早就发现了问题正在准备解决。总之，从那以后，有关管理部门将原来所有建筑工程项目一律招投标的做法，改变为一些政府项目实行投标与议标相结合的办法，从而使这支部队拿到了一些工程任务。而这支部队一旦有了用武之地，他们那种不怕吃苦、敢打敢拼、年轻能干的优势就充分发挥出来了，连续建设了好几个优质工程，使有关部门和许多项目发包单位对这支队伍刮目相看。从此这支部队走出困境，进入良性循环的佳境。有一个战友这样说："我们刚来深圳还不会游泳时，市政府就把我们扔进海水里不管了，让我们美美喝了几口水，淹了个半死。现在我们终于学会游泳了，能够在深圳的大海里劈波斩浪了。真痛快！"战友们命运的变化很让人高兴，而我自己也在市委宣传部工作直到今天。

虽然多少年过去了，但是如今基建工程兵战友们聚会时还会不断谈到当年两万人部队调入深圳的情景。大家异口同声地承认，梁湘给了基建工程兵历史的机遇，让这支部队能够参与人类历史上绝无仅有的经济特区建设；战士们用双手建起了城市里的一座座大厦，光荣地完成自己重要的历史使命；战友们得到很大实惠，享受到了改革开放的实际成果。这支部队懂得感恩，战友们感恩这座城市。如张淑运当年转业时很年轻，如今已在深圳工作27年。因为表现好获得过全国五一劳动奖章，并被评为深圳市第六届文明市民，现在还守在部队老底子的市建设集团，任董事长。有一次接受记者采访时他说："我们感谢部队当年集体转业时深圳收留了我们，我们的青春在这座城市中发出了光和热。"战友们忘不了在最困难的时候，梁湘对这支队伍的关心和爱护。大家还记得1986年5月梁湘离职时在市委六楼礼堂对干部们作的最后的讲话。他说："我对特区的一草一木、一山一水都有感情，对我们一起艰苦奋斗的同志更有感情。死后我的骨灰安放在梧桐山，我要面向世界，看到中国的未来！像智利大诗人聂鲁达说的，如果必须生一千次，我愿意生在这个地方；如果必须死一千次，我也愿意死在这个地方。"在基建工程兵战友们心中，梁湘永远是一棵常青的大树。

世界上最大的移民城市

　　20世纪80年代初期的深圳是个艰苦的创业地方，整个城市好像是一座大工地，没有什么人愿意落户深圳。1982年小平同志第一次视察深圳以后，情况开始有了变化。深圳神秘的面纱慢慢被揭开，经济特区的重要性慢慢被认识，人们开始对深圳有了兴趣。在我印象中，调入深圳难易的转折点大约出现在1985年。这个时候要求调入深圳的人突然多起来，深圳的人事劳动部门开始对调入者设置门坎。除年龄要求外，主要是从学历上开始提出限制条件，先是要求调入者学历最低是中专，后来提高到大专，再后来又提高到大学本科。但是要求调入深圳的人依然越来越多。深圳成为全国所有省市籍贯的人员都有的城市，成为继北京后第二个56个民族都齐全的城市。

　　深圳的城市人口数量不断突破规划。按照深圳第二个总体规划，20世纪末深圳的总人口应该控制在80万人。而到了这个时间实际人口已经达到几百万人，并且城市人口还在不断地快速增加。如今深圳最终成为全国甚至全世界最大的移民城市。深圳社科院的杨立勋教授告诉我，深圳是世界上最大、移民度最高的移民城市。纽约是国际性移民城市，纽约人口800万，移民率为45％。相比之下，深圳人口过千万，移民率96％以上。不过，深圳的移民基本来自国内，纽约的移民来自全球。可以说纽约是最大的国际移民城市，深圳是最大的中国移民城市。

　　从文化角度看，深圳这座移民城市有什么特点呢？

　　首先是丰富性。移民来自全国，带来了全国各地的文化。这是一个非常丰富多彩的文化形态，好像是大森林，长满了各种树木花草。有参天大树，也有矮小的灌木和厚密的草地；有阔叶林也有针叶林；有绿树也有红花。文化生态十分丰富。

　　其次是创新性。中国文化总体上说是一种创新文化。文化中最主要的基因是变革和更新。中国文化的原典《周易》的思想就是易、变，就是生生不息。几千年中国文化总的说来，一直处于不断的变化中。文化的生命力在于创新，只有不断地创新文化才能蓬勃发展。凡是变革创新的文化就传承下来了，凡是保守不变的文化就容易死亡。深圳这种开放竞争的环境，激发了中华文化易变、创新的内核，使移民文化不断处于一种创新的状态，就容易出现新观念、新思想、新做法。深圳精神几经修改，开拓创新始终为首，这是深圳人民的共识，也为深圳发展的历史一再证明。

再次是杂交性。各种文化共处一地，共同生长，免不了互相碰撞、互相融汇、互相影响，在碰撞、融汇、贯通、影响过程中，生成了一种新的文化。生物学上有一种杂交优势的现象：动物和植物彼此内部之间通过杂交会产生优秀的新品种，血缘越远，差别越大，优势越明显。文化也有这种现象：不同的文化，互相碰撞、交流、融汇、升华，会产生出新文化。这个新文化吸收了各种文化的长处，呈现出一种优生优态的面貌，生气勃勃，生命力强，具有很强的创新和生长能力。从文明成长的规律看，文明只有在传播、学习、借鉴的过程中，才能更快、更好、更省地生长和发展。移民城市就是各种文化的聚集地和融汇区，是不同文明的植物园和展示窗。深圳是全国最大、移民率最高的移民城市，因此深圳成为最具创新能力、最有创新精神的城市也就不奇怪了。

"泰山不让其土,故能成其大；河海不择细流,故能就其深。"移民城市深圳的创新潜力还在源源不断地被挖掘出来。

当年基建工程兵战士在居住的竹棚里举办喜事。摄影 周顺斌

作者的悼念

凡是早年来深圳的人，没有不怀念梁湘的。正是当年他大刀阔斧地开拓，才出现了深圳经济特区早期宏大的建设场面。我听到许多老百姓这样说："没有梁湘就没有深圳的今天。"这句话有道理。做为当年基建工程兵部队两万人中的一员，我与战友们尤其感谢以梁湘为首的深圳市领导们收留了这支部队，让我们有幸参与中国乃至人类历史上最伟大的一场改革与创业，让"基建工程兵两万人"跟着"深圳"的名字一起载入了历史史册。《晶报》2010年2月26日纪念梁湘同志文章的题目是"一个不该被深圳遗忘的老人"。只有在深圳早期创业过的人，才能体会到这是一句发自肺腑的语言。1998年12月13日，梁湘在广州逝世，享年79岁。梁湘永远活在我们的心中。

写作该文参考了《刘波：深圳开全国招聘先河》（记者王小欢整理刘波口述文章，《晶报》2009年6月18日A17版）；深圳博物馆编写《深圳特区史》有关章节；吕雷、赵洪《国运·南方记事》一书有关章节；陈宏《1979~2000深圳重大决策和事件民间观察》有关章节。表示感谢。

第十一篇
中国第一个
没有农村的城市

评语：中国不可能是世界上人口管理最严密、最特别的国家。户籍管理制度将人口分为城市户口和农村户口，从农村户口转向城市户口，除了考大学、当兵等少数路子外，别无他途。这种管理模式是在计划经济体制下形成的。这种户籍制度虽然在稳定中国社会经济秩序方面起了有益作用，但是在面临中国从农业转向工业，从传统转向现代的社会转型时，这种管理体制显然不再适应。一场大规模的人口转移运动已经在中国兴起。这一方面深圳走在了前面，为全国的人口管理制度改革提供了经验。

深圳的前身——宝安是一个农业县。人口32万，除了当时的县城深圳镇有几万城镇人口外，其余全部为农村人口。1980年深圳成立经济特区，先是用12年的时间完成了特区内的农村城市化转变；接着，又用了12年时间，到2004年完成了特区外的农村城市化。从此，深圳成为全国第一个没有农村行政建制和农村社会体制的城市，创造了世界城市化的奇迹。

深圳用25年时间消化了农村

宝安县改为深圳市时面积2020平方公里。成立经济特区时只是将南面靠近香港的327.5平方公里划为特区，其中分设福田、罗湖、南山3个区；特区外为宝安县（后改为宝安、龙岗两个区）。深圳的城市化分两个阶段完成。第一阶段，从1992年开始，首先将特区内的3个区进行城市化转变，共撤销了68个村委会，建立了100个城市居民委员会和81家城市集体经济组织，将4.6万农民一次性地转为城市居民，"农转非"达13851户。特区内的农村纳入了现代化城市统一管理、统一建设的轨道。

第二阶段，从2003年开始，在特区外的宝安和龙岗两个区进行农村城市化工作，涉及范围包括18个镇、218个行政村，一次性全面转变为城市体制，27万村民全部"洗脚上田"，转变为城市居民。这次转变工作用了2年时间，到2005年工作任务全部完成。

深圳进行农村城市化改造完全是从实际情况出发、为发展形势所迫的。一方面农村的功能开始从农业转向工业，客观上出现了人口集中、计划用地的需要；另一方面深圳城市建设需要统一规划，而农村这一块"自留地"上规划滞后，开始出现乱象。深圳的农村城市化就是在这种情况下开始的。深圳早期历史上出现"城中村"主要是因为政府缺乏资金造成的。在没有钱的情况下，为了发展，提倡"八仙过海，各显神通"，采取了发挥各方积极性的办法。政府开发土地、搞基础建设，所需资金开始主要向银行贷款，后来通过拍卖土地使用权积累资金。积极鼓励社会发展经济组织，对外招商引资，以优惠的条件吸引港资、台资和外国资金来深圳建企业、办公司；对内降低门槛，引导社会资金办企业，特别优惠技术人员创办民营科技企业。对农村的发展则在土地上做文章。农民手里有地，位置优越、交通便利的农村反而最先发展起来。在整个80年代，政府由于缺乏资金对农村自发开发土地的状况没有太多限制，采取一种默许甚至是鼓励的政策，农村建厂房引进来料加工收取加工费，农民利用自己的宅基地建楼房出租收取租金，结果农村经济发展迅速，城市建设混乱无序。到了90年代初出现了表面看起来红火、实际上已经有些失控的局面。当时的市委看到了问题的严重性，这种局面下，不利于土地的统一征用、统一规划、统一管理、统一使用，不利于深圳城市化和实现城乡一体化。市委书记李灏最早感觉到了这个问题的严重性，他大声疾呼："这种状况与建设现代化的国际城市很不协调。"因此，市委做出了农村城市化的决定。

农村城市化工作主要包括以下内容：一是集体土地转为国有。拥有土地所有权的农村集体经济组织的农民转为城市居民后，按照国家土地管理法有关规定，原属于集体所有的土地一次性全部转为国家所有。二是村民转为城市居民，户籍由农业户口变更为城市居民户口。三是镇改街、村改居。撤销镇政府，建立街道办事处，街道办事处不再是一级政府，而是区政府的派出机构；撤销村委会，建居民委员会。四是农村股份合作企业转型为城市股份合作企业。根据居委会组织法，居委会没有经济管理职能。村改居后，居委会与原村委会集体经济组织脱钩；原村委会集体经济组织改制为股份合作公司，原村民持有股份。村民转为居民后，享受与城市居民相同的社会保障，享受医疗保险和最低生活保障。五是市政建设实行3年过渡期；镇办学校移交区政府，村办学校移交区政府管理或社会办学等。

深圳被评为"国家园林城市"。图片由《深圳特区报》提供。

对深圳来说最大的财富就是土地。深圳的农民掌握着一部分土地，靠着土地农民迅速致富。因此，在对待"农转非"的问题上，深圳的农民与内地农民相比想法完全不同。内地农民可能希望通过"农转非"享受城市居民的福利待遇，而深圳的多数农民却不愿意转为城市户口，特别是特区内的农民更是不愿意"农转非"，因为越是繁华的地区土地能够获得更多的收益。具体说，深圳农民掌握土地有以下几个好处：农村有地招商引资或自办工厂，村民有分红收入；村民长大成人可以分到100平方米宅基地，有了宅基地就可以建出租屋出租收租金；农村人口允许生两胎，多子意味着多财多福。有这么多好处，为什么要变成城里人呢？厉有为同志任市长时，已经感觉到问题的迫切性，下决心解决这个问题。他带领工作小组走村串户，调查研究，做深入细致的思想工作，在取得经验的基础上制定出"农村城市化30条"，采取"老人老办法"、"新人新办法"的政策，终于妥善处理好了"农转非"过程中存在的各种问题，实现了预定的目标。为写这篇文章，我专门采访了厉有为同志。我问他："农村城市化工作中最难的问题是什么？"他回答说："最难的是保护农民利益问题。农民有各种各样的利益，如果处理不好农村城市化工作不可能那样顺利。对农民的利益,正当的要保护,不正当的要做工作。当时我带领工作组到农村调研,一个村一个村地走访了解情况。发现几乎所有的村干部都反对城市化。因为城市化后,村干部说话就不算数了,等于剥夺了他们的权利。由于市委市政府从保护农民利益的的角度出发制定了正确的政策,由于各级干部深入细致做工作,再加上深圳的农民有比较高的觉悟,所以很好地完成了这项任务。"

城中村改造是城市化过程中的攻坚战

深圳特区是在没有资金的情况下开始创办经济特区的。当时的市领导形容深圳靠"两皮"起家:靠嘴皮宣传深圳、洽谈生意、招商引资;靠地皮吸引项目、开办工厂,出让土地使用权设厂,或者建好厂房租给外商办公司。

城市化过程中,由于政府手中的建设资金很少,只能保重点,将有限的资金投入到城市的主要基础建设和文化项目上;而对农村力不从心,就注意发挥农村自己的积极性,允许农民自主开发,修建道路,建设工厂、商业楼宇,发展经济。但是,这种做法代价很高,造成了后来难以解决问题的严重不良后果。由于规划管理工作没有跟上,城市中建起了许多大大小小的城中村。在这些城中村里,农民密密麻麻盖起了厂房和住宅,租给外商办厂或租给外来工居住以收取租金。后来随着深圳进入快速发展期,外来人口越来越多,出租屋的需求量越来越大。农民赚到钱后又开始修建新的出租屋。由于土地紧张,房子越盖越高。政府规定农民自用的住宅高度五层以下,但是后来普遍盖到七八层,有的甚至十几层。楼与楼之间距离很短,邻近的两个楼上窗户打开,房客伸手能够摸到对方,因此被称作"握手楼"。住宅区里电线乱拉密如蛛网,产生了安全和火灾隐患。区内卫生很差,垃圾成堆,污水横流,蚊蝇乱飞。房屋业主只想多出租多收费,不管租房人的身份,出租屋的房客形形色色,也隐藏着一些犯罪分子,出租屋成了藏污纳垢的地方,使社区的治安开始恶化。随着深圳市区用工成本增高,加工业企业开始外迁,出租屋空置率增加。业主开始将房屋出租给服务业,出租屋区里开始出现饮食街、舞厅、卡拉OK厅、发廊、按摩房、洗脚屋等,结果又出现了黄赌毒泛滥的问题。人们将"城中村"称为城市的"恶性肿瘤"。目前深圳共有村落约2000多个,其中特区内200多个,特区内共有私房30万幢,严重影响了深圳的城市面貌和城市素质。因为"城中村"的存在,深圳这个年轻的移民城市已经出现一般老城市才有的交通拥挤、环境污染以及复杂的社会治安等一系列社会难题。

深圳的城市化过程像个万花筒，看得人眼花缭乱。谁都不敢想一个边陲小镇一夜之间会摇身一变成为一个国际大都市；谁也没有想到深圳的城市发展速度会这样快。很快深圳就醒悟了，但是错误已经犯下，后悔来不及了。深圳为早期规划不严密吃尽了苦头，因为开始时的短视造成了严重后果，早期为了省钱而现在不得不付出几十倍上百倍的代价。"城中村"给城市现代化建设造成了最大的难题，深圳在这个问题上有最沉重深切的体验。随着农村城市化的过程，深圳开始了对城中村的改造。由于城中村数量多，涉及面广，情况复杂，全部拆除重建成本太高不现实。因此，采取了不同情况区别对待的办法。主要方式有三种：有的推倒重建；有的部分拆除，进行改造；有的穿衣戴帽，改变面貌。其中，罗湖区渔民村、福田区渔农村是推倒重建的成功例子。

罗湖渔民村在罗湖桥北侧，与香港一河之隔。解放前的渔民在陆地上没有像样的住房，在船上生活被称作"柴流水"。渔民村是深圳最早富裕起来的村庄，

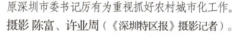

原深圳市委记厉有为重视抓好农村城市化工作。
摄影 陈富、许业周（《深圳特区报》摄影记者）。

村里划出一片土地统一规划建起了三四层高的新村。1984年小平同志第一次视察深圳时参观了渔民村。他来到村委书记、老渔民家中做客聊天，发出了"全国农村都要过上这样的日子恐怕还要一百年"的感叹。2000年渔民村开始了新一轮的改造。罗湖区政府将其列为改造城中村的试点单位，决心按照国际化都市的要求彻底解决问题。按照新的改造方案，旧村推倒重建，需要投入建设资金9000万元。新方案得到了村民的理解和支持，资金由村自筹解决，每户需要投入300万元，在新社区中分得价值600万元的12套住房。开始，也有少数村民不愿意，因为拆除旧房建设新村需要2年时间，减少出租房屋收入50万元。经过教育讨论最后统一了认识，为了城市的整体面貌，从长远看是划算的。新村建好后，几十栋十分拥挤、质量很差、存在隐患的旧楼没有了，出现了七八栋崭新的20多层的高层建筑，腾出很多空地种树铺草，建设公共设施，使渔民村真正变成了城市社区。全国许多大城市的领导慕名前来参观学习，称赞渔民村改造得好。

福田区渔农村位于深圳皇岗口岸，与香港隔河相望。以前的渔农村缺乏规划，"握手楼"密不透风，道路交通拥堵，杂乱无章，卫生极差。从2004年开始，渔农村出现了违法建筑抢建高潮，环境进一步恶化。5月12日上午，清拆行动开始。拆楼受到了一些村民的阻挠，有些妇女挡住楼门不让执法队伍进去。次日，在公安协助下才取得进展。由于改造规划迟迟没有批下来，到8月中旬，村民抢建再次爆发。区政府决定没收抢建工地的施工机械。8月20日清晨5点半，700人规模的执法队伍集结，7点准时开进渔农村，先停水停电，接着开始没收施工机械。前两栋楼工地的机械没收行动还算顺利，在对第三栋楼工地进行清理时，包工头指挥工人开始反抗，连续3次强行抢回机械设备。这时，天色大亮，越来越多的村民闻讯赶来，冲击清拆现场。一些老人、妇女、儿童竟躺在机械设备上不肯起来；有的村民用私家车挡住通道阻挡执法队员进出；有些村民甚至包围了村警务室，谩骂行动指挥部成员。福田区领导态度坚决，提出了制止渔农村违法抢建的6条措施；成立了工作组，抽调干部住进村里包干到户做工作，使混乱局面得到控制。接着，艰难的拆迁改造谈判工作开始了。谈判桌前，村股份公司领导开出天价："全额赔偿抢建资金，拆一赔一。"区重建局局长表态说："拆一赔一不可能，抢建基建成本全赔不可能。"股份公司领导说："那就赔0.999吧，三条9吉利。"经过讨价还价，双方渐渐达成共识，最后拿出了"9982"方案：第一个"9"为拆赔比0.9；第二个"9"即8层以上违建赔付率是0.9；"8"即7层以下赔付率为0.8,损失部分由个人承担；"2"即改造期间，开发商补偿给村民每月每平米房租20元。整个谈判持续了9个多月，工作组成员跑断了腿，磨破了嘴。签约那

20世纪70年代的渔民村。摄影 郑东升

20世纪80年代的渔民村。摄影 郑东升

今日渔民村新貌。摄影 郑东升

天，有村民哭了，感动地说："好久没有见到政府的人这样耐心细致地做工作了。"5月22日下午1点整，一阵沉闷的爆炸巨声中，违建楼群爆破成功，4秒钟内16栋20层高的在建楼房整体轰然倒地。这一爆，在建筑规模、楼房高度、房产价格等几个方面创造了中国第一，新闻媒体评价是"中国旧村改造第一爆"。两年后，一个崭新面貌的渔农村出现了，社区中央是一个4600平方米的中央公园，小区内绿地率达35%。中央公园的南侧，数栋高楼临河而建，总建筑面积达18.5万平方米；西侧结合地铁站建了许多公共设施。新渔民村环境优美，生活质量巨变，过上现代化生活的居民脸上露出了笑容。

比物质改造更难的是思想观念的转变

物质与精神的变化特点不同。物质的改变是刚性的、看得见的，而精神的转变是柔性的、看不见的；物质说变就变了，但是思想文化这些精神方面的东西往往有惯性，不容易立刻随着改变。深圳农村城市化的过程说明，村容村貌等物质方面的改造固然很难，但是更难的是人的思想观念的转变。将一个落后的农村改造成现代化社区，几年时间可以完成；但是要让原来的农民变成市民可能需要两代以上的人不断努力才能实现。所以才流传这样一句话：一代可以造就一个富翁，但是培养一个贵族，需要三代人的努力。

农村城市化，农民变居民。有身份的转变，也就有思想观念的转变问题。从身份的转变说，洗脚上田容易；从思想的转变说，洗脑进城困难。农民转变观念中遇到了哪些问题呢？

生育由多胎变为一胎。各级计划生育部门与实行城市化前符合一胎生育政策的育龄夫妇签订了生育合同，较好地实现了由农村计划生育政策向城市计划生育政策的平稳过渡，为特区实行统一的计划生育和人口发展的政策奠定了基础。深圳的计划生育工作多年来一直是全国的先进，这其中农民做出了最大贡献。

丧葬由土葬变为火葬。要从当地祖祖辈辈的土葬转变为火葬不是一件容易的事，很长时间里许多村民强烈要求保留土葬风俗。最典型的例子是有一个村干部，他坚决要求土葬去世的老母亲。当时农村刚在改制，这方面还没有强制的规定制度，只是规定给予经济处罚。这位村干部交出十万元现金（这笔钱当时可以建一座小楼房）说："我母亲最大的愿望是想要土葬，我不能违背母亲的遗愿。罚款不够再来找我……"像这样的问题，要各级干部反复做工作才能解决。后来

福田区渔农村"中国旧村改造第一爆"。摄影 谢建伟

深圳又遇到迁坟问题。当地村民的先祖们土葬在附近的山地里，当遇到城市改造、土地开发，需要征用土地时就会遇到这个问题。村民们的想法是希望迁坟，但是深圳寸土寸金大面积迁坟是不可能的。唯一可行的做法是通过做工作，劝说村民将先人的遗骸火化后保存，这个问题也经过了10多年的功夫才彻底解决。

破除迷信神龛变为书橱。深圳原居民中相当一些村民有迷信思想，普遍在家里设有佛龛，出门前烧香拜佛求菩萨保佑平安好运。农村城市化过程中开展的文明创建活动中，这是一个要重点解决的问题。这方面做得比较好的是龙岗区南岭村。过去的南岭村家家设有神台。1996年6月23日，村委召开村民大会提出"破除迷信，相信科学，拆掉神台，兴建书台"的要求。原来以为难度很大，由于动员工作做得充分，3天之内全村170户村民都撤掉了神台，购置了书台，户藏书量达到300册以上。

除陋习改变生活方式。以前有一些村民喜欢吃美食、吃洋酒、玩扑克、打麻将、唱卡拉、洗桑拿，过一种不健康的生活。农村城市化后，各个社区提倡居民树新风，讲文明，除陋习，过文明健康生活；组织村民开展丰富多彩的文化体育活动。宝安区组织当地青少年学唱京剧，着迷的京剧娃已有600人，并前往英国、香港、广州等城市进行专场演出30多场次。宝安京剧娃2006年、2007年连续两年获得全国戏剧小梅花比赛金奖。宝安区沙井镇岗村是深圳有名的"足球之乡"。1998年1月，经中国足球协会批准成立了全国第一个村级足球俱乐部。当地青年村民爱好踢球，参加省市比赛经常拿到好成绩。龙岗区坑梓街道则从陕北安塞请来老师教居民打腰鼓，使之成为当地群众喜爱的文娱活动。晚饭后，广场上挤满了人，腰鼓齐响，很有声势。龙岗区横岗街道修建了万米文化广场，每天晚上有几千人在广场上跳交谊舞。街道组织成立的国标舞协会已有16年，培训舞者近万人，承办了市首届深、港、澳少儿拉丁舞公开赛、"鹏城金秋"广场社交舞大赛等，被誉为"交谊舞之乡"。在2009年5月举办的深、港、澳少儿国标舞大赛中，横岗的小选手们一举夺得19个金奖。龙岗区布吉街道于2003年1月成立了客家音乐联谊会，有300多人参加。发烧友们研究、演奏代表客家文化的广东汉乐、山歌、采茶、花朝等民族音乐，活动开展得丰富多彩。此外，许多街道、社区恢复了原有的舞龙、舞狮、舞麒麟、舞渔灯等活动，吸引年轻人大量参加，培养出一些传人高手。

抓青年教育培养优秀接班人。深圳农村原居民中老一代前半辈子做过各种农活，较好地保持了朴素的本质。但是新一代青年，没有干过农活，没有过过艰苦生活，具有性格不稳定、可塑性强的特点。这些青年，家庭有多套房产，有一定

沙井镇岗村成立了全国第一个
村级足球俱乐部。
图片由宝安区委宣传部提供

的存款，过着一种经济富裕、衣食无忧的生活。其中出现了一些一不种田、二不做工、三不上学的"三不青年"。整天无所事事、悠哉游哉，甚至个别的染上了赌博、吸毒、沉溺色情的不良毛病。有一些领导和学者对此很担忧，提出了"二世祖"的问题。因此，在农村城市化过程中，各级领导都重视青年人问题，要求抓好青年的教育工作。宝安区大规模地开展了创业、立业、学业的"三业活动"，要求所有当地居民青年人都要参加"三业"活动，不允许一人掉队。龙岗区要求发扬客家人"崇文重教"的文化传统，抓好青年人的学习教育工作。许多社区和股份公司制订出经济鼓励政策，鼓励青年人读书求学。经过多年努力，当地青年的生活方式慢慢地发生了很大的变化。很多青年认真学习，报考大学甚至出国留学，学成归来后成为村里新一代有文化有知识的领导人。在这里列举几个典型人物。张育彪是龙岗区南湾街道南岭村社区党委书记、居民委员会主任、深圳市南岭股份合作公司董事长。1974年出生的他从深圳大学硕士毕业后来到南岭村工作。30年间，使南岭村从一个贫穷的"鸭屎围"变成了富甲一方的新农村。他提出的"穷时有穷志气，富时没有富毛病"的口号，要求居民始终保持艰苦奋斗的作风，成为全国新农村的一面旗帜。江泽民勉励南岭村人"致富思源，富而思进"。胡锦涛在南岭村提出了"不自满，不松懈，不停步"的希望。张育彪因之获得了"中国十大杰出青年"、"全国劳动模范"、"全国五一劳动奖章"等荣誉。庄创裕是福田区皇岗社区党委书记、皇岗实业股份有限公司董事长。1974年出生的庄创裕是深圳本土青年中最早出去的留学生之一，曾在英国、加拿大等国留学10多年，毕业后回家乡当上"村官"，提出了让皇岗"主动融入深圳中心区"的目标。刘旭青是龙岗区坂田集团党委书记、董事局主席。1971年出生的刘旭青是土生土长的坂田人，毕业于澳门科技大学，硕士学位。在他的领导下，几十年中坂田发生了巨大的变化，成为深圳一个重要的产业基地。刘旭青也因此获得"全国乡镇企业家"、"2005年中国乡镇企业十大经济人物"、"首届中国绿色环保十大英模"、"首届中国奔康十大英模"等荣誉称号。

城市化对深圳的意义

深圳农村城市化对深圳究竟有什么意义呢？有现实的和长远的两种意义。

从现实的意义说，土地从农民手中回到了国家管理之下，扩大了深圳的发展空间。地皮对深圳来说太重要了。成立特区之初，土地是政府唯一的资产；30年后当深圳发展成为仅次于北京、上海、广州的第四大城市后，狭小的土地又成为限制深圳发展的瓶颈。深圳好像一个长大了的小伙子，穿的衣服和鞋袜却仍然是小孩的，勒得浑身痛死了。土地国有化后，有限的2020平方公里的土地摆脱那种低成本、低效率的开发方式，变为集约化、高效率的开发方式，单位面积产生出了更多的价值。

农村城市化为城市整体规划提供了条件。深圳本来好像是一张白纸，可以在上面画最新最美的图画。虽然当时从整体方面说，深圳已经建设成为一座漂亮的现代化都市；但是从城中村、城乡结合部等一些细节看，深圳的建设管理水平还非常落后。真正到了本世纪初整体城市化后，深圳才有了规划每一寸土地的条件。

农村城市化让农民变成居民。农民成为居民，不仅使农民纳入了城市居民的福利保障体系，使他们长远的生活利益有了保障；也为原居民与周围城市居民填平精神文化方面的鸿沟创造了条件。随着农村第二代的成长，深圳原居民的概念将彻底消失，深圳也将脱胎换骨成为真正的城市。

如果从长远的意义说，城市化标志着深圳的发展方式发生了深刻的变化，由农业文明转变为工业文明。这个转变是人类文明发展史上的重要转变。人类文明

横岗街道文化广场上每天晚上都举办居民交谊舞会。图片由龙岗区横岗街道提供。

产生后，一刻不停地进步变化，有时候是缓慢地、量变式发展，有时候是跳跃地、质变式进步。人类社会的发展进步，如果以生产关系为标准，可以分为原始社会、奴隶社会、封建社会、资本主义社会和社会主义社会。如果以生产力为标准，则可以分为采集、游牧的前农业文明，种植、手工业的农业文明，和机器生产的工业文明。中国就是在农业社会向工业社会转变的关键时候出了问题，结果从世界上最强的农业强国沦为半殖民地半封建社会的穷国。

在工业化的同时出现城市化现象，工业化与城市化是孪生兄弟。工业化是一个生产效率成倍提高的过程，城市则十分有利于文明的创新、集聚和保存。城市化是伴随工业化出现的一种社会变革现象；城市化又是社会从传统到现代化转变的结果和表现。城市代表着人类文明进步的程度，是人类文明发展到一定阶段的产物；在发展人类文明过程中城市能够更加有效地保护人类文明的成果。因此，从人类历史发展经验看，城市化和工业化基本上同步产生，而现代化则是城市化的结果。

从深圳走过的路子可以总结工业化和城市化的经验，深圳的探索对中国的发展具有试验和前导作用。深圳是中国社会主义市场经济的实验田，这里发生的事情对全国有借鉴意义；深圳是改革开放的窗口，深圳走过的路子就是中国将要走

南岭股份合作公司董事长张育彪。摄影 林勤（《深圳商报》摄影部主任）

皇岗实业股份有限公司董事长庄创裕。摄影 廖万育

坂田集团公司党委书记、董事局主席刘旭青。
图片由坂田公司提供。

的道路。深圳的这种实验性、探索性和前导性对国家的发展有重大意义。中国的
工业化、城市化、现代化发展是人类历史发展中的最重要事件，将对整个人类文
明的发展产生重大的影响。中国改革开放事业好像是一个巨流大潮，深圳只是大
潮中的一朵浪花。但是从这朵浪花，能够感受到大潮汹涌澎湃的气势，可以观察
到长河巨流前进的方向。深圳农村城市化改造的意义也许就体现在这里。

写作该文采访了李灏、厉有为同志。参考了《郭鹏生："第一爆"拉开
城中村改造大幕》口述文章（记者刘伟整理，《深圳特区报》2010年5月22日
A7版）深圳博物馆编《深圳特区史》有关章节；汪开国、杨朝仁、孟伟主编
的《深圳社会变革大事》中《农村城市化之路》章节等。表示感谢。

第十二篇

从"速度深圳"
向"效益深圳"转变

评语：速度和效益，有时看起来是矛盾的，单纯追求速度，粗放型发展，实际上是一种低效率；但实际上两者又是相辅相成的关系，速度是效益的前提，而效益是科学合理速度的结果。深圳30年的发展大致可以说成：前期求速度，后期重效益。深圳曾经创造了三天一层楼的深圳速度，建起了一夜城，具有"杀开一条血路"的磅礴气势；而效益深圳更符合科学发展观原则，使深圳能够可持续发展，争取建设成为世界上最好的城市。

罗马俱乐部提出的"发展的极限"问题，对深圳人猛击了一掌，使他们的头脑变清醒了。深圳人怎么都想不到才发展了30年，虽然还没有达到"成长的极限"，但已经遇到了"成长的烦恼"。从"速度深圳"转向"效益深圳"，这样做既是迫不得已，也是为了求得更大的发展空间，求得更好的发展结果。

深圳出现了"四个难以为继"的瓶颈

2003年7月28日，胡锦涛同志提出了科学发展观理论，"坚持以人为本，树立全面、协调、可持续的发展观，促进经济社会和人的全面发展"，这是一种改革和发展的方法论，也是中国共产党的重大战略思想。深圳在科学发展观的问题上最先觉悟，深有体会，决心以科学发展观作为今后发展的指导思想。

科学发展观的理论为深圳指明了前进的方向。这个时候的深圳正好到了一个关键的转型节点上。时任市委书记是黄丽满、市长是李鸿忠。两位都曾在国家相关部门和广东省任职。登高望远，站在高处，具有全局意识，眼光能够看得更远一些。黄丽满曾任职中国电子工业部办公厅副主任和电子工业总公司办公厅主任，1992年调入深圳后先后任市委副秘书长、秘书长、市委常委、副书记等职。

原深圳市委书记黄丽满（右二）向李铁映汇报工作。图片由深圳报业集团提供。

1998年任省委副书记。2001年后任省委副书记、深圳市委书记。李鸿忠自1985年起任电子工业部办公厅秘书、党组办公室副主任、李铁映同志秘书。1988年先后任广东省惠州市人民政府副市长、市委副书记、市长、市委书记。2001年任广东省人民政府副省长、省委常委、常务副省长。2003年任常委、深圳市委副书记、市长。

　　他们两人先后来深圳工作，既高兴此时的深圳已经达到了新的高度，他们登上了前任们搭起的梯子，在一个新的起点上起步；但也隐隐感觉到按照以往的发展方式发展，路子很难继续走下去。当时的深圳，一方面创造了一组让世界瞩目的数字：从1980年至2004年，全市生产总值年增长28%，工业增加值年均增长40.2%，地方财政一般预算收入年均增长33.7%。深圳GDP指标，达到1000亿元人民币用了整整18年，但达到2000亿元只用了5年，而突破3000亿元则仅用了2年。25年来，深圳累计创造了2万亿元GDP，1994年税制改革以来累计上交国家3663亿元的税收。但另一方面，深圳的发展走到十字路口上，何去何从？未来10年，深圳的GDP完全有可能突破1万亿元。可是按目前这种半粗放的模式发展，无论其土地、人口、能源与资源、生态环境都将会不堪重负，难以为继。

籍贯辽宁、哈尔滨长大的黄丽满，以东北人特有的直爽性格，大声疾呼："按传统的外延发展模式，已快走到极限，不能再持续下去了。必须要实现经济发展与人口、资源、环境的和谐共进。"2003年12月30日，她在市委三届八次(扩大)会议上指出，深圳"十五"计划纲要中制定的基本实现现代化的42项指标体系，将有23项指标难以如期完成。建议将基本实现现代化的时间表从2005年推迟至2010年，并按照科学发展观的要求对原有的指标体系进行调整、充实。深圳成为全国第一个宣布推迟现代化进度的城市。会上发出号令："我们需要的是有效益、有质量的速度。如果效益不高、污染很重，宁愿牺牲一点速度。决不能把子孙后代的资源消耗殆尽，更不能留下千古骂名！"消息一传出来，引起了新闻媒体的热议。《光明日报》评价说："深圳的'推迟'是需要相当大的胆识和勇气。这正是其难能可贵之处。"《中新网》评价说："这条新闻，应该属于全国的特大新闻。"

深圳这样做，既是一种贯彻党中央科学发展观的思路转变，也是一种迫不得已的措施。李鸿忠在这方面算了一笔细账：先说土地。深圳全市面积为2020平方公里，土地总面积1952.84平方公里，可建设用地只有760平方公里，已开发500多平方公里，剩余200多平方公里。如果按照深圳每年50平方公里的高速度开发，4年就用完了，就算按照每年10平方公里的速度开发，也只能维持20年。上次说水。深圳是全国7个严重缺水的城市之一，人均占有水资源量仅为全国平均水平的1／5。深圳水需求量以每年约7000万立方米的速度增长，全市最大的水系是东江，它是深圳的母亲河。如果按照传统发展模式，即使把这条母亲河抽干也无法满足无限增长的水资源需求。再说电。深圳电力供应紧张，用电缺口较大。2004年一年用电量达430亿千瓦时，几乎是内地一个省的用电量。2007年，用电量558.9亿千瓦时，成为全国第四个、南方电网第一个"用电大户"城市。最后说人口。深圳人口不断增加，已到承受极限。1979年，深圳市的常住人口为32.35万人。而现在深圳实际管理的人口已超过1200万（其中户籍人口为196万，非户籍的常住人口为649万，还有300多万人的流动性很大的暂住人口）。深圳与全国大中城市相比其人口特点是：人口密度最大，人口年均增长速度最快，流动人口总数最多，流动人口与户籍人口比例倒挂最严重。人多、工厂多、车辆多，造成工业污染和汽车尾气污染日益严重，空气中的二氧化硫等有害气体含量明显上升。深圳曾经是土地上有树木、家门口能看海的滨海城市，空气湿润洁净。但是现在阴霾天气越来越多，令深圳人自豪的蓝天白云越来越少，深圳成为广东省8个重酸雨地区之一。地表水污染也很严重，全市5条主要河流水质均劣于Ⅴ类标准。李鸿忠将上述问题概括为土地、资源、人口、环境方面"四个难以为继"。

是深圳的发展不注意节约而严重浪费吗？当然不是。数字说明深圳的经济发展质量在全国是最好的。2005年，万元GDP能耗0.59吨标准煤，能效率为全国的2.06倍（但是这个数字并不能让人骄傲，因为将我们的数字拿到世界上比是很低的。深圳的数字只是世界平均水平的55%，仅为日本的20%、德国的30%）；万元GDP水耗33.8立方米，用水效率为全国的12倍（深圳的数字仅为日本的30%）。深圳出现"四个难以为继"的现象，主要原因是因为深圳这个年轻人的个头与肩上的担子有点不平衡，体力严重透支，小小的农田里种出了太多的农作物。深圳的地盘太小，是全国副省级城市中土地面积最小的城市，而经济总量相当于国内一个中等省份的。2007年，深圳地区生产总值达6765亿元，在全国大城市中居第四位；地方财政一般预算收入658亿元，在全国大城市中居第三位，2008年首次突破800亿元，达到800.36亿元；出口总额1685亿美元，连续15年为全国城市中第一名；获得国际专利2480项，位居全国各城市第一位。

这样一分析就可以知道，深圳原来的道路上已经亮起了红灯，没法再往下走了。

从速度型向效益型转变

2005年，李鸿忠接任市委书记。他在中共深圳市第四次代表大会上大声呼吁：深圳的发展已经明显受到"四个难以为继"的制约，发展方式必须从速度型转向效益型。

既然想到了这个问题，就要设法解决它。李鸿忠认为，有些人之所以热衷于传统的粗放型的发展模式，与我们实行的GDP的统计方法有很大关系。

GDP是什么？GDP是英文gross domestic product的缩写，也就是国内生产总值，是单位时间里，一个国家或地区的经济中所生产出的全部最终产品和提供劳务的市场价值的总值。GDP的统计简单易行，所以被用来衡量一个国家或地区经济发展综合水平。但是GDP的统计方法有漏洞，它会包括许多无效的GDP和消失的GDP。有的地方搞面子工程、形象工程，摆花架子不实用，但有GDP；自然灾害也可以成为GDP增长的因素：大火烧掉了房子，大水冲垮了公用设施，建一些临时用房安置灾民，创造了GDP；最荒谬的是，房屋开发商为了赚钱，将城市黄金地段的房子拆掉建高楼，一拆一建竟然累计了双份的GDP。

人们为什么要追求包括"无效"和"消失"在内的GDP? 是因为GDP是说明政绩的指标。因此, 在GDP体制下, 一名领导想要向上级领导表明自己任内的政绩, 必须想尽一切办法增加GDP数字。要想改变局面, 必须先改变挥舞GDP棒指挥工作的做法。做这样的决策, 背后有为公还是为私的考量, 是着眼深圳的百年大计呢, 还是考虑个人的利害得失? 如果是考虑后者就没有必要做任何改变, 反正"铁打的政府流水的官", 一位领导在任上也就是几年时间, 没必要考虑太长远的事情; 如果着眼于深圳的长远发展, 就该改弦易张, 即使影响到个人的政治

原深圳市委书记李鸿忠接见爱心市民代表。图片由深圳报业集团提供。

前途和个人利益也在所不惜。这需要有很大的勇气。

不靠旧的GDP指标, 就要有一个新标准。李鸿忠要求市统计局制订一个适合于"效益深圳"的统计模式出来, 市委市政府用这个新的指挥棒来指挥各级领导的行动。于是, 经过市统计局的努力, 拿出了《"效益深圳"统计指标体系》, 这比国家环保总局和国家统计局发布《中国绿色国民经济核算研究报告》早了一年。深圳的这个指标体系由经济效益、社会效益、生态效益、人的发展等四方面的21项指标构成。主要包括: 每平方公里土地产出GDP、万元GDP能耗、万元

GDP水耗、年末城镇登记失业率、人均受教育年限、人均可支配收入、人口平均预期寿命、空气综合污染指数、污染治理指数、城市污水集中处理率等内容。这是一个绿色GDP、环保GDP体系，有了这个指挥棒，深圳从此便可以走上效益型发展的路子。

绿色GDP指挥棒果然挺有效。统计数据表明，2006年深圳经济的发展更加环保，更加讲究效益。每平方公里土地GDP产出达到2.98亿元，每平方公里土地财政收入达8600万元，万元GDP能耗同比下降1.9%，万元GDP水耗下降4.21立方米。全年化学需氧量排放量和二氧化硫排放量分别下降3.9%和2.5%。2007年又有大的进步，每平方公里土地GDP产出达到3.48亿元，比上年提高16.8%；万元GDP能耗、万元GDP水耗也在继续下降；化学需氧量和二氧化硫排放量分别下降4.7%和6.9%。2008年，各项能耗指标再次降低，单位GDP产出值再次提升。产出值直接拉动了税收的提高，以地税为例，2008年每平方公里上地产出地税收入达3927万元，比上年增加718万元。在科学增长和可持续增长方面，深圳已经走上一条低投入、低能耗、高产出、高效益的经济增长路子。

"效益深圳"指标体系的正式出台，使既"快"又"好"且"省"的"效益深圳"模式有了可量化、可考核的指标。从传统GDP到绿色GDP，从速度深圳到"效益深圳统计指标体系"的诞生，是一次痛苦的转变和聪慧的觉醒。这种转变和觉醒，被深圳市领导形象地概括为"大忠诚"精神和"三个舍得"——舍得投入、舍得时间、舍得声誉。舍得投入，就是加大财政投入，充分调动社会各方面的投入。舍得时间，就是既只争朝夕，加快推进，又不能拔苗助长，不争一时之名。舍得声誉，就是正确看待一时的声誉得失，以超凡的定力，勇于为转变经济发展模式承担一些压力。有了这种转变和觉醒，深圳不再攀比经济规模和总量。如果有人还是单纯以GDP论英雄，很可能会觉得深圳辉煌不再了；但是如果以科学发展观的观点考虑问题，就知道深圳已经走上了一条集约式、效益型发展的新路子。这是凤凰涅槃，浴火重生，是深圳在中国现代化的道路上又一次为全国探索出的经验。

人一生中会遇到很多种选择。就好像一个人走在荒原里，前面有许多岔路口，如果你选择了其中的一条路走下去，就会走向一个完全不同的世界。社会的发展也是如此。深圳在"速度"与"效益"的岔路口选择了后者，就走向了一条与以前不同的道路。顺着这条路走下去，从看重经济指标到重视社会建设，既是顺理成章的事，也表现出决策人的社会责任和执政智慧。2006年12月30日，召开市委四届五次全体(扩大)会议，一致通过了《中共深圳市委关于制定<深圳市民生

净福利指标体系>的意见》，这套体系包括了收入分配与公平、安全水平、社会保障水平、公共服务水平和人的全面发展水平五个方面的21项指标。什么叫民生净福利？其含义就是经济上得到的收益要扣除经济社会发展的成本，包括"通胀因素"、"物价因素"等。按照老百姓的话说，就是"捞干货"。比如一个职工增加了工资100块，但是实际收入有没有增加呢？要减去通货膨胀因素。如果通胀因素是50块，净收入只有50元；如果通胀120元，则百姓的"净收入"不但没有增加，反而减少20元。这个指标体系是玩真的，不说空话、假话，不摆花架子，不搞虚假的政绩工程，是在认真贯彻党中央、国务院"立党为公、执政为民"的要求，实实在在地为群众利益着想，为老百姓办实事。这是又一个新的指挥棒，指挥全市各级领导按照科学发展观办事，执政为民，真正关心解决老百姓的民生问题。

《深圳市民生净福利指标体系》、《"效益深圳"统计指标体系》与《深圳市基本实现现代化指标体系》，共同构成了深圳全面落实科学发展观、构建和谐社会的指标体系和政绩测评标准。如果说"效益深圳"统计指标体系是对科学发展观的落实措施，"民生净福利指标体系"则是建设社会和谐的一个抓手。

深圳又一次跑到了前面

2009年1月从大洋彼岸的美国传来一则关于深圳的好消息。美国《福布斯》评出了2008年度中国10个变化最大的城市，深圳居于首位。美国《福布斯》杂志发布报告，根据国内生产总值、市场规模以及城市的变化程度评选出中国10个变化最大的城市，深圳居于首位，领先广州、香港、上海、北京等城市。《福布斯》为"巨变状元"这样落注脚："深圳经济总量相当于国内的一个中等省份，位居全国大中城市的第四位，是中国大陆经济效益最好的城市之一。" 2010年4月26日，中国科学院财贸经济研究所公布的《2010年中国城市竞争力蓝皮书：中国城市竞争力报告》指出，2009年度中国最具竞争力前十个城市依次为香港、深圳、上海、北京、台北、广州、天津、高雄、大连、青岛。其中香港、深圳、上海已经连续5年位列前三。深圳从2007年开始超越上海位居第二。

中国城市竞争力研究会也发布了2008中国城市竞争力排行榜。其中，深圳名列中国城市成长竞争力排行榜榜首，这是深圳连续4年获此殊荣。另外中国科学院发布的《2007／2008年全球城市竞争力报告》，公布了世界500座城市竞争力最新排名。其中中国城市前5名的排名为香港、上海、深圳、北京和澳门。值得一提的是，报告根据创新性、可持续性、可借鉴性的原则选取全球10个最成功的城市进行案例研究，中国占据两席，分别为深圳和扬州。深圳市财政2009年终零点结算令人欣喜：全口径财政收入2830亿元，地方财政一般预算收入首次突破800亿元，上划中央收入达到2029亿元，在受金融海啸冲击的逆境中，再次创造了经济奇迹。

今日的深圳城市现代化建设日新月异。高楼鳞次栉比，拔地而起，道路四通八达，畅通无阻，一项项事关城市长远发展和提升辐射力、竞争力的重大基础设施相继建成，拥有全国第4大空港、全球第4大集装箱枢纽港，以及全国最大的陆路客运、货运口岸；从推进特区内外一体化到实施城中村改造、兴建轨道交通、建设生态城市，城市建设和管理上的大手笔、大动作精彩纷呈，城市面貌迅速发生巨大变化；"国际花园城市"、"联合国人居奖"、"全国文明城市"、"国家园林城市"、"国家环保模范城市"等一个个桂冠相继花落深圳，国际化城市建设步伐大大加快，人民生活水平不断提高。深圳统计部门发布的一条消息再次让人高兴：2007年深圳根据常住人口（约800万人）统计的人均GDP达到10628美元，成为内地首个人均GDP过万美元的城市。人均GDP产值超过1万美元，是全球

深圳被国际组织评为"国际花园城市"。摄影 刘对现（深圳民俗摄影学会会长）

经济业界公认的"发达地区"标线。全市居民人均可支配收入2007年达到24870元，居全国内地大城市第一位；在2007年度"全国宜居城市"和"城市生活质量"评比中，深圳均名列国内大中城市榜首。

在从"速度深圳"向"效益深圳"转变过程中，深圳再次发挥了特区的试验田作用。深圳以实践做出回答：深圳虽然已经没有任何特殊政策，但是深圳还是可以"特"。深圳的"特"表现在改变发展方式上，表现在制度创新上。在经济增长方式上，深圳下决心由粗放型向集约型转变，由外延扩张型向内涵发展型转变，由投资拉动型向内生增长型转变。李鸿忠任市委书记后经常向干部们讲这样一个观点："深圳不是要建成'高产田'，而是要建成'试验田'。深圳建成高产田意义不大，一共才二千多平方公里，就算你是产粮一吨的高产田，对国家也不会有太大的贡献。而将深圳建成'试验田'，许多事情在深圳先行试验，试验成功了给全国提供一个借鉴，失败了告诫其他地方不走弯路；深圳要成为种子田，培养出良种，推广到全国大面积种植。这样做，提高中国整个农业的产量，才会对中国做出大贡献。"从实现小康，到迈过"发达"标线，深圳开始了全新的探索。这是一条新路。闯这条路子的困难程度不亚于深圳当初"杀出一条血路"的难度。因此，深圳需要有更大的勇气，付出更大的努力。李鸿忠认为："改革创新是深圳的别名，特区最大的优势就是改革创新。"

中国科学院中国现代化研究中心主任何传启深入研究了中国现代化问题。根据他的研究，世界现代化进程可以分为第一次和第二次现代化。所谓第一次现代化指从农业文明向工业文明的转变。在这一现代化进程中，经济发展是第一位的；所谓第二次现代化指从工业文明向知识文明的转变过程。在这一现代化进程中，强调的是以人为本，科学发展。中国现代化是世界上人口规模最大的事件，是人类历史上一次最伟大、最艰巨、最复杂的现代化转变。何传启认为，2006年，中国第一次现代化已经完成4／5，第二次现代化水平约为发达国家的2／5。从"速度深圳"向"效益深圳"转变，就是中国"一次现代化"到"二次现代化"转变的缩影。深圳在这方面先行一步，摸索出了经验。何传启预测说："如果说18～19世纪是中国落后的200年，那么20～21世纪将是中国复兴的200年。21世纪将是中国复兴的伟大世纪。"

中国现代化之日就是中华民族的复兴之时。深圳愿意在中国现代化转变中做出更大贡献。

写作该文参考了汪开国、杨朝仁、董建中、沈杰编写的《深圳经济变革大事》中《效益深圳》章节、《深圳观念变革大事》中《从"速度深圳"到"和谐深圳、效益深圳"的嬗变》、《推出"民生净福利指标体系"》等章节；杨黎光《寻找新路》一文（《中国作家纪实》2007年9期）。表示感谢。

第十三篇
高新技术为深圳插上起飞的翅膀

评语：创新是深圳发展的不竭动力，高新技术的发展最能代表深圳创新的内涵。深圳以高新技术作为自己发展的基石，努力创建了国家创新型城市。高新技术也不断增强了城市的实力，为深圳赢得了尊重。

科学技术是人类思想开放出来的一朵美丽的花朵，是人类掌管自然界的有力武器。对深圳的发展来说，科技在深圳发展中所起作用的重要性怎样评价都不为过。科技为深圳的发展插上了起飞的翅膀，使深圳能够在短短的30年时间中，一鸣惊人，一飞冲天。正是重视科技的作用让深圳取得了辉煌成绩，深圳下一步的发展更要靠科技创新的推动。

科技是深圳发展的金钥匙

深圳30年间从一个边陲小镇发展成为国际大都市。深圳的企业开始大踏步地走向国外，成为代表中国形象的民族企业。在全球有影响的中国企业中就有华为、中兴通讯等深圳的民营科技企业。有人对深圳的发展充满了好奇，老是发问："深圳为什么能够发展这么快？"

深圳发展速度快的奥秘值得探讨。30年前的深圳没有资金，没有人才，几乎是一张白纸。而今，深圳发展如此迅速，其最重要的原因是深圳历届领导都很重视科学技术的发展。早在1985年12月，在市委书记梁湘的主持下深圳召开了首次科技工作会议。1985年李灏来到深圳后，更是将发展科技企业放在重要位置紧紧抓住不放，制定下发了一系列促进科技发展的政策文件。1997年对深圳来说是比较关键的时候，深圳的工业开始出现转型的迹象。由于深圳地价上涨，外商办来料加工厂成本增加，外资企业开始大量向东莞、惠州等附近地区转移。这种情况下如果再强调发展科技企业，就会让更多的企业搬离深圳，怎么办？当时主政深圳的是厉有为和李子彬，他们坚定地要求深圳加快转型，发展高新技术，走科技创新的路子。

为理清深圳科技发展的脉络，我采访了一位科技局的领导。他认为，深圳发展科技经历了三个阶段：第一个阶段萌芽时期。深圳创办经济特区，在改革开放政策鼓励下，深圳大力发展"三来一补"企业。这时候当地出现了一些少量的民营企业，他们"洗脚上田"创办企业，掘到了第一桶金，开始尝试着创办科技企业，生产一些初级电子产品。第二阶段快速发展时期。1992年小平同志南巡以后，出现了全国向深圳投资的热潮，深圳的高科技企业迅速发展。但是这个时期的企业多从事高科技产品散件进口加工、装配，自己研发还是比较少。于是1995～1996年出现了犹豫彷徨的局面，深圳一段时间里失去了发展的方向。是继续发展这种科技加工企业赚钱，还是开始走自己研发自主创新的路子呢？第三阶段自主创新时期。从1997年深圳明确方向，坚定信心，最终走上了研发高新科技的路子，从那以后直到现在深圳在科技发展方面始终走在前列。2006年1月中共中央、国务院在北京召开全国科学技术大会。会议全面肯定和总结了深圳发展高新技术的经验，刘应力常务副市长在会上介绍了深圳的经验。会后，科技部组织深圳等几个典型城市到中部10个城市介绍经验，深圳的经验普遍受到重视。

如果回顾一下人类历史发展的过程，可以清楚地看到科学是推动人类历史发展第一生产力的事实。自古希腊罗马的灿烂文明后，人类历史总共出现过四五次文明发展的高峰。世界第一次生产力发展的高峰发生在中国。由于以农业为中心的科学技术取得世界领先地位，中国从公元前3世纪，即秦汉时代起就进入农业经济发达的社会，成为封建大帝国，直到唐宋（公元7～12世纪）达到盛世。我国"四大发明"中除造纸外，其余3个均是在这一时期成熟和推广应用的。中国的"四大发明"输入欧洲，对欧洲的文艺复兴运动起到临产催生的作用，为欧洲科学文化带来了黎明。世界第一次科学技术中心的转移，发生在13～16世纪末叶（元、明两代），此间，世界科学技术中心开始由东方转移到以意大利为中心的欧洲。在意大利思想解放运动推动下，欧洲兴起一场科学革命，人类进入前所未有的科学实验时代，代表人物是哥白尼和伽利略。从此以后，科学实验运动光照世界，开拓了科学革命的新纪元。世界第二次生产力高潮，也是第二次科技中心的转移，发生在17～19世纪前期，此后，世界科学技术中心由意大利转到英国。

1999年10月，首届中国高交会在深圳隆重开幕。摄影 陈富

继而英国发生了历史上前所未有的科学革命、技术革命和产业革命。世界第三次生产力高潮，也是第三次科学技术中心的转移，发生在19世纪中叶～20世纪初，这次，世界科学技术中心从英国转移到了德国。这次转移以化工技术革命为内容，使德国成为世界科技与经济的中心。世界第四次生产力高潮，也是第四次科学技术中心的转移，发生在1879～1930年间，世界科学技术中心由欧洲转移到美国。这次转移以电力技术革命为内容，使美国实现了工业化，成为世界第一经济强国。由于科学技术对生产力有力的促进作用，马克思恩格斯提出了"科学技术是生产力"的观点，邓小平更进一步提出了"科学技术是第一生产力"的论断。

民营科技企业是主力军

有一次采访李灏同志。我问他："您在深圳主政期间，决策做过的事情当中您认为比较重要的事情有哪些呢？"他回答说："调整经济结构，成立外汇调剂中心，建立证券交易所……，但是我认为鼓励深圳的科技人员办企业是一件非常重要的事情。由于鼓励成立民办科技企业，推动了深圳科技人员创业热潮的出现，后来深圳的高新技术慢慢发展起来了，这就为深圳的起飞插上了翅膀。"他讲了一个例子：1995年，全国政协代表团到深圳考察工作。有一天李灏陪同安子文、王相同、高尚全、王珏等政协领导到华为参观。董事长任正非亲自汇报。在汇报中他谈到："华为公司成立于1987年，至今已经8年了。今年公司完成销售额40亿人民币……"有一个政协委员发问："国家给华为有多少投资？"任正非回答说："没有。"他接着又问："那么省里和市里有没有投资？"回答仍然是："没有。"任正非的回答越发使人感到好奇："那你们怎么发展得这么快？"任正非回答说："就凭一个红头文件。"人们更加好奇："什么红头文件？"任正非说："就是深圳市1987年颁布的《关于鼓励科技人员兴办民间科技企业的暂行规定》的文件……"

我问李灏同志：当时他怎么就想起要制订这样一个鼓励民营科技企业发展的文件呢？"形势迫人啊！"李灏回答说。"当时世界各国的科技发展日新月异，而我国还比较落后。当时的深圳更是一张白纸，这张白纸上应该怎样写字，写一些什么样的字呢？肯定不能继续走传统的工业发展路子了……"听着李灏的话，我眼前出现了一幅当时的科技发展图。20世纪80年代后，高科技成为各国竞争的焦点之一。世界各国制定了一系列高科技发展计划，主要有美国的"星球大战"计划、欧洲的"尤里卡计划"、苏联及东欧的"科技进步综合发展纲要"、日本的"人体新领域研究计划"等，形成了激烈的竞争。中国科学家对这种情况看在眼里、急在心上。1986年3月，王大珩等几位科学家给中央写信，提出跟踪世界先进水平、发展我国高技术的建议。邓小平同志看到这封信后高度重视，批示说："此事宜速决断，不可拖延。"后来，中共中央、国务院批准了《高技术研究发展计划（863计划）纲要》。这一计划的战略目标是，瞄准20世纪末和21世纪初的高技术产业，集中部分精干的科技力量，在今后15年内，在几个最重要的高技术领域，跟踪国际水平，缩小同国外的差距，并力争在全国有优势的领域有新突破。从此，中国的高技术研究发展进入了一个新阶段。长期在国务院工作的李灏对科技重要性的认识十分深刻；虽然已在深圳任职，但是对国务院发生的事情消息依然很灵通。对863计划，他更是举双手赞成。李灏觉得作为中国改革开放窗口的深圳，在发展高科技方面也要有所作为，要在这方面创出一条路子来。这样做既是为国家做贡献，说实话也是深圳发展工业唯一可以出奇兵、走捷径的方法。

我又问："深圳发展高科技有充分的理由，但是，为什么要专门为发展民营科技企业发文件呢？"李灏哈哈一笑说："这个问题问得好。深圳为什么要特别鼓励发展民营企业呢？这是因为深圳的科技力量太薄弱了。深圳没有国家的科研机构，没有大学，缺乏基本队伍。反过来说，深圳这块热土当时又吸引了来自全国的许多科技人员，他们抱着创业热情来到深圳，想实现自己的抱负。还有，对于深圳没有钱的实际情况，市领导早就认识到，深圳想要快速发展，必须成为盆地，吸引各种资金流到这里。因此，必须对社会上的资金开放，让各种资本愿意到深圳来开公司、办企业，实际上大家头脑中已经朦朦胧胧有了多种经济成分办社会主义事业的想法。但是，由于认识不可能完全一致，怕反对的意见太强，就要讲一点策略，先从鼓励科技人员办公司开始。对这一点很多人比较容易接受。文件中最关键的一条是承认知识产权，科技人员可以用专利等知识产权入股。一个科技人员提出申请，先由市科技局审查通过，两个月后就可以到工商局注册登记。深圳的民办科技企业就这样起步了。"

上海的朋友给我讲了这样一件事：俞正声调到上海当书记后，到企业进行调研。他问身边的人："上海为什么没有马云的阿里巴巴？为什么没有华为、中兴通讯这样的大型科技企业呢？"俞正声的问题有意思。上海为什么没有民营大企业呢？论城市规模，上海远远超过深圳；论人才，上海集中了全中国最聪明的人；论城市发展，深圳只有30年的历史，而上海已经是百年老城。那么上海在科技企业的发展方面为什么不如深圳呢？俗话说，有果缘有因，有因必有果。今天我们看到了华为、中兴通讯等累累果实，但是如果我们要寻找原因，需要看到科技大树是怎样从一个弱小的幼苗长成的。而要谈论科技大树的成长过程，就要从更广泛的范围看到大树生长的各种条件。比如说，灿烂的阳光，肥沃的土壤，充沛的雨水，各种肥料养分，特别是要有园丁进行的除草、施肥、嫁接等各种劳动。因为有了这各方面的有利条件，这棵大树才可能从幼苗成长为茁壮的大树。

深圳能成为科技民营科技发展的沃土有以下几个原因。

一是制定了一系列的鼓励科技特别是民营科技企业发展的政策。1987年，颁布《关于鼓励科技人员兴办民间科技企业的暂行规定》，拉开了特区科技人员"自筹资金、自愿组合、自主经营、自负盈亏"组建科技企业的序幕。这个文件具有奠基石的作用。后来先后公布了两个22条文件，先是1997年底颁布的《关于进一步扶持高新技术产业发展的若干规定》，推出22条得力措施；后来1999年，在《中共中央国务院关于加强技术创新、发展高科技、实现产业化的决定》颁布不久，深圳对《关于进一步扶持高新技术产业发展的若干决定》进行修订，出台

深圳成立国际商务平台是为了更好地加强国际合作。摄影 廖万育

了新的"22条"。这两个"22条"制定了一系列鼓励科技人员发展科技的政策。使得科技人员如鱼得水，如种子萌芽遇上了甘露。那一段时间，全国的科技人员如蒲公英般飘落到深圳的土壤上扎根并破土出苗。

此外，还有一些重要的法规和政策。1991年深圳市第一次颁布了高新技术及其产业发展的地方性法规《关于加快高新技术及其产业发展暂行规定》。1992年，制定了《深圳市认定高新技术企业试行办法》，认定高新技术企业不分经济性质，认定标准高出国家和省的标准，实行动态管理，两年复查一次，对不符合标准的企业要取消高新技术企业称号。1993年，深圳市政府颁布了特区发展民营科技企业的第一个行政法规《深圳经济特区民办科技企业管理规定》，规定了民办科技企业的设立条件、认定程序、组织形式，落实了民科企业的税收、户口、职称、出境等各项扶持优惠政策。1994年，深圳重新制定了《深圳市高新技术企业认定暂行办法》，将高新技术企业划分为开发型、生产型、应用型，并对其年总产值、年销售额、人均总产值分别制订了标准。这些法规和政策对科技企业特别是民营科技企业的发展起到了良好的促进作用。深圳首家注册的民营科技企业是深圳市智能设备开发公司。公司总经理是我国优秀的电力专家叶念国教授。他1989年从武汉调到深圳，组建了一所电力技术研究机构，研制电力遥视警戒系统。这一产业的概念是叶教授最早提出来的。

二是搭建交易平台。为促进科技发展，深圳从1999年开始策划举办中国国际高新技术成果交易会(高交会)，至今已经成功地举办了10届，成为我国最重要的高新技术交易会。此外，还举办了科技成果交易中心、南方国际技术交易市场、技术市场促进中心等，深圳还有20多家一定规模的高新技术产业孵化器。这些交易市场和展会为深圳的科技企业产品推广交易搭建平台、设置展示橱窗、提供交易场所，为培育高新技术企业发展发挥了重要作用。熊晓鸽是美国国际数据集团（IDG）全球常务副总裁、亚太区总裁，被称为"中国风险投资第一人"。他告诉笔者他从第一届就开始投资高交会，连续投资了10届。他评价说："深圳高交会既是深圳科技发展的一张名片，又是促进民营科技企业发展的孵化器。IDG准备开始高交会的第二个10年投资计划，通过高交会为中国科技企业发展做一些贡献。"

三是形成研发创意基地。深圳原来没有大学、科研机构，自主研发是深圳的弱项。为弥补不足，深圳采取"借助外脑、求助他山之石"的方法，与全国的高等院校和科研院所合作，建立起了适合深圳特点的、以市场为导向、企业为主体、内地高校和科研院所为依托、国外研究开发机构为补充的技术开发体系。先后建起了深圳清华研究院、深港产学研基地、深圳国际技术研究院、虚拟大学园等；创办深圳大学、深圳职业技术学院等高等院校，筹建南方科技大学，引进牛憨笨院士并建立光电子学研究所等；深圳的企业已与国内的200所大学、几百家研究机构建立了良好的科技合作关系。一批实力较强的企业如华为、中兴通讯、开发科技、康佳等，则把研究开发机构设到了美国、印度和欧洲的一些国家。

四是大力发展扶持科技企业的风险投资基金。风投资金与民间科技企业好比是鱼水关系，风投基金的水越多，科技企业的鱼才能越多；水越深，才越有可能养出大鱼。深圳是在全国风投资金发展最好的、实力最大的城市。1997年深圳市制定了《高新技术产业投资基金运作方案》，决定从成立科技风险投资顾问公司、高新技术产业投资基金、科技风险投资公司、境外科技投资基金起步。1997年9月，深圳市成立了市科技风险投资领导小组及办公室，时任市长李子彬为组长，开始建立风险投资体系。11月，作为创建科技风险投资市场体系的第一步，深圳市中科融投资顾问公司挂牌运作，功能是为高新技术企业提供融资中介服务，成为我国首家按国际惯例运作的风险投资顾问公司。目前，深圳创业投资机构的数量和资本规模均居全国前列，创业资本总额已达160多亿元。深圳建立风险投资市场体系后，吸引了国内外不少风投机构，风险资金规模约占全国的1／3。

五是对科技型企业给予特别的服务支持。1991年，深圳市委市政府成立了"发展高新技术及其产业领导小组"，领导小组下建立了各类科技服务机构。1985年成立了深圳市专利服务中心，1986年成立了深圳市技术引进咨询评议委员会，1989年成立了深圳市科技创业服务中心，1993年成立了深圳市技术市场促进中心、深圳无形资产评估事物所、深圳市质量认证中心，1995年成立了生产力促进中心，1996年成立了深圳市知识产权事务中心等。这些服务机构分别为科技创新提供技术交易、资产评估、市场中介、市场推广、产权仲裁等配套服务，保护了知识产权，加快了技术产业化，提高了科技市场交易效率，激励了科技人员的积极性和创造性，为深圳发展高新技术产业奠定了基础。另外，还成立了科技工业园，在科技工业园的企业能够享受到税收方面的优惠。对于有发展潜力的高新技术企业，不管是国有的还是民营科技企业，政府都批地给予支持。A8音乐公司的董事长刘晓松告诉我说，他的公司比较小，没敢向政府提出要地。但由于A8是文化科技型企业，在数字音乐方面做出了突出成绩，政府主动在科技园划给他们一块土地建公司总部研发大楼。

深圳愿意在国家科技发展中扮演重要角色

2005年1月7日，温家宝总理到深圳视察工作。在省市领导陪同下，考察了大亚湾核电站、迈瑞生物医疗电子股份有限公司等单位，听取深圳市的工作汇报。温总理要求深圳特区要进一步落实科学发展观，发挥优势，加快发展，在全面建设小康社会的进程中更好地发挥示范作用。一次在视察工作途中的中巴车上，市长李鸿忠谨慎地向温总理提出建议说："深圳能不能在国家创新工程中做出更大贡献？"温家宝同志高兴地回答说："好啊，深圳可以争当国家创新型城市……"中巴车上的这一段对话，为深圳自主创新事业发展带来了新的机遇。一方面是深圳市领导希望为国家多做贡献的事业心和责任心，另一方面是国家领导人对深圳的信任和期望，两个愿望合成一股力量，就使深圳开始了新一轮的自主创新征程，其中科技创新扮演着重要角色。

在这前后的一段时间里，深圳连续做出了许多重要决定。2004年1月18日，市委市政府颁布了2004年"一号文件"——《关于完善区域创新体系,推动高新技术产业持续快速发展的决定》。2006年1月5日,深圳市委、市政府又一次以一号文件形式颁布了《关于实施自主创新战略建设国家创新型城市的决定》。两个"一号文件"相衔接,深圳市完成了从产业发展战略到城市发展主导战略的历史转变,拉开了深圳创新型城市建设的帷幕。一号文件发布后,市政府组织20个部门参与研究,完成了20个配套政策的制定,形成了推动自主创新的"1+20"政策框架。这一政策框架标志着深圳建设国家创新型城市的工作拉开了序幕。李鸿忠说:"要把自主创新写在我们的旗帜上!"

2008年6月经国家批准,深圳成为全国第一个创建国家创新型城市的试点。这是深圳自主创新工作一个新的里程碑,意味着深圳自主创新的城市战略上升到了国家战略层面,意味着深圳必须争当自主创新的排头兵,为建设创新型国家发挥更大作用。2008年9月23日,深圳市委市政府召开全市自主创新大会,出台了关于大力推进自主创新、加快建设国家创新型城市的系列政策文件,全面部署和推进国家创新型城市建设工作,到2015年,深圳在全国将率先建成国家创新型城市。

南山科技园培育出了许多高新技术企业。图片由深圳报业集团提供。

经过多年努力，深圳高新技术产业已经成为深圳经济的一大特色，这张名片，在国内外产生了相当大的影响。深圳高新技术产业具有较高竞争力，一个重要标志是拥有自主知识产权的企业和品牌在增加，形成了一批自主知识产权的行业龙头企业。深圳专利申请和授权量逐年快速增长，发明专利的比重不断提高。2006年专利申请量增长42%，达到29728件，居全国第二；其中发明专利申请量及PCT国际专利申请量已跃居全国第一。

深圳高新技术产业的一大特点是民营高科技企业成为主力军，民营企业扮演着重要角色。2006年底，全市从事开发、生产高新技术产品的企业有2000家。在深圳16万多户企业中，民营企业近10万户，占六成以上，资本规模超过千亿元，仅次于上海和北京，成为经济社会发展的重要力量，是未来最具潜力的一大阵营。在深圳企业是创新主体，有人将其归纳为"4个90%"。即90%以上研发机构设立在企业，90%以上研发人员集中在企业（人数达到7.85万人），90%以上研发资金来源于企业（资金总投入额924亿多元），90%以上发明专利由企业申请。全市已有700多个研发机构，38家工程技术开发中心全部建在企业，21个博士后流动站也都设在企业。全市从事高新技术产品开发的企业3万多家，其中有六成是民营高科技企业，科技研发人员四成以上集中在民营企业，六成多的民营科技企业拥有自己的知识产权，其中还涌现出一批具有国际竞争力的行业龙头企业，有280家高新技术企业产值超过亿元。更有华为、中兴通讯这样敢于与世界上最强的通讯巨头竞争的中国民族企业（华为公司的故事详见《冬天里的华为》一文；中兴通讯公司的故事详见《中兴通讯占领创新的高地》一文）；有在网络即时通信中超过美国老牌的MSN公司的腾讯QQ企业；有与日本索尼公司打官司，为他们侵权U盘技术维护自己知识产权的邓国顺和他的朗科公司；有发明伽玛刀等医疗设备的迈瑞公司；有在电动汽车方面后来者居上、公司董事长王传福已经成为中国首富的比亚迪汽车公司（详见《实现制造汽车的梦想》一文）；有发明中国3D电影、成为世界上除了迪斯尼公司外能够成套出口主题科技文化园到其他国家的华强科技文化企业（详见《华强追赶迪斯尼》一文）；有在数字音乐方面成为拥有全国最大曲库、缩短了与世界音乐巨头公司距离的A8音乐公司（详见《A8为中国原创音乐插上了翅膀》），等等。

经过十几年的发展，深圳电子信息、生物技术、新材料、机电一体化、激光等五大领域的高新技术产业迅速崛起，其中以电子信息产业的发展最为引人注目，已成为深圳高新技术支柱产业。深圳30年的经济发展历程，经历了从"深圳

与机器人对话。摄影 梁家合

深港产学研基地。摄影 郑东升

加工"、"深圳制造"、到"深圳创造"的转变，形成了以通讯产业群、计算机产业群、集成电路产业群、软件产业群以及医疗设备和新材料产业群为主导的高新技术产业群。从2004年起实现了两个50%的超越，即高新技术产品产值占工业总产值的比重超过50%，其中自主知识产权产品产值又超过全部高新技术产品产值的50%，这一比例遥遥领先于全国。

2009年8月11日，广东省政府在深圳召开了全省推进自主创新工作现场会，总结推广深圳制度创新的成功经验。省长黄华华说："深圳把自主创新作为提高城市国际竞争力的战略核心，作为推动产业结构转型升级的突破口，早谋划、早行动、早转型、早见效，成为全国自主创新的先锋城市和创新示范城市。"深圳重视科学技术，鼓励企业发展自主创新技术，不但为深圳经济的起飞插上了矫健的翅膀，而且为深圳赢得了尊敬。

高新技术好像是高跷，深圳踩着高跷长成了巨人；高新技术好像是杠杆，深圳扳动这个杠杆撬动了大山。高新技术就是神奇的利器。

写作该文采访了李灏同志。参考了深圳博物馆编《深圳特区史》有关章节；深圳市史志办编《中国经济特区的建立与发展·深圳卷》有关章节；汪开国、杨朝仁、董建中编写的《深圳经济变革大事》中《向高科技进军》章节等。表示感谢。

第十四篇
义工联的火种变成了
关爱行动的大潮

评语：从19个人接听"维权电话"的义工，到数百万人参加的"关爱行动"；从"送人玫瑰，手有余香"的自勉，到"我不认识你，我要谢谢你"的感恩。经济特区的深圳变成了关爱之城。深圳是座有爱心的城市，是温馨的家园。

　　深圳义工的全名是"深圳市义工联合会"，相当于内地的志愿者协会。义工的名称借鉴自香港。创建于1989年的深圳义工是全国内地第一个义工团体。现在，"义工"在深圳已是家喻户晓的名字，"有困难找义工，有时间做义工"，成为深圳最温暖的口号。

001号义工何学文

　　义工的发起人名叫何学文。他是广东兴宁人，1989年那年26岁，这年夏天何学文调入深圳到团市委报到。由于何学文考到了律师资格证书，被安排到青年权益保护部工作。青年权益保护部是新成立的部门，一张白纸，要从头开始工作。从何处下手开展工作呢？团市委领导交给他们3项任务：一是起草青少年保护条例；二是建立青少年权益维护网络；三是成立青少年律师事务所。但是一尝试后，发现三件事一件都办不了。当时的深圳刚刚被全国人大常务会授予特别立法权有了立法的条件，但是急需要立的法律太多了，光是经济方面的立法项目都排成了长队，青少年维权的法律根本谈不上；对于青少年维权的问题当时的社会还不是很理解和接受，建立网络的条件也不成熟；至于建立事务所的事，正好遇上整顿律师事务所，新律师事务所的登记审批业务全部停办。3项工作任务一项也开展不

深圳市义工联合会发起人何学文。
图片由市义工联提供。

了，愁得何学文皱起眉头不知怎么办好。而实际上深圳作为一个移民城市有大量的外来劳务工，维护外来工权益是一项非常重要的工作。千里之行始于脚下。任何远大的理想都要从基础工作做起。开展维权工作应当首先建立了解情况、接受投诉的渠道。在当时的条件下，最方便、直接的工具就是电话。何学文决定建立一个青少年维权热线电话。当时的深圳百废待兴，电话是稀缺资源。权益部就将办公电话确定为"青少年维权服务热线"，号码是243039。这件事的宣传海报一贴出，反响及其热烈，每天电话几乎被打爆。既然是"热线"，就需要24小时值班，权益部的3个工作人员实在忙不过来。何学文决定在团组织中发出呼吁，招募一批有奉献精神的人接听电话。这项呼吁得到了团干部们的积极响应，首批19个人申请当接听电话的咨询员。19个人分成几班、每班三四人，轮流值班接听电话。这19个人就是深圳最早的义工。

两个月后，对接听的电话进行归纳总结，发现反映的问题主要分为三大类：一是情感方面的困惑和骚动，这类问题最多；二是工厂对员工不好，损害了员工利益；三是对各种政策进行咨询。权益部感觉仅接听电话是不够的，他们根据接听电话提供的问题线索，开始组织一些深入的调查研究工作。他们设计了关于侵犯青少年权益情况的问卷调查，到8个工业区发放和回收了几千份问卷文件，摸清楚了这方面的问题。在问卷调查详细情况和各种数据基础上，写出了关于青少年维权的调研报告。报告上报后，引起了市委主要领导的重视，李灏、秦文俊、李海东同志等，都在报告上作了批示。根据市领导批示，全市开展了企业用工状况大检查，针对存在的问题采取一系列措施进行解决。这项调研工作取得的成绩大大地鼓舞了权益部的同志们。接着，他们开展了"寮棚户（外来种菜专业户）子女就业状况调查"等系列调查研究，为市领导和机关决策提供了很好的依据。

随着各项调研工作的进行，参与的人员越来越多，权益部团结的队伍增加到了40多人。何学文感觉到，经过锻炼的这支队伍有理想，热情高，能力强，很宝贵，如果只是用来接听电话很浪费人才。权益部的几位同志商量后，决定发起成立"深圳市青少年义务社会工作者联合会"的组织，并向市民政局社团管理处申请登记。范建华处长热情接待，提出了建议：你们要成立的这个组织名字太长了，建议你们就像香港的义工组织一样，名字就叫义务工作者联合会……"这是一条重要的信息，由此何学文他们第一次知道了香港有这么一个组织。但是，何学文坚持组织名称里有"青少年"3个字比较好。经过商议后，最后名称确定为"深圳市青少年义务工作者联合会"。1990年4月23日，由46名义工组成的市义工联在民政局注册成立，成为中国内地第一个义工团体。1995年，"深圳市青少年义务社会工作者联合会"更名为"深圳义务工作者联合会"。1996年6月10日召开了成立大会。何学文作为主要策划者和组织者，自己带头参加组织领取了001号证件。如今这个001号证作为珍贵文物被深圳市博物馆收藏。何学文连续当了3任"青少年义务工作者联合会"秘书长。

在发展的过程中，深圳义工联与香港义工联建立起了比较密切的关系。香港有一个叫香港义工发展局的组织，深圳向其学习，学到了一些很好的做法和经验。但是几年后深圳的义工联无论是组织规模、专业分工、义工服务时间、开展活动规模等方面，都超过了香港。青出于蓝而胜于蓝。后来，香港的同行们又到深圳义工联参观学习，发出感叹说："深圳义工联成立晚而进步快。这既因为深圳的社会制度好，也与你们充满了激情分不开。"

义工组织迅速发展成为亮丽的风景线

义工联在得到市领导重视和关心后迅速壮大起来。1994年5月4日，市委书记厉有为来到义工联召开了座谈会。听完何学文等人的汇报后，对义工联组织给予

市义工联第一次代表大会。图片由市义工联提供。

了高度评价，他说："义工联是新时期学雷锋的好形式，是精神文明建设的一面旗帜。" 会上有名义工热情地说："厉有为书记，您说义工组织好，邀请您也参加吧。"厉有为笑笑接上话说："好，我报名参加义工。从今天开始我就是一名义工了。"大家热烈鼓掌。市领导研究后决定给义工联6个事业单位编制，还有相应的年度财政拨款。从此以后义工联组织上了一个新台阶。

概括起来深圳义工联有以下几个特点：

1.具有先进的理念。

义工联的宗旨是"服务社会，传播文明"。倡导"参与、互助、奉献、进步"的服务精神，传播"助人自助"、"送人玫瑰、手有余香"的互助理念。"有困难找义工，有时间做义工"已成为一句响亮的口号。

这几句话反映了义工联的先进理念。特别是"送人玫瑰，手有余香"一句话最能表达义工联的理念。在原来人们的观念中，帮助别人是单方面的给予与施舍。但是义工联认为，帮助是双向的：一个人在帮助别人时自己的道德情感会得到满足，灵魂会得到净化，从而自己也会变得高尚起来。正因为有这种先进的理念，所以义工联的同志们能够自觉主动地参加各种义工活动，而且能够长期持久地坚持下去，他们在帮助别人的过程中自己也感觉到了快乐和幸福。

2.分工专业。

深圳义工联服务范围包括热线电话服务、残疾人服务、老人服务、病人服务、孤儿服务、环保服务、文艺服务、法律援助服务等20大类30多个服务项目。

义工联分为若干个专业组织。如，环保生态组，通过组内开设野生动物保护、废旧电池回收、环保调研宣传以及环保手工艺品制作等专业服务小组，引导社会各界认识环保、重视环保、参与环保。快乐成长组，长期为深圳市社会福利中心的孤残儿童提供护理、教育、康复等方面的服务。文化服务组，服务深圳博物馆、群众艺术馆、中心书城、罗湖书城等全市各大文化场馆。关爱探访组，照顾癌症晚期重病患者和家庭贫困患者，为晚期癌症患者提供临终关怀服务。松柏之爱组，负责为市福利中心和罗湖区福利中心的老人提供服务。拥抱阳光精神健康组，协助康宁医院康复科对康复期的病人进行恢复期的心理陪护与聊天。与你同行组，为家境困难的残障人士进行心理开导，并帮助他们外出活动。

3.为义工立法。

深圳市青少年活动中心主任巫景钦也是当年最早的19名义工联发起人之一，由于年龄最小，他领到的义工证件号是019号。2002年巫景钦任团市委青年权益保护部部长，他在任职期间完成了义工联立法工作。巫景钦视野开阔，他注意到美国、西班牙等国家都有义工服务法等一类的立法。他想："能不能学习西方一些国家的经验，对我们的义工联组织也进行立法呢？这样做至少有两方面的好处：一方面对义工联组织增加了法律保障；另一方面能够更好地规范义工的行为。"这一想法得到了团市委领导的大力支持，巫景钦开始起草《深圳市义工服务条例》。条例先是提交市人大讨论通过，后又提交省人大正式通过。2005年7月1日，中国内地第一部规范义工工作的地方性法律正式颁布。这件事是深圳义工联组织发展史上的一个标志性事件。《深圳市义工服务条例》共分7章36条，明确了义工的志愿性："义工，是基于自愿、不以获得报酬为目的，以个人的时间、技能等资源无偿为社会服务、开展公益性活动的人员。……义工和服务对象之间是自愿、平等、非牟利的服务与被服务关系。"在采访中我问巫景钦义工立法的意义是什么？他回答说："如果说我们以前发起成立义工联还是出自于个人的喜好意愿的话，立法后义工联就以法律的形式固定下来，成为深圳社会制度的一部分。从此以后，就可以用法律推动义工联组织的发展，用法律促进社会的文明进步。"

到2008年底，全市共有义工组织1525个，义工18万名，建成以四级义工组织网络为主体、法人义工社团和团体义工为辅助的义工组织体系。其中，市、区两级建义工联，街道建义工服务中心，社区建义工服务站，在全市641个社区中建立了504义工服务站，在345个单位、企业、学校中建立了团体义工，并成立了16个法人义工社团。

义工组织实行星级管理，星级的高低表现出义工服务时间的多寡，每一颗星表示完成了100小时的义务工作。一星级义工就是做了100小时的义务服务。五星级义工做了500小时以上。深圳拥有的五星级义工已有2500多名。

深圳义工活动深入人心，义工联组织成为深圳精神文明建设中最亮丽的一道风景线。

2005年3月，评选出了首届"深圳百名优秀义工"。其中年龄最大的84岁。

2006年3月，深圳有关部门将每年的"3月5日"学雷锋纪念日定为"深圳义工节"。

2007年12月2日，深圳举办首届义工服务市长奖颁奖仪式，高正荣、叶丽芬、许凌峰、李芳、李泓霖、巫景钦、承明、曾柳英、舒思远等9位优秀义工获奖。

义工中，当前年龄最大的是89岁高龄的五星级义工邱月娥老人，2001年开始

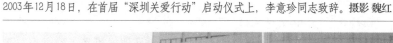

2003年12月18日，在首届"深圳关爱行动"启动仪式上，李意珍同志致辞。摄影 魏红

李鸿忠参加关爱行动活动，与小朋友交谈。
图片由深圳报业集团提供。

参加龙岗区坪山街道碧岭社区的老年义工治安巡逻队员。她看到那些不学好的孩子们，就去教育帮助他们"好好走路，好好做人"。邱阿婆有一个幸福美满、四世同堂、十几个成员的大家庭。在阿婆的带动下，10名家庭成员参加了碧岭社区义工队。她说："只要还有一口气在，我就会把义工一直做下去，也会叫子孙后代传承下去"；年龄最小的是张家林小朋友，虽然只有10岁，却已有5年的义工工龄，从2003年起就跟着五星级义工的妈妈开始做义工；有已经去世的丛飞，生前任义工联文工团团长，在建国60年时被评为"100位新中国成立以来感动中国人物"之一；也有一些外国朋友，其中最有名的是美国总统奥巴马的弟弟马克。马克在深圳已经工作生活了6年，开了一家公司专做中国商品出口生意。他的女朋友是一位河南姑娘，两人已经结婚。6年里他一直做义工，每个周末都到深圳福利院教孤儿们弹钢琴。

深圳的义工不仅服务深圳，也服务广东、服务全国，并率先派遣国际义工到其他国家开展国际义工服务。从1998年开始，深圳义工联共组织74名义工赴内地一些贫困地区开展扶贫支教服务。从2002年开始，先后派遣义工赴老挝、缅甸等国进行支教服务。2002年4月，团中央、中国青年志愿者协会公布了首批向海外派遣的5名志愿者支教名单，深圳五星级义工李泓霖成为广东省首个赴国外支教的志愿者。他是深圳福田区竹园小学副校长，1989年曾到贵州省黔南州长顺县威远中学执教一年。在老挝，他教当地青年学汉语，出色地完成了任务，获得中国青年志愿服务金奖。2002年12月，汪磊等6名深圳义工赴缅甸支教。汪磊2001年从西北师范大学汉语言文学专业毕业后来到深圳。为了报名支教，她放弃了报考公务员的机会。汪磊和另外两名志愿者来到缅甸第二大城市曼德勒，开始支教中文。2003年7月，汪磊被毒蜘蛛叮到了左小腿，腿部炎症诱发病毒性感染。医生直接从她腿上将感染的病灶挖去，腿上留下了一个杯口大的创面。2007年6月，邢陌成为第一个到赞比亚开展志愿服务的深圳义工。邢陌是四川人，毕业于西南政法大学法律专业。2006年他辞去工作，全心致力于援助贫困地区发展工作。他寻求到的第一笔2万元赞助金，为云南峨山塔甸镇海味村新街兴建了一个幼儿班教室；第二笔2万元赞助金用于兴建大西村本皮自然村幼儿班教室。邢陌到赞比亚马扎布卡工作了6个月，参与了一个关于全面控制艾滋病项目。

深圳义工联不仅是全国最早成立的义工组织，而且对团中央发起成立全国志愿者组织起到了试点、带头作用。在1989年深圳义工联成立3年后的1992年冬季，团中央政策研究室主任韩长赋来深圳，详细调研了解义工联的情况。后来，团中央在全国开展了青年志愿者行动。1994年12月5日，中国青年志愿者协会正式成立。

席卷鹏城的关爱行动

2003年，我任市文明办主任。这一年王京生同志从盐田区委书记提拔为市委常委、市委宣传部部长。王京生上任后先搞调查研究，一个一个找负责人汇报研究工作。有一天，轮到我向他汇报全市的精神文明建设工作。听完汇报后，王京生问道："最近胡锦涛同志提出'权为民所用，情为民所系，利为民所谋'的要求。我们能不能设计出一个什么样的活动，更好地为市民们做实事做好事？"我想一想后说："那最好策划组织一个活动，像深圳读书月那样的活动月，或者是

"全国道德模范"丛飞与"学雷锋标兵"陈观玉交谈。
图片由深圳报业集团提供。

邱月娥爱心家庭积极参加关爱行动活动。
摄影 廖万育

"阳光大穿越"是关爱行动中的一项活动，义工们陪伴残疾人去海滨看海。
摄影 林勤

像义工联那样的活动……""好啊。"王京生眼睛发亮赞成地说。王京生对读书月活动非常熟悉,那是他任市文化局局长时策划开展的一项活动,已经成为深圳文化工作的一个品牌。他详细谈了自己的一些想法,要求我尽快组织人策划制定工作方案。

在策划中,我们开始考虑像读书月一样,设计开展"爱心月"活动。但是很快发现由于活动内容过于丰富,一个月时间是不够的,于是考虑在两个月时间中开展活动(后来在实际实施过程中,由于群众奉献爱心的热情高涨,活动内容过多,两个月时间还是不够,最后延长为3个月时间)。活动名称叫什么好呢?想出"爱心活动"、"关爱工程"等几个名称后,我便向王京生同志汇报。听完汇报后他说:"'爱心'与'关爱'词义有些差别。'爱心'感觉提倡市民群众之间互相献爱心,这当然不错;但是我们策划这项活动要体现各级领导对市民群众的关心和爱护。因此'关爱'更准确一些。'活动'、'工程'这样的词用得比较多,不够醒目;我们要强调奉献爱心不能只是口头上说说,而是要见诸实际行动。因此,就叫关爱行动吧。"按照京生同志的要求我们又细化了计划方案。开展这项活动的目的是要建设一个关爱大平台,在这个平台上,各级党组织和政府执政为民,社会各界、市民群众都能够互相奉献爱心,大家共建和谐社会、温馨家园。初步方案发给各单位和一些社会团体征求意见时反响热烈,社会各界纷纷积极申报想要开展的关爱项目。方案再次修改完善后,上报市委领导批准执行。一场声势浩大的"关爱行动"由此开展起来了。

2003年12月18日,由市精神文明建设委员会主办的"关爱行动"正式启动,提出了鼓舞人心的口号:"用爱拥抱每一天,用心感动每个人。"至2010年1月已经举办了6届。第一届开展各种爱心活动500多项,第二届上升到1000多项,以后继续增加,至今已经超过9000多项。上千万的市民群众以各种方式参与活动。活动内容包括资助困难职工、关爱外来女工和单亲特困母亲、救助病患儿童、慰问孤寡老人、"临终关怀"计划、帮扶困难家庭、关注精神疾病、青少年心灵援助工程、资助大学生的"雏鹰展翅"计划、为外来工办实事等。策划精彩实施出色、效果突出的项目比比皆是:投资深圳的84岁港商、被称为"中国最慷慨的慈善家"余彭年捐出了自己30亿元资产中的20亿元,他组织的"彭年光明行动"想让"全国贫困的白内障病人得到免费医治";台商郭台铭投资的深圳富士康企业捐出巨额资金,向全国儿童捐赠价值12亿元的电子语音图书;深圳企业家许凌峰出资在全国聘请老师向贵州湖南等贫困山区开展支教活动,得到了深圳30多家大企业的资金支持,几年里募集了327名来自各地的志愿者前往全国120多所乡村学

巫景钦是市义工联发起人之一。
图片由市义工联提供。

校支教；2004年开始，上百名身患地中海重症贫血症的儿童领到了免费输血的
"燃料卡"，11岁的晓晴说："6年了，你们对我们不离不弃。这一张张宝贵的
'燃料卡'每月给我们的身体'加油'让我们过上了正常的生活。"一年一度的
除夕夜市领导为外来工代表举办万人饺子宴，让留在深圳过年的外来劳务工感觉
到了家庭的温暖；公交车上给老人和孕妇的让座率近100%，外地游客对此赞不绝
口，等等。关爱行动开展以来，全市群众慷慨捐款。据不完全统计，设在市慈善
会、市红十字会及深圳关爱行动组委会办公室的三大爱心账户，先后募集善款超
过21亿元。其中市慈善会募捐超过16亿元，市红十字会募捐4亿多元，深圳关爱账
户募捐8000多万元，先后捐给印度洋海啸、广东水灾、南方冰冻雨雪灾害、5·
12汶川大地震、台湾风灾等灾区人民，受惠群众过亿人。仅在2008年的抗震救灾
活动中，深圳一次募集捐款超过18亿元，创造了我市社会募捐的新纪录。政府各
部门也积极组织开展了一些深受群众欢迎的活动，例如：2006年开始在全国率先
实施"低缴费、广覆盖、保基本"的劳务工医疗保险制度，让600多万劳务工受
惠；2007年，深圳成立全国首个"劳务工关爱基金"，专门为非深户籍外来工在
深遭遇重大疾病者提供救助，挽救了许多生命垂危患者。深圳在劳务工的投票中
被评选为全国十佳城市第一名。每届关爱行动中都要举办群众推举"最具爱心社
区"、"最具爱心人物"、"最具爱心家庭"、"最具爱心企业"活动，树立了
一大批爱心市民和道德楷模。深圳先后出现了中英街上学雷锋标兵陈观玉、"爱

心一族"带头人曾柳英、全国道德模范丛飞等先进人物。

2000年，市文明办委托市社科院研究制定了深圳文明指数，其中二级指数中有一个专门的关爱指数。该指数由14个可测、可量，非常具体的关爱指标组成，指标包括无偿献血人次、无偿捐献遗体人数、垫付欠薪员工数、社会救助人次、法律援助人次、注册志愿者人数、安排残疾人就业的人数、公共场所无障碍设施普及率、每百名老人福利床位数等。研究和测量结果表明，从2000年到2008年，深圳关爱指数从18上升至68.35,呈现出一条平稳上升的曲线。其中2008年深圳的关爱指数与2007年相比增幅高达34.34%，是同期GDP增长速度的将近3倍。2006年，市文明办委托清华大学为深圳的关爱行动做课题研究。课题完成后，课题负责人清华大学人文学院院长、中国当代社会学开拓者之一的李强教授评价说："深圳关爱行动探索了一种新型的'社会救助NGO模式'，是建立社会救助长效机制的积极探索，与党和国家主要领导人关于创新社会主义国家社会救助模式的基本思路相吻合，在全国是个创举；关爱行动成为人们沟通的桥梁和情感联系的纽带，起到了社会的'润滑剂'、'减压阀'和'稳定器'作用，有效缓解了社会基层的各种矛盾和冲突，是'构建和谐社会'理念的具体实践。"

如果说义工联当初的19名发起人是种子，这些种子发芽成长已经变成一片爱心之林；如果说当初的19人是水滴，这些水滴与其它水滴汇成爱心的涓涓细流又变成滚滚大河；如果说当初的19人是火种，如今这火种已经成为奉献爱心的燎原大火。

深圳充满关爱之情，懂得感恩改革开放，愿意回报全国人民。深圳是个有情有义的爱心城市。

写作该文采访了何学文、巫景钦等同志。表示感谢。

第十五篇
全国第一个无偿献血能够满足需要的城市

评语：深圳是全国第一个建立无偿献血制度的城市。深圳无偿献血的数量不仅满足了城市本身的需求，而且支援了其他城市。能够做到无偿献血是以市民的爱心为基础的，用鲜血救助他人生命是只有人类才能做到的高尚行为。

血液是生命的燃料，是身体最重要的组成部分，是负责向全身输送氧气和营养、供给身体所有所需的运输工具。将自己的血液转送给别人，只有人类才能够做得到。血液可以出售，也可以无偿地赠送，用来救助他人的生命。用什么样的方式将血液转让给别人，是衡量人类文明程度高低的一个指标。深圳是全国第一个能够用自己市民无偿捐献的血液满足需要的城市。从1993年开始深圳开始启动自愿无偿献血工作，到1998年建立一套无偿献血制度，深圳用5年时间完成了由有偿卖血到无偿献血的转变。而许多发达国家或地区完成这个转变用了十几年、几十年的时间。

无偿献血的尝试

杨春森是市血液中心第一任主任,在深圳变成无偿献血城市过程中起到了关键作用。杨春森是上海人，1985年从武汉调入深圳，在深圳市第二人民医院检验科工作。1993年起就任深圳市中心血站(即深圳市血液中心的前身)站长。当了站长，杨春森才尝到了他这个巧媳妇要做无米之炊的难处。当时的深圳是一个极度缺乏血液的城市。市血液中心的档案室里有这样的资料记载：1993年以前，深圳90%的医疗用血依赖2000余名个体供血者供血，大量临床用血只有紧急召集卖血个体抽血；平时血库里约存有10万毫升血液，约能满足20%的用血量，正常情况下只能维持一星期的周转。这么点血液对于一个快速发展的城市来说是远远不够的。解决的办法只能用高价从外地购入。1993年之前，深圳需要的血浆和全血等是从湖南、湖北、河南等附近几个省购买的。这一年，国家卫生部颁布了《采供血机构和血液管理办法》的29号令，禁止从外省调拨血源，确实需要，要经省卫生厅批准。深圳用外省的血液变难了。

怎么办呢？问题摆到了杨春森面前。他认真地研究了其他城市的经验。当时北京、上海等城市的做法是推行义务献血制度。深圳能不能也这样做呢？做不了。为什么呢？北京、上海能够这样做的原因是由于有众多的大中型国有企业事业单位，因而有很强的组织保障力量，将用血的数量分配下去很快就完成了。而深圳的情况不同，深圳是个移民城市，户籍居民少，国有企事业单位更少，城市人口和职工队伍的流动性都很大。在这种没有强有力组织保障的情况下，没法复制北京、上海的经验。

北望不行，杨春森的眼光转向南方的香港。这里是另一番光景。献血和用血都是无偿的，而且很好地满足了城市用血需要。经过深入研究，杨春森了解到无偿献血是西方发达国家普遍采用的一种献血方式。这种做法效果很好，既容易满足临床用血，又能保证血液安全。与物质层面的满足相比，这种做法还体现出了一种可贵的精神层面的交流，表现出了一种人与人之间相互关爱、无私奉献的人道主义精神。但是推行这种献血方式，需要市民群众具备很高的素质和爱心精神。能够实行这种献血方式的都是一些历史比较悠久、城市市民素质比较高的西方发达城市，年轻的深圳行吗？杨春森等人到香港相关机构进行了详细的学习考察，香港的成功经验坚定了杨春森的改革决心。

机会来了。1993年5月8日，是国际红十字日，市红十字会在市文化宫组织纪念活动，率先在深圳提出无偿献血口号，启动了"无偿献血宣传周"活动。血站积极参加该活动，招募无偿献血的志愿者。但是，要将过去的有偿购买血液变成无偿捐献，这样大的转变不是那么容易的。尽管红十字会赵丽珍带领同事和来自学校的红十字青少年，在街头上将宣传单派发给路人，磨破嘴皮向过往行人宣传，但大多数人不理不睬。正当她们有点垂头丧气时，走过来一个年轻健康的小伙子。他耐心地听完工作人员的解说后，就同意献血，在登记簿上写下了自己的姓名和联系电话。第二天来到市人民医院门诊部的血液中心献血。他躺在采血床上，工作人员为他挽起衣袖，进行消毒，将针头扎进他胳臂上的血管里，殷红的鲜血缓缓地流进了血液容器中，采血完成了。从采血本身说，这是一次极其普通的采血过程；但是从献血方式上说，这是我国大陆上具有划时代意义的一次突破。让我们记住这位深圳第一个无偿献血者的名字：钟振基，他是深圳中兴通讯公司（原名为中兴半导体公司）的职工。他的献血登记表如今收藏在深圳博物馆。

初次采血成功鼓舞了杨春森。他开始向有关部门呼吁宣传给无偿献血以更大的支持。财政拨款买车改装成为流动献血车。这是南京汽车厂生产的依维柯汽车，有高高的车顶、扁扁的鸭嘴式车头，车厢里安装的窄座位可以调成半躺式的工作床，旁边安装有采血设备。每逢节假日，流动捐血车就开上了街头。车身的两侧，漆上了两条大大的醒目的条幅："捐血救人，功德无量"、"捐血一袋，救人一命"，话语亲切，通俗易懂，很能打动人。汽车一般停在工人文化宫门口等一些深圳当年比较热闹的地方。一些好奇的行人围在车旁看热闹，愿意鲜血的人则登上汽车，在围观者钦佩赞扬的目光中，有点骄傲地躺在舒适的车载小床上，由工作人员采血。在捐血车上献血，易行、快捷、安全，大大地方便了献血者。深圳的第一台捐血车如今也被深圳博物馆收藏。

1994年4月20日，深圳大学140名学生参加了全市首次集体无偿献血活动，共献血2.8万毫升。这一年，有249名市民主动自愿无偿献血4.98万毫升，相当于深圳全年医疗用血量的0.64%。这两件事说明市民逐渐接受了无偿献血的观念。

对无偿献血立法

无偿献血的成功推行，引起了社会的关注。1993年，深圳市人大、市法制局和市卫生局、市红十字会、血站等单位，根据深圳市的实际情况，经过反复研讨论证，提出了跨越义务献血阶段实行无偿献血、一步到位、同国际惯例衔接的思路。市人大优先将无偿献血列入了立法程序。1995年9月15日，深圳市人大颁布《深圳经济特区公民无偿献血及血液管理条例》。条例规定：无偿献血的公民，其血液经检验合格后，只要献一个单位（200毫升）以上，其本人可终生无限量免费用血，直系亲属享受等量血液的免费用血。这样一个制度，以法律的形式保障了每个公民在为社会做出贡献的同时，也获得了全社会范围内享有这种奉献精神成果的权利，被人们形象地称为"不让雷锋吃亏"的制度。这是我国内地第一部有关无偿献血的地方法规。1996年1月8日，江西来的打工妹张小姐成为《条例》颁布后第一位"无偿献血，免费用血"的兑现者。次日，该新闻见报后，引起强

深圳市血液中心第一任主任杨春森同志。
图片由市血液中心提供。

烈反响。无偿献血的人数迅速增加。

立法对深圳的无偿献血事业起到了极大的推动作用，市民献血热情高涨。仅在条例颁布的当年，全市就有6202人次参加无偿献血，无偿献血量在医疗用血中所占的比例达到18%。第二年，深圳市无偿献血已达到医疗临床用血的42%。1998年，即深圳市无偿献血立法3年后，深圳市卫生局正式宣布：市民自愿无偿捐献的血液，已经可以100%地满足深圳临床用血。《条例》规定"一次献血，终生免费用血"。按照这样的规定，一个人献血一次，就解决了一辈子用血的问题，在这方面"上了最高保险"。然而很多献血者是两次、三次、多次献血。多次献血与自己利益的考虑没什么关系了，而主要是愿意为社会作贡献。从这里我们看到，献一次血后，关爱他人、奉献社会的种子就在献血者的心田里扎根、发芽、长大了。

短短5年间，深圳完成了由有偿献血向无偿献血制的转变。西方发达国家和地区完成这个转变一般需要15～30年。深圳的献血还实现了"三个转移"：即捐献200毫升向捐献400毫升转移、捐献全血向捐献血液成分转移、捐血向捐骨髓转移。深圳已经成为世界上献血输血技术先进的城市。到2009年的16年间，市民累计捐血150万人次，捐血量300吨，救治病患48万人次。2010年1月中国红十字会2010年工作会议在深圳召开。中国人大常务委会副委员长、中国红十字会会长华建敏在会上充分肯定了深圳无偿献血工作的成绩。深圳创下了多项全国第一：全国无偿献血总量最多的城市；全国最早实现无偿捐献血液100%满足临床医疗的城市；拥有全国最大的稀有血资源库。

深圳的成功实践成为一个样板，对全国产生了影响。深圳市无偿献血条例出台8个月后，1996年5月11日，《海南省公民无偿献血条例》颁布实施，成为我国首部省级无偿献血法规。1998年10月1日，国家颁布实施《中华人民共和国献血法》，全国各地开始大造声势宣传无偿献血。杨春森参与了《中华人民共和国献血法》的起草工作。卫生部医政司血液处处长衣梅评价说："深圳率先在国内进行无偿献血的立法并取得成功，推动了国家的血液管理立法工作，并为各地实施《献血法》提供了可借鉴的经验，在全国起到了很好的示范作用。"

无偿献血立法对全国的血液供应起到了意想不到的效果。世界卫生组织统计，献血人数占一国人口总数的4%即能满足全国临床用血的需要。这方面瑞士做得最好，瑞士献血者的比例是9%，美国8%，日本也能达到7%。中国是一个人口大国，有丰富的血源，但是献血者数量可怜。1992年世界卫生组织在菲律宾召开的西太平洋地区输血工作会议，有几十个国家参会。其中只有中国、老挝、越南和菲律宾4个国家保留有偿献血制度。其中中国有偿献血比例最高，达97%。这一局面直到《中华人民共和国献血法》公布后才得到了根本转变。据卫生部门统计，1998年我国血液供应的80%来自于有偿献血或家庭成员献血；10年后的

献血后的年轻人，拿到无偿献血证十分开心。图片由市血液中心提供。

2008年，我国血液供应中的自愿献血比率达到了98.5％。这一年世界卫生组织在"世界献血者日"前夕发表了一份公报。公报中公布的数据显示，世界上有54个国家实现了100％自愿献血。就世界范围而言，献血主要有三种类型：家庭或家庭替代献血、有偿或职业献血和自愿无偿献血。无偿献血是国际卫生组织、国际红十字会推崇的先进的献血形式，成为衡量一个社会文明程度的重要标志。公报对中国的献血工作评价说："中国的成就却表明，用很短的时间改变公民的献血意识是可以做到的。自愿献血比率的提高意味着血液的质量和安全性更有保证，中国在这方面的努力堪称楷模。"

由无偿献血开始，深圳后来又开始了捐献造血干细胞、捐献器官的工作，先是设立中国红十字会造血干细胞库深圳分库，由市红十字会负责承办了"捐献造血干细胞，关爱生命"的宣传活动；接着由市红十字会与市卫生局联合向全市发出捐献眼角膜的倡议。2000年8月1日，"深圳市骨髓基因信息库(中华骨髓库深圳分库)"在深圳血液中心启动。2003年8月，深圳对人体器官捐献移植进行立法，公布了《深圳经济特区人体器官捐献移植条例》，这是我国首部人体器官捐献移植的地方性法规。深圳（也是全国）首例眼角膜捐献者名叫向春梅。1999年，29岁的湖南大学教师向春梅，随丈夫来到深圳。5月，她被确诊为晚期直肠癌加血液病。当知道自己的生命即将走向尽头时，向春梅开始思考，能为这个美丽的世界留下些什么，以让自己的生命能够延续。25日，向春梅请丈夫执笔写下了一份申请书，表达了愿意献出自己一切有用器官的愿望。6月13日夜晚，她走了。向春梅的角膜，移植到了先天失明的秦惠芬、双目失明10多年的刘礼珍身上。通过她们两人的眼睛，向春梅每天仍然可以欣赏深圳的城市面貌。美丽的向春梅的事迹感动了深圳人。2005年9月2日，湖北天门市一位女士多才多艺的女儿金省被摩托车撞伤，生命垂危。她给正在深圳红十字会办公室值班的高敏打来电话，希望能将孩子的器官捐给有需要的人。金省捐出的器官成功让6人受惠，这是全国第一例多器官捐献。截止2010年2月，深圳已有6000多人自愿登记捐献器官。市红十字会已帮助333人身后捐献眼角膜，使714人重见光明；23人捐献遗体，45人捐献了多个器官。市红十字会副会长赵丽珍说："眼角膜捐献和多器官捐献数量深圳都在国内城市中排名第一，深圳器官捐献事业已经走在全国前列。"

无偿献血成为深圳精神文明建设的一个亮点

深圳的无偿献血能够取得成功的原因很多。概括一下，大概有以下几条：一是对无偿献血进行立法。二是将献血车开上街头方便群众献血。这两点在前面已经详细介绍过。

三是进行科学知识的普及宣传。以前自愿献血的人少与对科学知识普及不够有很大关系。中国人有一个传统的观念：身体来自父母，不可损伤毫发；血液尤其是生命的燃料，不能轻易给予他人。实际上这个观念是错误的。深圳市卫生部门和红十字会在有关献血的科学知识方面做了大量的宣传普及工作，让人们了解合理的献血对身体不仅没有坏处，反而有良好的促进作用。经常有人问杨春森："人经常献血行不行？献血过多会不会影响身体健康？"杨春森回答说："科学研究表明，献血能够促进新陈代谢。定期献血的人，其造血功能比不献血的人要旺盛得多。从某种角度讲，经常献血的人要比不献血的人年轻，一旦遇到事故也有较强的耐受力和自我调节能力。平均每个成年人有4000～5000毫升血液，其中80%左右在血液循环系统内流动，20%左右储存在体内备用。采血的安全系数是不超过总血量的12%，也就是说，一个成年人一次献血不超过420毫升不会影响健康，只需几个小时血容量即可恢复正常水平，血浆蛋白在一天内可以恢复，红细胞两周内也能完全达到正常水平……"作为专家，杨春森的话很有说服力，很多人就是听了他的话后成为定期献血者。

四是进行奉献爱心的宣传。深圳是一个充满爱心的城市。内地第一支义工联组织首先出现在深圳，后来深圳又大规模地开展关爱行动活动，深入持久地开展文明城市创建工作等。在这种充满关爱精神的氛围中，进行无偿献血的宣传教育就比较容易得到接受和引起共鸣。所以，不但深圳无偿献血的工作顺利开展起来，而且涌现出一些做出突出贡献的先进人物。在历届全国无偿献血表彰会上，深圳市累计获得全国无偿献血金杯奖27人，获得全国无偿献血奉献奖金奖1658人，银奖906人，铜奖2000人，获得全国无偿献血特别促进奖267人，获得全国无偿献血促进奖先进集体3个，先进个人64人。深圳的获奖人数占全国1／3。在国家卫生部和中国红总会组织的两年一届的"全国无偿献血工作先进城市"评选工作中，深圳已连续6次被授予这个光荣称号。1999年12月23日，荣获全国无偿献血金质奖杯的27位深圳市民，赴北京参加表彰会，在天安门广场合影留念时，他们做出一个决定：组建"深圳市红十字会无偿献血志愿工作者服务队"。这支队伍从最初的20多人，发展到后来的1千多人。目前，深圳捐血者人数占全国捐献者总人数的近1／10。

无偿献血先进典型人物的事迹宣传以后，产生了很大的示范带头作用。其

获得国家无偿献血最高奖的高敏 。摄影 蓝欲晓

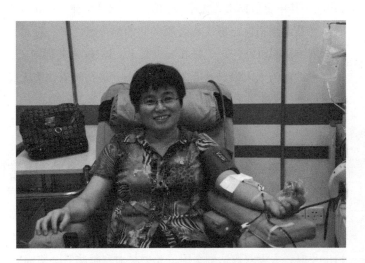

获得国家"无偿献血奉献奖金奖家庭"称号的陈小青。
图片由市血液中心提供。

中，高敏和陈小青是突出的典型，她们的事迹感动了很多人。高敏原来是山东农村人，她20世纪90年代后期来到深圳，为自己的妹妹看孩子。一次上街她见到献血车后开始献血。2000年9月10日又加入捐血服务队做宣传、招募和服务工作。10多年里她累计捐血131次（其中全血10次、血小板121次），献血总量达到99,760毫升；志愿服务1.6万多小时。这一切工作是她在没有深圳户口、没有工作收入的情况下完成的。有人问高敏为什么要这样做？她回答说："我是一个保姆，以前有空余时间只是与老乡和其他保姆聊天，时间长了感觉到很无聊，对社会没有任何贡献。我加入捐血服务队后，感觉到人生开始变得有价值，能够为深圳这座城市做一些贡献。所以愿意一直做下去。"有人感叹地说："献血仿佛已经成为高敏生命的一部分。"由于工作出色，高敏被推选为服务分队副队长。她本人多次获得市优秀及五星级志工，连续5次获得国家无偿献血最高奖，并先后获得国家"无偿促进奖"和国家"无偿献血特别促进奖"；2006年底，被评为深圳市"十大杰出青年"。高敏的事迹宣传后感动了深圳，人们很关心她的工作生活情况。在市领导和一些部门关心下，她作为奉献爱心特殊人才解决了户口问题。高敏为这座城市无私奉献爱心十几年，终于可以骄傲地说自己是深圳人了。

陈小青是深圳市巴士集团工会干事。她从1995年10月7日开始捐血，献血113次（其中全血15次、血小板98次），累计献血83,800毫升；志愿服务4300多小时。她是深圳捐血志愿工作者服务队的倡导者之一，被推选为副队长。先后被评为深圳市文明市民、义工联五星级义工，连续6次获得国家无偿献血最高奖，她的家庭也被评为十大最具爱心家庭。陈小青最初瞒着丈夫无偿献血，直到她被评为文明市民，丈夫才知道了此事。在她的带动下，后来丈夫、儿子也多次献血，4个妹妹（其中2人是香港居民身份）也开始献血。因此全家获得了国家"无偿献血奉献奖"金奖家庭的称号。

深圳市血液中心副主任卢亮也是这方面的典型。4年前他调入深圳后很快参加到定期无偿献血的队伍中。他说："献血就像喝水一样自然平常。"很快任市第二人民医院护士长的妻子李宝瑜也参加进来。接着，其他家庭成员和亲朋好友也开始热心献血。4年中，他无偿献血50多次，献血总量4.18万毫升，志愿服务1100小时，夫妻双双达到全国"无偿献血奉献奖"金奖标准。

我是在有一年的市关爱行动表彰文艺晚会上看了对高敏的专访而了解到她的事迹；在由深圳市影视家协会常务副主席李亚威导演拍摄的《大爱无痕·深圳无偿捐血人群》电视纪录片上看到了陈小青的故事。她们两人的捐血数量使我感到震惊。高敏捐血9.9万毫升、陈小青捐血8.3万毫升。按照一个成年人5千毫升血液

1999年12月23日，荣获全国无偿献血金质奖杯的27位深圳市民在天安门广场合影。
10年后大家在当年照片前再次合影。摄影 许业周

总量计算，她们两人分别捐出了20人和17人的血液量。为这件事我请教了现任市血液中心主任的杨宝成医生。我问："一个人身上怎么会有这么多血液？真不可思议。"他回答说："对于不了解人体血液机能的人来说，这是正常反应。喔，抽出那么多血，太可怕了。但是，实际上人身上有多余的血，储存在肝脏和骨髓里，血管里的血少了，储存的血液就会流出来补充。这就好比是长河一样，因为源头有山间的清泉、溪流和支流，所以，尽管长河里的水不断地流进大海，长河本身却不会干涸……"

杨主任话让我茅塞洞开。我得出了这样一个结论："一个人不断奉献爱心可以改变自己；人身体拥有惊人的潜力可以无限挖掘。"高敏、陈小青、卢亮一家人献的血，至少救助了十几、二十几人。在这里我们看到了生命的神奇，生命的顽强，生命的活力和生命的伟大。特别是生命与爱心连在一起，产生了如此强大的力量。就是因为有高敏、陈小青、卢亮这样的榜样，越来越多的志愿者投入了

无偿献血活动中。献血不仅是对生命的救助，还有爱心的传递。在无偿献血的过程中爱心在萌芽和成长。如果一个人献的血可以救活十几条生命。深圳几万人献的血液可以输给几十万、几百万人。通过血液的流淌，整座城市市民的生命连在了一起，成了有血缘关系的一家人。

由于在各个环节上都注意做好工作，促进无偿献血事业的发展，深圳成为全国第一个靠无偿献血完全能够满足自己用血需要的城市。杨宝成主任谈了深圳无偿献血未来的发展前景。他说："血液中心主要承担3项任务：保证城市用血供应，采血和管理安全和输血科研。深圳每年无偿献血达到6万人次，采血总量达到22.4吨，不仅完全满足了城市用血临床需要，而且还有能力支援其他城市的一些急需；深圳的采血、管理也很安全；在输血科研方面，深圳发表的论文在全国排名第一。这几个方面深圳是全国做得最好的城市之一。但是深圳的用血量每年以10%的幅度增长。因此，深圳无偿献血的任务还是比较重。我们要继续做好无偿献血的宣传、招募和服务工作，让更多的市民认识到无偿献血对全市人民群众健康的重要意义和做一名无偿献血者的光荣，大家都来关心和支持这项工作。毕竟这座城市居民健康的钥匙掌握在我们自己的手中。"

血液是生命的宝贵燃料，爱心则是奉献精神盛开的鲜花，可以化作这座城市的巨型血库，为市民提供源源不断的生命源泉。

写作该文采访了市血液中心主任杨宝成。参考了《赵丽珍：无偿献血始于东门"练摊"》口述文章（《晶报》2009年10月8日 记者温思廉整理）。表示感谢。

下篇

创新

先锋

第十六篇
一篇改变中国命运
报道文章的发表

评语：一名伟人谈出了伟大的思想，一位记者发表了记录伟人思想的文章。邓小平视察深圳发表南方谈话，给中国带来了又一个思想解放的春天；在中国现代化征程的十字路口上，为中国巨轮指出了一条前途光明的航向。

1992年，邓小平同志第二次南巡来到深圳，讲了许多重要的话。南方讲话对中国的发展产生了极大的影响，不夸张地说改变了中国的命运。有人说，1992年《东方风来满眼春》这篇报道与1978年胡福明《实践是检验真理的唯一标准》的文章，可并称为中国改革开放"历史关头的雄文"。也有理论家评价说，小平同志的南方谈话是继真理标准大讨论之后，"中国第二次思想大解放"。当时的邓小平已经退休，没有职务，发表讲话几经曲折。在中国重要的历史发展关头，一位伟人闪耀着思想光辉的讲话精神是如何发表出来的呢？

陈锡添被选作采访记者

记者是记录历史的人。但是，有机会记录重要历史时刻的关键事件和人物，才能称得上是重要记者。陈锡添就是这样一位幸运而又重要的记者，他最喜欢的格言是："机遇只垂青有准备的头脑。"1992年1月18日下午5点，陈锡添接到市委的通知：让他采访邓小平同志在深圳期间的活动。但是，有严格的纪律：只作采访，不得外传。陈锡添后来回忆说："在那个非常时期，那样一位伟人，对当时背景下的几乎所有困惑问题都能给出答案，而你是唯一一个文字记者，这就是机遇，百年一遇的机遇。"

"猴年新春八评"写作小组成员讨论稿子。图片由《深圳特区报》提供。

　　这一年小平同志已是88岁高龄，是时隔8年后再度来到深圳。小平同志从1月19日上午9时到达深圳火车站，23日上午9时40分乘船离开蛇口港，在深圳整整停留了4天。考察中，小平同志兴致勃勃地在城市中穿行，参观先科激光公司，游览锦绣中华和民俗文化村，来到仙湖植物园散步并种下了一棵高山榕。小平同志边走边说，有感而发，说出了许多重要观点。这是一次比较特殊的采访过程。陈锡添回忆说："小平同志没有在某一个场所发表长篇大论，表面上看都是很随意地讲一些话，但实际上是有感而发，不吐不快，针对性非常强。我感觉到了这次采访的重要性，于是一天到晚盯着他，像贴身保镖一样站在他旁边。拿个本子很不方便，我就准备了好多小纸片，把他的只言片语随时记下来，到了晚上再一点一点地回忆整理出来。"陈锡添严格按照市委宣布的纪律办事，只是采访、记录，没有向外界透露一星半点。但是从第三天开始，他发现路透社、法新社、美联社等几家外国通讯社都报道了邓小平在深圳视察的消息，说邓小平两天前抵达深圳。做为一名记者，陈锡添开始感觉到心中有了压力。当23日邓小平乘坐的船已离开蛇口码头，陈锡添立即请示市委宣传部领导要求发消息，但答复仍然是："暂不报道。"接着，陈锡添发现香港的《大公报》、《文汇报》、《明报》、

《东方日报》、《信报》、《新报》，新加坡《联合早报》，日本共同社，英国BBC等新闻媒体关于邓小平南巡的报道已经铺天盖地而来。陈锡添更有些坐不住了。2月4日是农历正月初一，上海《解放日报》的社论写道："十一届三中全会以来的路线要讲一百年。"这分明就是邓小平的口气。国内的媒体也开始透露消息了。陈锡添心急如焚，但无可奈何。

对当时情况不太了解的人，可能感到有点奇怪：小平同志南方讲话讲得这么好，为什么当时不允许报道呢？国外的一些喜欢炒作的一些新闻媒体甚至猜测有什么政治权力压制小平南方谈话的发表。实际上，原因并不复杂：是老人家自己不让报道。吕雷、赵洪《国运——南方记事》回答了这个问题。书中说，"邓办"告知广东省委，老人家对此次出京有要求："不要专门汇报，不要陪餐，不题词，不见记者，不摄影，不报道。"当时的广东省委书记谢非同志一而再、再而三地提出请小平同志接受新闻媒体采访，但是都被老人家拒绝。据当时负责接待的同志分析，小平同志不让报道可能因为几个原因：一是遵守党内纪律，既然已经退休，谈谈意见当然可以，但公开发表出来就得由中央定夺；二是怕火候未到之时，过早地报道出去会引起争论的激化，引起全国不必要的震荡。

怎样把伟人的思想传递出去

着急这件事的不只是陈锡添一个人，深圳市委宣传部的领导们也没有过好春节。市委宣传部作为新闻舆论的主管部门，当然也有人参加了小平同志接待工作的全过程，副部长吴松营负责对小平同志的谈话做记录。小平同志离开深圳当天晚上，吴松营与陈锡添一起整理邓小平在深圳的谈话记录，材料完成后报给了市委领导。近水楼台先得月。第二天，市委宣传部的领导们首先组织学习了小平同志的讲话要点。大家一致认为，小平同志的讲话重要、及时、解渴，太宝贵了。对处在重要发展关头的深圳来说，小平同志的话又一次指明了前进方向，使大家对中国改革开放形势和深圳经济特区前途充满了信心。

大家不约而同地在想一个问题：宣传纪律不允许在获得批准之前公开报道小平同志的讲话内容，那么如何尽快地让深圳的干部群众、全国人民知道小平同志讲话的内容精神呢？还是陈锡添最先想到用评论的形式报道小平南方谈话精神。他将这一想法向报社领导汇报后得到了支持。报社向市委常委会请示，很快得到市委领导的同意。市委常委会决定，由杨广慧负责组织一个写作小组写评论文章。

　　春节一过，广慧亲自组织和带领王初文、陈锡添，以及钱汉江、于德江、丁星、刘明如等人组成的写作小组进驻了深圳迎宾馆，集中食住，连续苦干23个昼夜。写作组的笔杆子们按捺不住心中的激动，加班加点，绞尽脑汁，字斟句酌，反复推敲，最后写出了八篇评论，以《猴年新春》的副题，连续在《深圳特区报》上发表。系列评论将小平谈话的重要精神巧妙地穿插在评论之中，观点鲜明，文字精炼，文风清新，富有文采，突破评论写作的老框框，在全国新闻界率先"原汁原味"地传播了小平南方谈话精神。这些评论文章虽然评论以"本报编辑部"的名义发表，但是主要观点新颖大胆，振聋发聩，实在不是一个地方报纸能说出来的；而且直截了当的直率语言实在太像小平说话的风格，再加上小平同志离开深圳不久，因此，从2月20日到3月6日，当《深圳特区报》连续发表题为《扭住中心不放》、《要搞快一点》、《要敢闯》、《多干实事》、《两只手都要硬》、《共产党能消灭腐败》、《稳定是个大前提》、《我们只能走社会主义道路》等"猴年新春系列评论"；接着《深圳商报》也发表了"八论敢闯"的系列评论时，立刻在全国引起了轰动，香港和内地多家报刊纷纷摘要或全文转载，同时也引起了西方媒体的关注。

《东方风来满眼春》发表了

　　一段时间里，陈锡添感觉自己心中有两个角色在打架。作为一名党员，要服从组织纪律，上级不让报道就不报道；但是作为一名新闻记者，他又有强烈的使命感和责任感，既然采访到了这样重大的政治社会新闻，不报道就违反了自己职业信念。特别是作为深圳市委机关报的新闻工作者，敏锐的触觉和政治敏感性让陈锡添感觉到中国的改革开放走到了一个新的十字路口。当时的理论界为"姓社姓资"的问题争论不休，一些理论家对深圳的发展提出了种种非议，一时间深圳人失去了前进的方向。在这个关键的时候，小平同志来到深圳。几天里虽然没有正式讲话，只是随意谈话，但每一句话都经过深思熟虑，充满哲理，谈的都是经过深思熟虑的政治理论问题，关系到中国改革向何处去，将对中国历史命运产生重大影响。混乱的思想理论界太需要听听小平同志是怎样想的，中国人民太需要用小平同志的话做自己的定心丸。因此，采访完成以后，陈锡添内心一直充满了激烈的争斗，一定要将小平同志讲话报道出去的冲动折磨得他日不安宁夜不能寐。

他一次次地寻找机会。

小平同志在深圳时的第三天，陈锡添看到国外媒体上开始有零星消息见诸报刊，就着急请示要求报道，未果。小平同志到珠海后，《珠海特区报》发了一条动态短消息。陈锡添抓住机会，再次请示省领导，得到的答复是："还是尊重老人家的意见吧。"3月12日，《深圳特区报》以头版半个版、第四版一整版的篇幅，发表了摄影记者江式高现场拍摄的小平同志视察深圳的图片新闻，陈锡添为这组照片写了一篇500字的说明，可是，没想到，这篇说明最后竟被删至56个字。禁令仍未解除。

3月22日是一个星期天。在家休息的陈锡添中午来到办公室取报纸。突然，他看到当天《南方日报》头版上的一个大字标题：《小平同志在"先科"人中间》。他像是被雷电击中，一时愣在那里。赶紧往下看，一篇千字文，写的是小平同志在深圳时参观先科公司的经过。这是《南方日报》记者后来采访先科公司员工写成的报道。

陈锡添的胸腔中仿佛是打翻了几个佐料瓶，酸甜苦辣全有了。他感到十分沮丧：自己拥有大量的一手采访素材不能发表；而《南方日报》的记者竟然用二手采访的资料抢先发表了这样重要的新闻。对一个新闻记者来说，这是耻辱，是失职。慢慢地冷静下来，他突然领悟到：小平同志南方视察的新闻报道好像开禁了。既然《南方日报》能够发表千字文，那《深圳特区报》也可以发表万字文吧？

陈锡添立即打电话将此事报告了社长区汇文。区社长一听事关重大，不敢擅自作主，立即致电《南方日报》社总编询问情况。对方回答说："这么大的事情报社哪能定呀？这篇文章是请示谢非同志经同意后发表的……"

搞清情况，回到家里，陈锡添激动地在房间里走来走去，坐不下来。失职和焦急的情绪像烈火一样在自己的身体里燃烧，他大口喘气大口喝水，竭力让自己平静下来，努力在混乱的思维中理出一个清楚的思路来。不能再等了！为了自己职业的崇高信念，为了改革开放事业不中途夭折，为了中华民族的命运，自己的得失算什么？他钻进书房，反锁上门，铺开稿纸，奋笔疾书。小平同志的音容笑貌出现在眼前，他那简短坚定、铿锵有力的话语回响在耳边。陈锡添文思如潮，激情澎湃，下笔有神，一气呵成，万字宏文形成了。文章题目叫什么好呢？唐代诗人李贺"东方风来满眼春"的诗句跳出脑海，这句话生动传神，用在这里特别适合。"好，题目就用这句话。"

3月25日上午，陈锡添和区汇文一起拿着稿子来到市委宣传部，请杨广慧审阅。杨广慧听完汇报后干脆地说："发吧! 稿子我就不看了。文责自负，你们社里自己把关。但要注意，把小平同志写成人，不要写成神。"杨广慧是市委常委、宣传部长，他的话代表市委，一锤定音。广慧同志处理得很有章法：将小平同志的讲话精神公之于世，这是市委领导每个人都盼望的事，大家有共识。这件事不能推给市委书记拍板，自己作为主管的市领导来承担责任；但是文章怎么写，写得准确不准确，采访的是记者，就应该由记者和报社负责任。不能由市委宣传部包办，这叫分清责任。为写这篇文章我又一次采访了陈锡添。在谈到杨广慧批准文章发表这件事时他感慨地说："广慧同志'发'的话语一出口，我感到浑身轻松了。副省级的常委宣传部长批准了，他愿意对这件事负责。我感到身后有强大的支持力量，胆子更壮了。"

3月26日，《深圳特区报》头版头条发表了陈锡添1万多字的长篇通讯《东方风来满眼春---邓小平同志在深圳纪实》。文章一发表像是在新闻界引爆了一颗原子弹，强大的冲击波霎时间传遍了祖国大地的每一个角落，传到了世界上。当天下午，《羊城晚报》详细摘要转载了这篇文章。接着，上海《文汇报》、北京《中华工商时报》、《光明日报》、《北京日报》全文转载。3月30日，新华社以"A"稿向全国和海内外播发了纪实长文，还以少有的规格为播发此文配发了一条消息。3月31日，全国几乎所有的重要报纸都登载了这篇文章。小平同志的南方讲话，被誉为中国第二次思想解放的宣言书。极大地鼓舞了中国人民，中国的改革开放掀起了一个新高潮。3月，《深圳电视台》完成了电视纪录片《邓小平在深圳》的摄制；4月，海天出版社出版了《一九九二年春：邓小平与深圳》一书。以上所有宣传项目合起来比较全面地报道宣传了小平同志南巡的经过和南方讲话精神。

作为一名新闻工作者，陈锡添的事业心、责任感、敏感性和出色的工作得到了褒奖。这篇通讯被评为1992年"全国改革好新闻"特别奖，"中国新闻奖"一等奖，"全国计划单列市头等新闻竞赛"特别奖等，并被评为当年中国新闻界的十件大事之一。1996年3月，陈锡添分别收到当代世界权威名人研究机构英国剑桥国际传记中心（IBC）和美国传记学会（ABI）的通知：国际传记中心已推选他为1995～1996年度世界名人，美国传记学会也已将他收入《500位有影响力的名人》一书的第四版中。

小平同志南方讲话改变了中国

文章前面说过，小平同志南方讲话开始没有发表的原因是小平本人不同意报道。作为一名已经退休的中共普通党员，他的讲话要不要发表应该由党中央来确定，这是党的组织原则。实际上，中央领导特别重视小平同志的南方讲话。

2月初，江泽民同志在主持党中央政治局常委会讨论起草十四大政治报告的指导思想时就强调指出：报告通篇要体现邓小平南方重要谈话的精神，以邓小平建设有中国特色社会主义的理论为指导。

2月28日，中共中央以［1992］2号文件向全党传达了小平南巡讲话的内容。紧接着召开了中央政治局全体会议，学习贯彻小平南巡讲话。中央政治局常委李瑞环同志到广州调研时，充分肯定了对邓小平南巡情况的宣传报道。中共中央政治局常委、中央党校校长乔石在1992年中央党校开学典礼上向全体学员传达了小平南巡谈话精神。共和国最后一位元帅聂荣臻同志在临终前，竭尽最后的生命力对着录音机留下遗言："……我坚信党的改革开放政策，坚信走有中国特色的社会主义道路是十分正确的。我非常赞同邓小平同志视察南方的重要讲话……"

小平同志在中国改革开放的关键时刻、在确定中国政治发展方向的重要关头来到深圳，他发表的南方讲话在理论上澄清了人们思想上的模糊认识，对马克思主义理论发展做出了重大贡献。他的讲话中最值得关注的有以下几点：一是社会主义的评判标准。他说："判断的标准，应该主要看是否有利于发展社会主义社会的生产力，是否有利于增强社会主义国家的综合国力，是否有利于提高人民的生活水平。"二是经济特区姓"社"还是姓"资"的问题。他说："深圳的建设成就，明确回答了那些有这样那样担心的人。特区姓'社'不姓'资'。"三是经济建设速度问题。他强调说："要尽快地把经济建设抓上去"，"要尽可能快点"。当他最后离开深圳时，突然转过身来向市委书记李灏同志叮嘱说："你们要搞快一点！"这是邓小平在深圳留下的最后一句话。

理论问题有多重要？没有革命的理论就没有革命的行动。理论问题没有解决时，我们只能在黑暗中摸索。由于没有解决理论问题，苏联实行了一种集权的、僵化的社会主义制度，71年后苏维埃的大厦轰然倒塌。由于没有很好地解决理论问题，中国的社会主义模仿苏联的僵化体制，陷在计划经济的圈子中走不出来，道路越走越艰难。一旦解决了社会主义理论问题，仿佛在黑暗中行走时点亮了火把照亮了道路，深夜里在海上航行时遇见了灯塔照明了航道，方向明确了。小平同志南方谈话解决了"什么是社会主义、怎样建设社会主义"的重大认识问题，实现了由计划经济向市场经济的转变。美国作家库恩这样描述小平视察南方的情景："一旦中国媒体获准报道小平的南方视察，他的每一步都会引发一场'政治地震'，他的每一句话都成为昭然若揭的真理。几乎每个有关公共事务的报道都会提到邓的'南方视察'。"（罗伯特·劳伦斯·库恩《他改变了中国——江泽民传》）当时人们普遍的感觉是："《东方风来满眼春》回答了很多人心中的疑虑，让全国人民吃了一颗定心丸。"由于小平同志的南方讲话讲清楚了关于社会主义的理论问题，统一了全党全国人民的认识，重新恢复了改革与开放的活力，中国这艘巨轮因此得以继续沿着中国特色社会主义的航道乘风破浪向前航行。

正是因为小平同志的南方讲话解决了社会主义市场经济的理论问题，因此在1992年10月12日召开的党的十四大会议上，正式确定了中国建立社会主义市场经济体制的目标。在1993年11月14日党的十四届三中全会上通过了《中共中央关于建立社会主义市场经济体制若干问题的决定》，指出："建立社会主义市场经济体制是我国经济振兴和社会进步的必由之路。是一项前无古人的伟大创举。"

这本书的主题写的是"创造中国第一的深圳人"。在小平同志南方讲话这件事上，实际上创造了两个第一：一个是小平同志南方讲话创造出"中国特色社会主义理论"。这不仅是中国第一，而且是世界第一，是人类思想发展历史上的第一；另一个才是深圳人创造的中国第一：第一个将小平同志南方讲话精神报道出去。深圳市委、深圳市委宣传部、深圳特区报社，杨广慧、吴松营、区汇文、王初文等许多人都在这件事上作做出了贡献。而立了首功的是陈锡添。陈锡添后来回忆这件事时说："小平视察南方上头是通知不报道的，假如我放弃了就没有《东方风来满眼春》这篇通讯的面世，中国传媒在这一重大问题上就失职了。《东方风来满眼春》之所以受到关注，是因为它贯穿了小平同志实事求是的思想。"

写作此文采访了杨广慧、陈锡添同志。参考了杨广慧《深圳新闻史上浓墨重彩的一章——1992年小平视察南方宣传报道工作追记》（记者锦萍整理杨广慧口述文章，《深圳特区报》2008年5月6日A4版）；《东方风来满眼春》记者吴建生专访陈锡添文章，《晶报》2009年1月18日A16～17版）；吕雷、赵洪著《国运·南方记事》有关章节。表示感谢。

第十七篇
文稿拍卖开创了
文化产业化的先河

评语：深圳有著名的"两槌"：物质文明建设上有1987年土地拍卖使用权第一槌；精神文明建设上有1993年文稿拍卖第一槌。深圳人策划后者，是让知识体现价值的一次尝试，是维护文人尊严的行动。拍卖的木槌敲开了文人潜在价值的泉眼，流出了知识产权财富的汩汩清流。

文稿拍卖是改革开放、也是新中国成立后的首件文化事件。有人评价说：文稿拍卖"是国内30年来最精彩的策划案例之一"。这次活动上创出的"天价文稿"的价格，比不上今天一部著作的零头；组织这次活动的时机也许有点超前，但是在20多年后的今天终于结出了硕果：深圳文化产权交易所正式成立了。

王星被逼得没办法想出了这个"歪点子"

20世纪90年代是个经商狂热的年代，中国陷入了全民经商热潮之中。在深圳尤其能够强烈感觉到经商热那种灼灼逼人的热度。王星对此有深刻的体会，他当时是《深圳青年》杂志社的编辑兼记者。《深圳青年》杂志当时是一本著名刊物，以其观点犀利、内容新鲜、语言生动活泼为读者所喜欢，当时的销量非常大。好杂志需要好稿件。杂志社记者太少，光靠自己的队伍写稿远远不够，需要约稿。但是王星发现约稿很难，他感觉深圳的文人对写作不太感兴趣，大家都投入到倒卖BB机等生意中去了，就算写稿也多半草草写作敷衍了事。约不到好稿是他当时最感头痛的事情。如果稿件质量不高，他这个编辑日子就不好过。社长兼总编的王京生同志严把杂志质量标准，要求每一期杂志都几近完美。怎样约到好稿件的问题一直困扰着

原《深圳青年》社长兼总编辑王京生，在首次文稿拍卖会上讲话。
图片由杂志社提供。

王星。

　　人被逼得走投无路时往往就会有好创意出现。一天晚上，王星来到啤酒屋与几个朋友"吹喇叭"喝啤酒，瞎聊天吹大牛。大家一方面为深圳的经济繁荣而兴奋激动，另一方面又为文人身价不断贬值而苦恼。有人说，文稿为什么就不能像电子产品被别人抢着买呢？这句话像火花一样在王星脑中燃烧起来。他突然想到，能不能用一种市场的方法推荐和选择文稿呢？第二天宿醉未醒，王星爬起来开始起草文稿拍卖活动策划案。文案写好后，他感到十分兴奋，立刻骑上自己的摩托车一溜烟直奔杂志社，找社长谈了自己的创意方案。

　　王星的方案引起了王京生的兴趣，因为这也是他长时间思考的一个问题。早在北师大读研究生时，他就写过一篇题为《新民主主义时期党的知识分子政策研究》的论文。王京生认为，长期以来我们始终讲如何落实党的知识分子政策。这个论题是好的，但是缺陷是没有考虑主体问题，主体是知识分子自己。我们看问题的角度是怎样用政策改变知识分子待遇，但能不能换个角度研究如何靠知识分子自己的努力解决问题呢？这个问题的产生与中国的文化背景有关。中国的文人长期以来言义不言利。就追求人生理想而言，这是对的；但是就社会现实来说，利，也代表社会影响，是社会对一个作家的评价，市场经济条件下情况更是这样。深圳早在80年代就进行了土地拍卖，这是有形资产的拍卖，能不能在无形资产的拍卖方面也做一些尝试呢？王京生同意该活动立项，要求王星细化完善方案，然后以杂志社的名义向上级领导报告。

王星马不停蹄，骑着摩托车来找邓康延。康延文笔极好，王星请他为该活动起草文稿拍卖活动的《宣言》，充满激情的活动需要很煽情的文章为其造势。后来，由王京生、邓康延、王星署名的《要为文人造个海》一文，以卷首语在1993年7月《深圳青年》上刊登。文章中说："建立起一个市场，一个公平地体现出知识分子价值的市场，让文人凭着自己的智慧，富起来，让智慧仗着文人的经济腰杆，流通起来……攥住了经济的杠杆，就能提升起文化和文化人的命运；攥住了知识产权的杠杆，就能提升起优秀文稿的地位和价值……优稿优酬，也许惊世骇俗，其实顺理成章。在一个能够点石成金的时代，我们不能让已有的金子湮没在砂砾之中……竞价会上的第一声槌响，将声透五千年，响动三万里，文人'言义不言利'的藩篱，被一槌洞开。这第一声槌响，让文人能够伏身潜心于格子，又能从格子上浩浩然站起来。"文章效果很好，文人们激动起来了，心中燃起了渴望参与的熊熊烈火。

1993年3月份，杂志社的请示报给了上级机关。报告中说，在全国一片"下海潮"的冲击下，一大批"文化精英"们也被搅得坐立不安。弃笔从商，极不情愿；继续爬格子，甚至连一个打工女工的收入都赶不上。贫穷、困惑、无奈，已成为当今中国大多数文人的生活写照，文化市场的发育，急需注射一针强有力的"催化剂"。这个"催化剂"就是文稿竞拍，把竞争机制引进文化市场，可以让文化作品成为最有价值也最具大众化的消费品，使中国文人的创造价值在实行市场经济的今天得到升值。

杂志社的报告报到上级机关后，得到了充分肯定和大力支持。市委书记李灏批示："这是一项有意义的实验。"市人大主任厉有为批示："组织好，策划好，可以一试。"市委副书记林祖基批示："这也是一项改革，此事有助于将文艺作品推向市场。"市委常委宣传部长杨广慧批示："此举很有意义，率先开辟文稿市场，既发展了市场体系，又使'文人们'大受鼓舞。"市委决定由杨广慧担任首次文稿竞价组委会的总监督，王京生任组委会主任。

立项手续已经完成，下面要看杂志社的年轻人们有没有本事组织演好这场戏了。

王星是文稿拍卖活动策划人之一。
图片由杂志社提供。

反响热烈出乎主办人的预料

取得了市委领导的支持，杂志社受到莫大鼓舞。但是市场反应会怎么样呢？能不能做成功呢？杂志社派王星等人北上北京摸摸作家们的底。反响不错。众多作家都对此感兴趣。文坛泰斗冰心老人愿意担任组委会总顾问，艾青、王蒙、张洁、丛维熙、刘心武、李国文、张抗抗、权延赤、莫言、梁晓声、霍达、陈荒煤、冯牧、雷达等著名诗人、作家和评论家，都为深圳的这个创造叫好。紧接着，王星又到南京、上海、杭州、天津、宁夏等地，与作家沙叶新、叶永烈、黄蓓佳、苏童、冯骥才、张贤亮等商量，同样获得了他们的认同和支持。5月25日，组委会举行了第一次新闻发布会，向海内外发布消息，引起了强烈反响。

既然按照市场规则运作，把文稿当成商品进行拍卖，就要满足买卖两个条件：既要有人愿意卖，也要有人愿意买，买卖关系才能成立。既然卖方作家们比较积极，那么买方就是矛盾的主要方面了。拍卖的最大风险在于如果没有人买，就会出现冷场的尴尬局面。这种情况下，深圳主办方因为操作能力不强威信受损事小，作品卖不出去毁了作家的名声事大。

主办方高度重视这个问题，采取几条措施解决这个问题。一是对作品的拍卖投保。组委会找到太平洋保险公司深圳分公司投保。对文稿的拍卖投保可是个新鲜事，保险公司从未做过这种业务。出于对文化给予支持的考虑，保险公司最后同意为这项业务保险。双方商议好了保险的底价。如果文稿拍卖价格低于底价时，由保险公司补足不足部分；若拍卖价高出底价，高出部分由保险公司与作者分成。有了保险公司兜底，风险基本上没有了。

二是事先找一些买家准备"接盘"。主办方选择买主时，开始重点考虑各出版社，希望他们勇于出手。出乎意料的是出版社大多抱观望态度。主办方只好寻找企业家们的支持。王星第一个找到的是深圳机场候机楼有限公司总经理李远钦，舞动三寸不烂之舌进行游说。李总问："我们是企业又不是出版社，我们买文稿有什么用呢？"王星说："太有用了！这些文稿出自名家之手，你们可以让员工们阅读呀。如果你愿意还可以投稿给出版社，稿费会付给你们公司。但是真正的重点在于：这是中国第一次举办文稿拍卖活动，你想象一下它的新闻价值吧。如果你们参与这项活动，可以得到重点宣传，这是多么大的广告效果？你在报纸上买一个整版做广告需要十几万元。而买文稿花不了这么多钱，影响却要大得多……"精明的李总听懂了王星的话，当场表态说："好，我参加。我至少会买两部文稿，你们可要好好宣传我们企业哦。" 9月份，举办了一次交易活动，算是拍卖会前的热身。李远钦说话算数，出钱8.8万元，带头买下了王东华的社

深圳首次文稿拍卖会热闹非凡。图片由杂志社提供。

会学专著《新大学人》和史铁生的短篇小说《别人》两部作品。国内外上千家媒体迅速报道了这条消息。冰心老人得知后，当晚托人向史铁生表示祝贺。深圳机场候机楼公司一夜成名，李远钦的名字与文稿拍卖活动永远地连在了一起。

三是杂志社力所能及做一些购买准备工作。邓康延给我讲了这样一个故事：虽然拍卖前制定了一些措施，但是大家还是有一些担心。举行第一次拍卖会前，王京生不放心，让编辑部主任邓康延代表杂志社前往参加拍卖会。任务是观察情况，一旦出现冷场时带头举牌竞投。康延问："我们准备用多少钱买文稿？"京生回答："你知道出版社没什么钱，我们只能买便宜的短篇了。"康延建议说："张抗抗的《恐惧的平衡》只有千把字，底价是2000元左右，我们就竞投这一篇吧？"京生说："将在外君命有所不受。全权委托你看着办啦。"邓康延坐在场中，手握报价牌冷眼观察。当拍卖师叫到《恐惧的平衡》时，由几千元开始，很快上升到一万多元。邓康延悬起的心才放下来。最后是一家小汽车出租公司的老板买下了这篇文章。老板收到文章后不知怎么办好，来找邓康延商量。康延问他："你为什么要买这篇文章呢？"老板回答说："我公司有几十部出租汽车。晚上出车时，司机、乘客心理都有点怕怕的。我们把这篇文章做成卡片挂在出租车里，我想大家看了这篇《恐惧的平衡》，心理就会得到一些平衡吧……"你太聪明了！老板的话引得康延大笑不止。后来这位老板决定让更多的读者分享这篇文章，就找康延投稿。稿子刊发后杂志社发给这位老板几百元稿费，同时写了一篇编者按褒扬这位老板对文化的热爱。

王京生一锤敲定：干！

正在文稿竞价活动热闹进展的时候，发生了一件"6作家退出"事件。事情的起因是由作家霍达《秦皇父子》小说的参与引起的。霍达是一名北京回族作家，国家一级作家。她为自己的作品《秦皇父子》标价100万元，准备送到拍卖会上竞拍。这件事引起了一些作家的不满，李国文、张洁、从维熙、叶楠、刘心武、梁晓声等6位作家声明，不担任文稿竞价的"监事"，退出竞拍活动。我问王星："6位作家为什么会因为霍达的叫价而退出呢？"他回答说："他们认为这是漫天要价，态度轻率，既怕出现流拍让整个活动失败，又怕给社会上留下文人不知天高地厚的印象，因而不满。这也反映出作者对自己作品的价格心中没底。一部小说要价100万元当时是奇闻，但现在看来并不为过。"这件事的结果是，这部作品被深圳市三洲实业公司买走，拍卖成功了。

6位作家个个是重量级人物，他们退出拍卖活动的声明，产生了很大影响。上海的一家刊物刊登了一则题为《漫天要价，轻率叫卖。引起文坛内外不满，深圳文稿拍卖起风波》的文章，更是火上加油。有关部门也再次要求叫停文稿拍卖活动。组委会感到了很大的压力。忐忑不安的邓康延、王星等杂志社的工作人员请示王京生：拍卖活动还要不要进行下去？王京生说："镇静，镇静！慌什么？

2004年11月18日，举行首届深圳国际文化产业博览会开幕式。
图片由深圳报业集团提供。

不要自乱阵脚。我们应该考虑这是不是一件好事？我们想为文人造片海的想法到底对不对？我们做这样的事情是出自公心还是为了谋自己的私利？只要我们能够理直气壮地回答这些问题，这件事我们就要做下去，一定做成功。"王京生的话语像一堵坚实的墙，挡住了流言的风暴，让大家有点惊恐的心情平静下来。

关键时刻杂志社又一次得到了市委宣传部的强力支持。杨广慧亲自组织召开会议，分析研究有关情况决定拍卖照常进行。为防止出现漏洞，市委宣传部抽调干部参与组委会的具体工作。宣传部与杂志社的负责人一起赴京，向有关部门汇报情况，做好解释工作，求得上级领导的支持。最后，深圳市委决定活动照常进行。领导的支持像一把巨伞，挡住了火焰的灼热炙烤，使勇于试验的同志们能够在一片阴凉的绿地上安心地继续组织活动。

文稿竞价的新闻发布后，全国各地的作品开始陆续寄往深圳。第一个正式报名竞价的是北京作者彭子强，他的作品是30万字的一部纪实文学；第一个亲自来组委会送稿的人是深圳的"龙之传人"，是已故的两代人合作的《文人读史札记》手稿6本，用蝇头小楷书写而成；第一个报名竞价的海外作者是香港的阿视，他寄来了散文集《秦川人》。后来给组委会来电来函报名竞价的各行各业人士，已近800人。年龄最大的83岁，最小的仅10多岁。其中专业作家很多，丛维熙、冯骥才、叶永烈、权延赤、贾鲁生、刘心武、莫言、张贤亮、张抗抗、池莉、方芳、马原、顾工、顾城、杨利民、刘晓庆等文化名人均有意参加竞价。经过审读委员会的筛选，30部候选作品达到竞价标准，组委会决定挑选20部文稿竞拍。

1993年10月28日是个值得纪念的日子。下午2点40分，首次优秀文稿竞价会正式开始。为了做到万无一失，拍卖会的地点从原定的深圳会堂改在深圳图书馆演讲厅，对海外媒体的采访记者人数适度限制。但是没有想到的是，新闻界对这件事情非常感兴趣，来了近200名中外记者。时间到了，王京生宣布："深圳首次文稿拍卖会现在开始。"话音刚落，200名记者呼啦一下往会场里挤，照相机的闪光灯不停闪烁，文字记者飞笔记录。由于拍卖会场比较小，近一半记者挤不进会场，但是大家不肯散去，拥堵在会场门外等待消息。如此热闹的新闻采访场面十分罕见。

主持的拍卖官名叫郑晓星。随着竞价者不断举牌，拍卖官落锤敲定，拍卖会进展十分顺利，意外和惊喜不断出现。

黄蓓佳的长篇小说《世纪恋情》，起价3.2万元，8万元成交。

张抗抗的随笔《恐惧的平衡》，1.6万元成交。

魏明伦的杂文集《巴山鬼话》，8万元成交，购买者是一位个人。

叶永烈的纪实文学《毛泽东之初》，被深圳证券公司投资研究会以26万元购得。

争夺最激烈的当数10号作品《深圳传奇》，由北京作家倪振良采写的深圳经济特区15年创业史的长篇纪实文学，起叫价为4.5万元，数次叫价后被深圳天虹商场以88万元的"天价"竞得，在文稿竞价中名列榜首。

最奇特的是刘晓庆的《从电影明星到亿万富姐》，这不是一个作品，只是一个写作题目，也竟然以17万元的价格被一家美容企业买走。更令人惊奇的是，一个月后这个选题再度以108万元的天价被另一家公司购得。这件事情说明，明星才是市场的宠儿。能在市场经济中得益的，首先是明星，而不是文人。刘晓庆能写出很漂亮的文章，是文人和明星的双栖人物。但她的一个题目就能卖高价，主要不是因为文人价值而是明星效应。这件事使许多作家爆发出的喜悦很快云消雾散，闷闷不乐，感叹不已。

竞价会上，11部作品全部成交，成交率为100%。成交额达249.6万元，比作者自标的总价格高出两倍多。王京生拿起话筒宣布活动圆满结束。会场里出现了暂短的肃静，接着是长时间热烈的掌声。文稿拍卖终于成功了！后来，京生对笔者谈了当时那一刻的心情：几个月里，心情是多么地紧张、焦虑、沉重，直到这一刻，他才感到心中一直压着的石块卸去后的轻松和战斗取得胜利后的喜悦。他对现场热闹的呼喊声、人们的笑声和掌声一概听不见了，只听见自己头脑里有个声音大声说："成了！"他确实有些激动，拿着话筒的手微微有些颤抖。有一位记者注意到了这个细节，在报道稿中写出了"主持人颤抖的手"。

文稿竞价活动自开始以来，充满过焦虑，遇到过挫折，掀起过波澜，有一些美中不足的地方，但总的来说大获成功，产生了极大的影响。策划组织这个活动，表现出了深圳人闪光的智慧和敢闯的精神，在中国文学史、文化产业发展史留下了精彩的一笔。活动的成功举办说明，给文人造一片海，就会出现出色的游泳选手；为文人提供市场，他们也能取得丰厚的报酬；文人们可以在恪守"义"的根基上大胆地追求"利"，"君子爱财，取之有道"嘛。

文稿竞价活动结束后，初尝甜头的王京生向市领导建议，将这个项目持续办下去，让文稿交易活动常态化。但是由于当时条件不成熟，这个想法没能实现。但是，种子已经埋下，遇到合适的时机和条件就一定会发芽成长。

文化有它自身的发展规律。文化与经济发展并不是同步的，前者往往比后者慢几拍。在深圳经济经过几十年发展有了相当规模后，文化产业发展的问题自然而然摆到了人们面前。1999年，深圳市委提出了"文化立市"战略。2002年，市委宣传部牵头完成了"文化体制改革和文化产业发展"调研课题，孕育出举办"文博会"的构想。2003年10月，《深圳国际文化产业博览会总体方案》正式出台。2004年，首届中国（深圳）文化产业博览交易会在深圳举办。从首届开始，文博会就摒弃了由政府大包大揽的传统模式，坚持市场化运作的思路，提出了"政府支持，企业办展"的模式。至2009年已经成功举办5届，观众高达350多万人次，总成交额达到877亿元。多年梦想成真，文博会终于成为中国唯一一个国家级、国际化、综合性文化产业博览交易会。文博会里自然包括了文稿交易内容，但是深圳人还不满足。2009年11月17日，深圳文化产权交易所宣布正式挂

2009年11月16日，深圳市委书记刘玉浦、代市长王荣，出席深圳联合产权交易所、
深圳文化产权交易所揭牌仪式。摄影 钟广宁

牌。这是继6月上海文化产权交易所成立后的全国第二家文化产权交易所。深圳文化产权交易所具备文化产权交易平台、文化产业投融资平台、文化企业孵化加速平台、文化产权登记托管平台等四大功能，具体交易品种包括影视作品、数字产品、工业设计、文学作品等著作权和版权的转让或授权交易。王京生的愿望终于实现了。

2010年5月17日，第六届文博会成功落幕。王京生总结了这届文博会的成果和特点。本届文博会首次实现"大团圆"，全国各省、自治区、直辖市及港澳台地区全部参展，共计有1797家政府组团、企业和机构参加。总成交额大幅增长，达到1088亿元，比上届增加207亿元，合同成交额351亿元，分别比上一届增加2成～1倍多。国际化程度进一步提高，出口交易、海外专业观众和采购商都全面提升，出口交易达114亿元，比上一届增长3成；受邀参会海外采购商10680人，来自86个国家和地区。

为写作这篇文章我又采访了王京生。我问他，现在看十几年前的文稿竞价活动，其意义何在呢？他回答说："回过头来看，当时的文稿竞价活动，是对低稿费制度的一次冲击，标志着文稿进入市场的开始、文人言义不言利时代的结束。当时条件不成熟，市场不完善，是一种比较初级的做法；同时社会对文稿价值的判断也不准确，只能说是一次尝试和探索。但是，如果没有当时的探索，就不会有今天文化产权交易所这样高级形态的出现。当然，包括文稿在内的知识产权价值体系的建立会有一个过程。但是，我们想要中国文化强盛、中华民族复兴，必须解决知识价值的问题。现在有一种现象：唱歌的发大财，作曲的没钱赚；演电视剧的暴富，写电视剧本的给几个小钱。这是不对的。一定要改变'十五的月亮十六圆、制造原子弹的不如卖茶叶蛋的'的局面，只有到了这一天，中国人民聪明才智的潜力才会真正爆发出来。中国就可以从'制造大国'变成'创造强国'，中国就会像历史上强盛时期的文明古国一样，再次成为发明创造的思想源泉和智慧宝库。"

历史上的中国人民曾经有过出色的表现，重新崛起的中华民族也定能为人类文明进步做出新贡献。

写作该文采访了王京生、邓康延、王星同志。参考了王京生、邓康延、王星《为文人造个海》一文（《深圳青年》1993年7月期刊）；陈冰《创举：文稿拍卖敲响精神产品市场化的第一槌》一文（《晶报》2008年12月18日A14~15版）；徐明天《春天的故事》有关章节。表示感谢。

第十八篇
深圳放飞
"设计之都"梦想

评语：创新是一个国家进步永不衰竭的动力；设计是工业产品的前期构思。城市有了创意，变得与众不同；生活有了设计，变得精彩。深圳插上了创新和设计两个翅膀，放飞了自己的梦想。

2008年11月21日，接到联合国教科文组织通知，深圳被批准成为世界创意城市联盟成员，是中国第一个进入联盟的城市，也是中国唯一的"设计之都"城市。消息传开，整个城市为之振奋。特别是设计界人士喜笑颜开，奔走相告，举杯庆贺，一起分享这一消息带来的快乐。

一个念头，good idea

事情要从胡洪侠一天早上的一个念头开始说起。

2006年12月深圳第二届"创意十二月"活动开始了。这一天，《深圳商报》文化广场的主编胡洪侠来到办公室，按照往常的习惯泡上一杯茶，点上一根烟，开始为新的一期版面选择内容。这位来自河北的北方汉子，在深圳文人圈子里有"大侠"的绰号，为人直爽讲义气。他做文化广场的负责人多年了，有很强的事业心和使命感，整天琢磨怎样把文化广场办成全国最知名的文化品牌栏目。今天编点什么稿子好呢？想来想去他觉着自从市里提出建设"两城一都"后，读书之城和钢琴之城都做过一些宣传了，相比之下设计之都好像宣传得弱一些。就选择这个题目吧，也算是配合"创意十二月"的宣传。但是从哪里入手呢，选择一个什么样独特的话题才容易引起读者的兴趣呢？他想了好一会儿，感到脑子发木没什么好主意。

2008年9月24日，市委常委、宣传部长王京生送行深圳"申都"代表团。图片由《深圳商报》提供。

看着眼前的电脑，他的主意来了，干脆在网上搜索一下，看看能产生什么样的灵感？他手握鼠标，打开谷歌页面，在搜索框里键入了"设计之都"几个字，点击"确定"。好家伙，出现了非常多与设计之都有关的条目。其中一个条目吸引住了他的眼球，联合国教科文组织文化署下的全球创意城市联盟发布信息说，德国柏林和阿根廷的布宜诺斯艾利斯被授予"设计之都"称号。胡洪侠觉着这条信息有文章可做，就把这项研究工作交给了编辑李宁。李宁赶紧收集资讯，进行研究，一番努力后文章写好了。胡洪侠看了稿件比较满意，大笔一挥就签发了。12月20日，《深圳商报》文化广场栏目整版发出了一篇大文章，题目十分醒目：《深圳：全球第三个"设计之都"？》

这篇文章出现在深圳市委常委、宣传部长王京生桌面上时，引起了他的注意。这个题目拨动了他的心弦。一段时间来，他一直在考虑"两城一都"的事。深圳提出了"文化立市"的战略目标，应当选择深圳一些什么样的既有基础又能对全局产生影响的项目，做为完成这个战略目标的抓手和平台呢？提出"图书馆之城"是为了培养市民喜欢阅读，让深圳成为因阅读而受人尊重的城市；提出"钢琴之城"是因为深圳的钢琴拥有量和培养出的青年钢琴家数量都在全国名列前茅，而且钢琴作为乐器之王，如果鹏城处处有琴声的话，对提高市民的素质会起到重要作用。将"两城"做为抓手肯定是有道理的。提出"设计之都"呢？平面设计是深圳的长项，深圳的设计师数量多、水平高，全国设计业的领军人物和最有影响力的设计师大都积聚在深圳。而设计，特别是工业设计对产业发展所起作用之大是无法估量的。但是深圳的设计品牌还没有被行业外人了解，市民的参与也有待于加强。如果像商报编辑们建议的，深圳真的成为联合国承认的全球设计之都之一，那无论对深圳设计品牌的宣传还是对深圳设计事业的发展都有利。他想着想着慢慢地兴奋起来，立即拿起电话机找部里的有关负责人，要求详细了解具体情况。没两天，一份内容更详细的专题情况报告送到了他的桌面上。材料更加坚定了京生的想法。他叫来胡洪侠直接布置任务，加重语气鼓励说："这项工作就交给你们了，成立工作组。如果真的能把这个称号争取回来，对这座城市的发展意义深远，你胡洪侠功德无量！"

摸清前进的道路，right way

一个由市委宣传部主管副部长和《深圳商报》文化广场工作人员组成的专项工作组成立了，他们立即展开了工作。先从摸情况、找门路着手。

既然"设计之都"是联合国教科文组织承认的，那么就先找这个组织。李宁电话打到法国巴黎找熟人问情况。熟人说，教科文组织在北京有个办事处。李宁又将电话打到了北京。接电话的是一位名叫裴红叶的女孩。她热情细致地回答了李宁的询问。据她介绍，联合国教科文组织于2004年成立了全球创意城市联盟。创立联盟的目的，是打算将把文化创意作为经济发展最主要元素的各个城市联结起来，形成一个网络。网络内的城市相互交流，加强合作，联盟将帮助各城市在区域间和国际市场上建立起有效的销售渠道网络，从而使成员城市在全球竞争中保持优势。全球创意城市联盟目前可以申请的类型有7种：文学、电影、音乐、设计、媒体艺术、民间艺术和烹饪美食。已经加入联盟并获得相应称号的有："设计之都"有德国的柏林、阿根廷布宜诺斯艾利斯和加拿大的蒙特利尔；"文学之都"英国的爱丁堡；"音乐之都"意大利的博洛尼亚和西班牙的塞维利亚；"民间艺术之都"埃及的阿斯旺和美国的圣达菲；"烹饪美食之都"哥伦比亚的波帕扬等。裴红叶告诉李宁："如果深圳申请加入全球创意城市联盟，可以在以上类型中选择一种提出申报。"

李宁怔住了，事情怎么是如此地巧合？全球创意城市联盟成立于2004年，深圳提出打造"设计之都"也恰好是这一年。难道深圳天生就有"设计之都"的命？越交谈，李宁越感觉到全球创意城市联盟的重要性：这是一个世界级的高端平台啊！加入联盟的城市能够分享彼此的经验，推广专业知识，训练商业技巧和技术，为文化产品开辟极佳的销售渠道。李宁还发现了写文章时由于资料陈旧而犯下的一个错误："设计之都"已经有3个了，深圳争不到第三名了。

对话过程中，裴红叶无意中说了一个情况："去年中国有一个城市已经找过我们，从报来的材料看情况不错，教科文组织建议他们加入设计之都……"

这是一个非同小可的重要情报！因为李宁已经了解到教科文组织的审查比较严格，对加入联盟的城市数量上有所限制，一个国家不可能批准两个设计之都。李宁觉得自己以前好像是在庭院里散步，现在发现进入了体育场，看到有一个对手远远地跑在前面！他顿时感觉身上的肌肉紧张起来，产生了想摸清对手实际情况的强烈欲望。几天后李宁飞到这座城市。通过深圳驻该城市办事处打听到负责该项工作的是创意产业中心。李宁用《深圳商报》记者的身份拜访了中心的秘书长。秘书长热情地接待了李宁，介绍了一些情况。原来该城市确实与科教文组织接触很久了，也提出了加入设计之都的申请，但是因为一些复杂的原因已经停止工作一段时间了。

李宁没想到带回来的重要情报产生了打击和鼓舞的双重效果：说打击是因为这座城市与深圳相比，经济实力强，知名度高，国际影响大；申报"设计之都"的工作走在前面；教科文组织对他们有浓厚的兴趣。对深圳来说这些都是坏消

国家教育部副部长章新胜（右二）接见深圳"申都"工作人员，
胡洪侠（左二）是文章中的主角之一。图片由《深圳商报》提供。

息。说鼓舞是因为该城市的申报陷入停滞状态，给深圳提供了绝佳的机会。只要深圳用激情快速推进工作，用热情打动教科文组织，申报工作还是有一定程度的胜算。退一万步说，就算该城市申报"设计之都"成功，深圳也决不能放弃自己的努力。中国是一个大国，有两个城市都申报"设计之都"也不是绝对没有成功的可能。(事实证明这个想法没有错。后来日本的名古屋和神户两个城市，与深圳一起成功申报了"设计之都"的称号。这是后话。)

寻找联合国官员, UN official

认识统一后，信心坚定了，工作快马再加鞭。李宁又找到裴红叶，请她帮助联系具体负责的教科文组织官员。红叶答应帮忙。不巧的是，这时联合国换秘书长，潘基文接替安南主掌联合国秘书处。一朝天子一朝臣，联合国其他一些组织也开始换人。这件事耽误了一些时间。2个多月后，教科文组织文化署新主任乔治·普萨先生及助手莎利小姐上任后，工作机器又重新转动起来。深圳关于申都的申请信通过E-mail传了过去，接着是苦等消息。还好一个月后复信回来了。信中提到一件事，教科文组织与意大利政府，将于6月7~9日联合在意大利的博洛尼亚市(该市是世界创意城市联盟中的"音乐之都")，召开一个"全球直接投资论坛"。

这是一个与负责官员见面的好机会。李宁马上写信给莎利，询问教科文组织的官员是否出席此次会议？能否安排深圳代表拜见官员？莎利很快回信说："新上任的文化署主任普萨将出席会议。欢迎深圳代表参加会议，可以安排双方在会上见面。"事情就是这样，往往以意想不到的方式发展。前一阵还在为寻找联合国官员为发愁，没想到见面的机会说来就来。李宁想起了一句名言：机会总是青睐有准备的人。看来前一段的努力没有白费工夫。根据急转直下的情况发展，王京生召开紧急会议，做出决定：建议市长亲自写信表达深圳申请参加联盟的意愿；由胡洪侠和李宁以市长文化特使名义参加会议，递交市长的信。

6月4日，胡、李两人从香港乘机飞达博洛尼亚小机场。两天后，大会组委会在博洛尼亚市一幢历史悠久、古色古香的建筑里召开欢迎酒会。按照事先的约定，在酒会开始前，普萨将会见深圳代表。快到晚上7点，酒会即将开始，但普萨没有如约出现。胡洪侠急得团团转，普萨是不是改变了行程？如果见不到普萨这次岂不是白来了？他急躁起来，失礼地推开了服务小姐送上来的香槟酒杯。李宁在旁边拉拉他的衣角,提醒保持绅士风度。还好,会议开始一会儿后,司仪宣布:乔治·普萨先生到。胡洪侠这才重重地出了一口粗气,眼光投向主桌寻找盼星星盼月亮盼来的普萨先生。普萨露面了,典型的法国人,身材修长,穿着剪裁合身的西服;皮肤晰白,脸上胡须刮得干干净净泛出青色的胡茬;浓密的头发梳成大背头,一丝不乱;带着一副无边框的秀气眼镜,显得文雅有风度。

会议接待人员介绍双方认识后,胡洪侠向普萨送上了市长的信。两人在有限的时间进行了简短交谈。普萨询问了深圳的一些情况后说:"中国已经有一个大城市申请加入'设计之都',你们深圳是不是可以考虑申报其他类型的创意城市呢?"胡洪侠很有礼貌地提出了反建议:"感谢普萨先生的好心建议,但据我了解那个城市的电影事业发展很好,申请'电影之都'可能更好。深圳是中国现代设计发源的地方,更适合申报'设计之都'……"普萨笑了笑。告别时普萨提议:"如果你们有时间我们可以在巴黎见面细谈。"胡洪侠大喜说:"当然可以。"普萨拿出一张自己的名片,仔细地在名片上写下:6月16日,星期六,下午1点,在巴黎教科文组织所在的米尔里斯路中国餐馆见面。胡洪侠接到这张名片如获至宝。

意大利论坛会议结束后,胡洪侠与李宁一合计还有时间,就直奔德国柏林考察,了解这座城市是怎样建设"设计之都"的,接着马不停蹄赶到巴黎赴约。他们按照约定时间提前到达,在中国餐厅等普萨。餐厅是温州人开的,营业面积约30平米,规模不算大,但挺清爽。中午时分,普萨来了。已是午餐时间,很自然大家一起进餐。品尝中国菜,喝着法国酒,再次见面,双方已经熟悉,相谈甚欢。普萨又提出了他的建议:"'设计之都'已经有人申请了,深圳是不是另选一个?听说深圳是个移民城市,荟萃了全中国菜肴精华,申请'烹饪美食之都'更有把握…"胡洪侠、李宁一听急眼了,不等普萨说完打断了他的话:"No,No,No,我们不想要别的,就想要'设计之都'……"大侠心想,普萨呀普萨,爱吃中国菜就建议我们申报美食之都?虽说不礼貌,顾不上那么多了,好在几杯酒下肚,大家已有朋友感觉。

普萨并不计较,他一看胡洪侠这么坚定,也开始变得认真起来。他问:"你们申报的执行团队是什么级别?由谁负责?"胡洪侠一时拿不准普萨问这个问题的意思,他一咬牙回答说:"我们的市长亲自负责。"普萨又问:"还有什么官员参加?官员的级别能够说明对这项工作的真诚程度。"嘿!这联合国怎么与中国的情况一样呢?做一项工作首先强调领导重视。实际上到目前为止市长可能还不知道这回事呢。胡洪侠幸庆自己应对正确,看样子打动了普萨。话说到这个份上，普萨从口袋里拿出了一张纸，上面写着4个问题："1.深圳政府关于设计工作的目标和政策。2.深圳的设计机构和队伍现状。3.深圳的设计教育情况。4.深圳设计的国际合作。4个正式问题之外还另外有一个问题：深圳有没有确定一个学习榜样？例如，蒙特利尔。"看着这些问题，胡洪侠感觉自己的头变大了。这些问题很专业，虽说新闻工作者眼观六路耳听八方，这样专业的问题还是回答不了。好你个普萨，看来意大利分手这几天里你没有闲着，做了一些功课。他对普萨的敬业精神产生了敬意。普萨接着说："这些问题你们不用现在回答，回去准备一下，尽快答复我。"

起草申报报告，to write report

等胡、李两人一回到深圳，着急等待消息的王京生立即召集了会议。情况汇报后，大家喜形于色。京生夸奖说："两位特使不辱使命。"在对普萨的建议进行讨论后，大家形成如下共识：设计是一个国家重要的核心竞争力。英国创意产业大师约翰·霍金斯说："21世纪的任何产业都将是创意产业，创意和创新无所不在，并将成为一切产业的核心。"杨振宁博士说："一个不重视工业设计的国家将成为明日的落伍者。"美国教授罗伯特·汉斯说："今天企业靠价格竞争，明天将靠质量竞争，未来靠设计竞争。"设计产业将成为21世纪世界知识经济的核心产业之一，设计业的兴旺必将带动整个国民经济的发展。王京生最后总结说："我们绝不改变申报'设计之都'的决心。虽然有人申报在前，但是我们积极推进，争取首先申报成功。"

联合国的工作方式与中国政府不大相同，没有那么多正式文件，而是重视官员个人签署的信件。后来弄清楚，普萨给的提问信，是表示接受了深圳申请。这标志着深圳申报工作进入了辅导期。实际上，深圳已经抢到了先手，超过竞争对手了。下面就要做好回答4个问题的功课了。工作组立即与市平面设计协会商量如何回答这4个问题。此外，赶紧了解普萨提到的蒙特利尔城市的情况，从网上下载了该城市申报设计之都的工作报告，学习研究申报报告的写法。研究发现，蒙特利尔与深圳有点相似，都是移民城市，市民年轻，充满活力等。于是决定提出以蒙特利尔为深圳学习的榜样，这也是普萨的建议，对这样的决定他一定会高兴。所有问题仔细研究清楚后，写报告的任务交给了李宁。他曾在英国伦敦泰晤士河岸边的南岸大学留学3年多时间，拿到了发展研究的硕士学位，英语相当好，国外情况熟，写报告是他的长项。为了节省时间，李宁直接用英语写作，针对普萨的问题做了详尽的回答。英文报告写好后，另找人翻译成中文，足足3万字。

报告发出去半个月后，普萨回信了。信中说："你们对我提出的4个问题回答得很好。如果在此基础上起草深度报告，将会是一个很精彩的报告。"普萨的回信大大地鼓舞了大家的信心。"深度报告"的起草开始了。这一次组织了一个写作组，胡洪侠负责，成员有李宁、姚正华和刘瑜。从收集资料到写作报告整整用了3个月。最后写成的报告分为3大部分10个章节，从深圳城市的设计理念到设

2006年5月6日，"申都"代表团宣柱锡（左一）]团长，向教科文组织文化署普萨主任递交市长信。图片由《深圳商报》提供。

计队伍，从城市基本情况到文化产业的发展，从设计教育到国际交流等，内容全面详尽。中文报告完成后，由《Shenzhen Daily》(深圳英文日报)的编辑们翻译成为英文稿。11月，报告初稿发给普萨的助理莎利小姐征求意见。一周后莎利回信说："报告内容看起来很好。如果能请深圳的一位平面设计师对装帧作设计，相信评委们看了会非常兴奋。"

莎利的建议是个重要的提醒，工作组决定对内容精的报告在形式美上再下一番功夫。设计任务委托给了深圳韩家英设计公司和雅昌印刷公司，要求两家各拿出一个设计方案。结果，两个方案都做得非常好。韩家英的设计使用了深圳市花勒杜鹃的图案表现深圳的形象，粉红色透出浪漫的情调；雅昌的设计使用绿色色调的竹笋节节拔高的样式，象征着深圳城市的年轻、环保和积极向上的理念。面对两个出色的设计方案，对其舍取颇为作难。还是蒙特利尔申请报告使用英法双

语的做法给了启发，工作组决定印制中英双语两个报告，竹笋是中国元素，用作中文版；勒杜鹃十分浪漫，用作英文版。为了把握，将最后的定稿用PDF格式刻成光盘，由DHL公司快递到巴黎请莎利再看看。莎利看后拍手叫好。这时候距离参加申报会议只有一周时间了。对雅昌公司来说，承担类似这样又重要又紧急的任务是家常便饭。雅昌承担过北京申请2008奥运会、上海申请2010世博会申报资料的设计印刷任务，哪一次不是到了最后时间才开机印制的。相比之下，这次的任务是小菜一碟了。雅昌员工紧急动员起来，不但将中英文两个报告按时印制好，而且对参加申报会议的其他资料，从市长信件、会议信笺用纸，到参会代表名片等，均进行了系列设计印制，按时出色完成了任务。

时间倒回到2008年3月，莎利发信来说由于深圳工作积极，有效率，申报过程可以加快，希望深圳5月份来巴黎正式递交报告。虽然大家都盼望着这一天，但是这一天的突然到来还是让人们手足无措。工作组立即向京生同志汇报，他也略感意外，沉吟了一会儿后问胡洪侠："问题的关键是：你们觉得成功的把握性有多大？"胡洪侠小心翼翼地回答："大约有8成。"他舒了一口气说："6成胜算就可以向市委报告了"。王京生立即分别向刘玉浦书记等市领导汇报了情况。玉浦书记十分高兴，又向省委书记汪洋同志汇报了此事。汪洋书记也完全赞成，强调要把"申都"工作作为提高深圳文化软实力和城市品牌建设的大事抓好抓实。4月，正式成立深圳市申报"设计之都"工作领导小组。市长任主任，王京生、闫小培副市长任副主任。4月底的一天，在五洲宾馆召开欢送会，市领导亲自欢送申都代表团赴巴黎，市委宣传部副部长宣柱锡任市长的特使和申都团团长。市领导热情洋溢地说："你们勇敢地出征吧，整个城市是你们的后盾。"

成功答辩，succeed reply

5月4日，申都团由香港起飞到达巴黎。6日中午11点30分，申都团一行西装革履、神态严肃来到了米尔里斯路1号的联合国教科文组织总部。建筑规模不大，但是时间给这座建筑镀上了历史的沧桑色彩。总部戒备森严，在大门口通过门卫打电话联系被告知："莎利在第二个门口等候你们。"按照规矩大家把护照留给门卫，每人发了一个入门卡挂在脖子上。到了第二道门果然有一位年轻的小姐站在门口迎候。直到这时李宁才知道这位就是经常通电话的莎利小姐，她个子不高，面目姣好，小巧玲珑的模样。没有见过面的老朋友见面，大家十分高兴。莎利小姐挺健谈，大家很快就知道了她个人的情况。莎利原籍日本，1976年出生在法国，算起来30出头了，但是看起来要年轻很多。大学时学的专业是平面设计，懂得法、英、日3国语言，熟练程度也是这样排列。可能就是她的这些条件，被教科文组织聘为职员，任普萨的助理。李宁对她的评价是：敬业，专业，礼貌，善于与人沟通。

申报会议开始了。

首先由深圳市长特使宣柱锡向普萨递交了深圳关于申报设计制度的报告，报告分为中英文两个版本。接着，汇报开始。宣柱锡代表市政府述说深圳市申报的意愿和对这项工作的重视；市文联副主席谢君心介绍了深圳设计协会和设计队伍的情况；胡洪侠宣读了报告中的有关内容；李宁用英语解释了两个报告的理念和设计制作过程。深圳市外办的谢洁女士担任法语翻译。由于行前在深圳反复进行过模拟练习，4位报告人的述说清楚简洁，效果非常好。

教科文组织的几位官员们认真听取了汇报。普萨一边翻着手里的报告，一边听着翻译的讲述，感到亲切、兴奋，又有一些感动。他对这个报告不陌生，深圳将这个报告图文并茂的PDF电子版本发给莎利，莎利看过后又报给他看了一下，因此他也大概了解报告的内容。普萨没有到过中国，根本不知道有深圳这么一个城市。但是，自从与深圳的人员接触以来，特别是看了图文并茂的申都报告，他开始对这个城市有感觉了。他知道中国南方有一个充满活力的城市，城市里活跃着一支数量庞大、年轻活跃的设计队伍。尤其是近10年来，深圳的设计行业在全国乃至亚洲具有领先优势，使深圳成为亚洲设计的重镇以及中国现代设计的核心城市。深圳现有6万多名设计师、10多个创意设计基地、6000多家设计企业。深圳创意产业的增加值已占GDP的4%，计划未来5～10年里这一比例达10%，将与创意文化强国英国的比例相当。这个城市出了很多优秀的设计师，设计作品有北京奥运会申办标志等。在国际最权威的世界设计师协会(AGI)里，中国成员6名，其中陈绍华、王粤飞、韩家英和毕学锋4人是深圳人。深圳的自主创新实力非凡，仅2007年申请专利35808项，其中发明专利19198项，连续两年居全国首位。深圳制造享誉海内外，拥有80个中国名牌产品,位居中国内地城市第一名。深圳与世界设计界同行联系广泛，举办过 "平面设计在中国" 双年展、深圳城市／建筑双年展，并连续举办了4届飞亚达杯手表设计大赛、5届三诺杯中国工业设计精英赛等。从2005年开始策划开展 "创意十二月" 活动，提出 "我的创意·我的梦想"、"设计因生活而丰富，生活因创意而生辉" 等口号，已举办3届，规模越来

2008年5月5日，"申都"代表团抵达巴黎联合国教科文组织总部。
图片由《深圳商报》提供。

深圳"申都"代表团与联合国官员合影留念。
图片由《深圳商报》提供。

越大，吸引了众多市民积极参与。这个城市有创意、有热情、有激情，在创意设计方面蕴藏着巨大的潜力，而这正是设计之都城市所需要的最宝贵的素质……最后，请普萨总结时，他的评价很简单："你们的陈述和报告都很好。"

又到了吃饭时间，申都团请普萨和他的同事们吃饭，地点还是安排在上次的中国餐厅里。餐厅的温州女老板精心准备了中餐，烧了一条红斑鱼，炒了几个拿手的中国菜，将几个小桌拼成一张长台，显得蛮有档次。申都团从国内带来几瓶茅台酒，普萨虽然喝过中国白酒但是对茅台不熟悉，同意试一试。浅黄色的酒液入杯，香气溢满整个餐厅，普萨急不可待，也不客气，端起酒杯尝一小口，连说"好酒好酒"，一饮而尽。大家情绪放松，频频举杯，情绪高涨，越喝越高兴。深圳申都团的几个成员开展车轮战术，分别向普萨敬酒。单纯的法国人哪里知道中国人敬酒的学问，来者不拒，杯杯一口闷。很快两瓶酒见底了，普萨竟然没事，这一下让大家更加佩服普萨。

一杯酒干了，宣柱锡问道："普萨先生，接下来我们应该做什么？"普萨说："我们的工作做完了。下一步需要中国全委会的评估意见……""中国全委会？"这是怎么回事？谈了一会儿才弄明白。原来联合国教科文组织在世界各国政府中都有对应的机构，中国对应的机构是中国联合国科教文组织全国委员会，办事机构设在国家教育部，主任由教育部的副部长章新胜兼任。本来按照正常的程序，深圳应该先向中国全委会申报，经认可后推荐给教科文组织。但是由于不了解这些情况，深圳直接找到了教科文组织。中国全委会可能到现在还不知道深圳申都这回事。

宣柱锡说："哎呀，坏了，跨过锅灶上炕，越级了，犯忌了。"如果拿不到中国委员会肯定的评语怎么办？普萨安慰说："不要紧，我们有自己的程序，有中国全委会积极的评语最好，如果评语不理想，我们也会把你们的申报书提交5位评委审查，最后结果由专家们决定。"

噢，原来是这样，看来5位评委是最后的关键！宣柱锡拿起酒杯再次敬酒，开始套话："普萨先生，参加深圳申都评选工作的5位评委都有谁呢？"别看普萨喝得脸色发红，但是头脑清醒，装傻打哈哈，把话岔过去了，一点口风也没露。普萨最后安慰深圳申都团的话是："你们的任务完成得很出色，没什么事做了，等待就行了。"

虽然普萨肯定了深圳的工作，但是申都团明白，由于不了解程序，深圳申都工作中忽视了一个重要环节，没有向中国全委会汇报深圳申都工作。从巴黎回来向市委领导汇报情况后，领导们认为不能消极等待，要积极行动弥补这项失误。

2008年5月28日，由闫小培副市长带队的申都团进京，向中国全委会主任、国家教育部副部长章新胜副部长汇报工作。听完汇报章副部长立即表态完全支持深圳的申都工作，明确指出深圳"申都"是"国家行为"。10天后，中国全委会对深圳申都工作写出了积极肯定的评语，交给了教科文组织。

评委方面真的没有办法可想了吗？工作组对此不敢大意。既然普萨嘴严，就在莎利身上想办法。她以往多次热情帮助深圳，算是老朋友了。莎利果然够朋友，她的回答既有原则又帮助深圳解除了担心："负责评选工作的5个评委，是教科文组织从世界设计协会中选择聘请的设计师，不属于哪一个独立的机构。对他们资格的要求是必须了解亚洲和中国设计行业的情况。我不能把他们的名字告诉你们。但是请放心，参加评审工作的都是志愿者，免费工作没有一分钱报酬，因此他们一定会客观进行评审……"莎利的这番话使大家对教科文组织公正严格的工作制度肃然起敬，对普萨、莎利这样有职业操守、有很高素质、有工作效率的工作人员感到钦佩。

至此，能做的事情全部做完了，只有耐着性子等待了。

喜讯传来，good news

2008年11月21日，盼望已久的深圳终于收到了来自巴黎教科文组织总部的信件。通知说，11月19日，经联合国教科文组织秘书长松浦晃一郎签署给市长的信，批准深圳成为全球创意城市成员，称号是"设计之都"。深圳成为该网络的第16名会员，并成为继布宜诺斯艾利斯、柏林、蒙特利尔、名古屋和神户之后，第6个获得"设计之都"称号的城市。经过两年时间的努力，终于见到成果。大家又高兴又吃惊，不敢相信这是真的。

12月7日，北京深圳大厦多功能厅会议室里，召开了联合国教科文组织授予深圳全球创意城市联盟"设计之都"新闻发布会。教科文组织驻北京办事处主任辛格先生宣读了松浦晃一郎的信；教育部副部长章新胜高度评价了深圳申都成功的意义；闫小培副市长介绍了深圳申都工作的经过。会上公布了深圳打造"设计之都1+6方案"。其中的"1"是《深圳市全民创意行动纲领》；"6"是6个具体的工作方案：包括高端学者访问计划、创意书籍出版计划、创业人才培训计划、全民创意活动计划、城市品牌推广计划以及创意氛围营造计划。

回顾"设计之都"申报成功的过程，我们看到了一个系统工程完成的过程，看到一系列的选择和决策过程。目标是自己选择的；在完成任务的过程中有一系列的选择，作出了一系列正确的决策；正确的方法保证最后达到了目标。

深圳是一个有理想和充满激情的城市。生活在这个城市的许多人是理想主义者，他们来到这块土地上是要创出一番事业；他们有热情，做事时饱含激情，享受做事的快乐；他们性格刚毅坚定，不达选中的目标誓不罢休。正因为有这样的市民，才做出了突出成绩，创造了许多中国第一甚至世界第一。

被联合国教科文组织承认为设计之都对深圳意味着什么呢？

说明了"没有做不到，只有想不到"这句话是有道理的。这件事开始就是一个创意，是一次思想激出了火花，而大家紧紧抓住这个思想火花不放手，大作文章，锲而不舍地追求，使之最后成为了现实。

说明了深圳提出"设计之都"理念的正确和多年的努力结出了丰硕成果。在一些不了解情况的人眼中，深圳只是一个来料加工的城市，是靠肢体做活而不是靠头脑创意发展经济的城市。现在有了联合国承认的"设计之都"称号，使人们对深圳刮目相看：原来深圳不仅手脚灵活，而且头脑聪明，不怕与世界上的任何人竞争。

说明了深圳不是文化沙漠而是创新文化茁壮成长的绿洲。一段时间里，深圳总是被一些文化人瞧不起，被认为是文化的沙漠。深圳在创意设计方面表现出来的强大能力说明，深圳能够设计出最先进、最新颖、让消费者喜欢的产品，让产品表现出深圳人的智慧和文化积累；在生产新产品、创造新生活的过程中，深圳人的精神面貌也相应地发生着深刻的变化。能够不断涌现新思想、不断创造出新事物的城市，不能说是没有文化的城市；沉浸在创意氛围中、生活在设计火花迸射中的深圳，不能说是没有文化的城市。

因此，"设计之都"的称号是一种承认，说明深圳的创意理念和设计能力得到了联合国的认可；是一种荣誉，证明深圳已经进入了世界创意城市联盟的行列，可以与全球最有设计能力的城市对话；是一个机遇，使深圳登上了全球设计产业的广阔平台，加入了国际文化产品营销网；是一种品牌的打造，深圳设计出了自己城市未来发展的方向，将沿着创意设计之都的路子继续探索向前迈进。

普萨来到深圳，nice city

2009年5月13日，普萨受邀来到深圳参加第五届中国(深圳)国际文化产业博览

世界创意城市联盟圣达菲会议现场。图片由《深圳商报》提供。

交易会。热情的主人为新朋友安排了丰富多彩的参观活动。

王京生等市领导会见了普萨。会见时普萨说，联合国教科文组织创意联盟已经确定全球创意城市2010年年会在深圳举办，对将大会主题确定为"新技术、新媒体与创意城市发展战略"表示非常满意。市领导承诺深圳将举全城之力，把大会办成最成功、最有影响力的一届盛会。普萨还建议深圳能够参加11月份在巴黎举办的联合国教科文组织高层大会，在大会上展示深圳城市的形象。

普萨参观文博会时来到了6号馆的"设计之都专题展区"。在这里他看到了大量精美的设计作品，露出笑容说："设计之都的名号不是一劳永逸的，如果一座城市在设计行业上没有新的突破，这个名号将面临被取消的危险。而深圳在获得'设计之都'称号后，政府更加重视设计行业，大力推进设计业发展，这一点令人欣慰。"

普萨还参观了一些创意园。在场雅昌艺术馆参观时，普萨一眼就认出了摆在展台上的《设计之都申都报告》。他很有兴趣地拿起这本书，摆出一个姿势，让记者为他拍照留影。

普萨还乘车游车河饱览城市美景，上街闲逛体验居民生活。几天下来，普萨对再次会见他的京生部长说："深圳之行让我感到非常兴奋，在这座城市，我感受到创意是一个实实在在的东西。这里的每一个人都喜欢创意，享受着创意的快乐。自己接触到的深圳人都很有责任感，知道自己要做什么。我认为创意城市有一个定义，即创意不是一部分人的事，而是每一个人的事。全球创意城市联盟将

李宁（中）是文章中的另一名主角，他在采访联合国的工作人员。
图片由《深圳商报》提供。

为深圳带来无限可能，深圳也将为全球创意城市联盟带来无限可能。"

离深前，李宁陪普萨到万象城的江南橱子餐厅吃杭帮菜。点了老鸭汤、干烧黄鱼、水晶虾仁、酱罗卜等几样菜，酒是色浓味香的太雕酒。普萨喜欢死了。他说："我是第一次来中国，第一站到深圳。深圳这个城市太好了，不光设计是长项，音乐、文学、美食等方面都存在着极大的潜力。就拿饮食来说，这几天吃了粤菜、川菜、东北菜，真比法国菜好吃。特别是今天的杭帮菜棒极了，是我一生中吃过的最美味的中国菜。"普萨又说："实际上深圳也可以申请别的创意城市，比如说烹饪美食之都，我原来提过这个建议……"说到这里他看到李宁笑了就不再说话，一碰杯将杯中的太雕酒一饮而尽，叹了一口气，好像对深圳没有申请烹饪美食之都无限遗憾……

李宁感觉到，性格直爽、情调浪漫的普萨与深圳很有缘分。看来他确实对深圳有着极美好的印象，对赞美深圳使用各种美好的词语绝不吝啬。普萨也为深圳申报"设计之都"立下了汗马功劳。普萨是深圳最好的朋友之一。

在本书完稿之际，联合国科教文组织创意城市联盟的"设计之都"成员已经增加到7个，除深圳外，还有柏林、布宜诺斯艾利斯、神户、蒙特利尔、名古屋，最后加入的是上海。"设计之都"七姐妹将会发挥各自的长处，为世界的设计事业贡献力量。

写作该文采访了胡洪侠、李宁同志。表示感谢。

第十九篇
《神州和乐》诞生记

评语：音乐是从心底里流淌出来的一股清泉。只要是真诚的音乐就会引起共鸣、找到知音。佛乐是和谐之音。深州是产生佛教音乐的土壤，佛教因为音乐的演奏表达而更加打动人心。

《神州和乐》是中国佛教史上首次以西方交响乐的音乐语言诠释佛教义理的音乐作品。这是由深圳人策划组织创作、由深圳交响乐团首次演奏的。

《神州和乐》是献给首届佛教论坛的厚礼

公元2006年，佛历2550年，4月16日，为时4天的首届世界佛教论坛在浙江舟山市普陀山圆满落下帷幕。来自世界各地的1000多位佛教高僧、专家学者参加了论坛。闭幕式上，来自不同国家和地区的108位僧人联合主持了"祈祷世界和平"大法会。中国佛协副会长明生法师宣读《世界和平祈愿文》后，大会通过了首届世界佛教论坛《普陀山宣言》。宣言倡导："心净国土净，心安众生安，心平天下平"，"世界和谐，人人有责；和谐世界，从心开始"。

17日晚上，在形如莲花的上海东方艺术中心音乐厅，上演了《神州和乐》梵呗交响音乐会。音乐会请柬上写着这样一句话："《神州和乐》的创意和策划起于中国改革开放最前沿的深圳。"宽敞精雅的音乐厅舞台上，演出团队阵容宏大，布满舞台。深圳交响乐团近百名演奏家，身穿枣红色中式传统服装坐在舞台前端。后面站着200多人的

国家宗教事务局局长叶小文倡导
创作《神州和乐》。
图片由深圳交响乐团提供。

大型合唱团，由上海玉佛寺梵乐团、上海歌剧院合唱团、中央音乐学院音乐教育系合唱团、深圳高级中学百合童声合唱团4个合唱团组成。其中玉佛寺梵乐团的高僧们身穿黄色袈裟，仙风佛容，慈悲情怀，令人起敬。如此盛大的阵容实属罕见。深交的音乐总监俞峰亲自指挥。

钟声敲响，低沉庄严宏大的合唱声缓缓响起，音乐会开始了。管乐响亮，弦乐柔美，鼓锣齐奏，法号悲鸣。独唱悦耳动听，合唱动人心魄。器乐声部此起彼伏，人声乐音流畅和谐。听着纯净华美的乐章，观众眼前仿佛出现了庄严肃穆的佛国世界。序曲《九龙浴佛》，木磐声引导，各类乐器渐次展开，鼓声、铃磐、歌声、器乐奏出悠长的和声，创造了一种天地乐融的意境。佛祖诞生，九龙飞舞，龙天浴佛，人天光明；第一乐章《华藏世界》，从滴水微音开始，音乐形成万物众生和鸣，展现了美丽国土的妙乐境相。佛国华严，大地净美，极乐世界、天地和谐。第二乐章《慈悲愿怀》，旋律转向委婉抒情、惠风和畅。妙慈化物，悲情济世，温柔呵护，普度众生。第三乐章《禅悦慧风》，音乐转为轻快愉悦，童声与乐队呼应，弹拨乐与钢琴声争鸣，乐音中出现了童乐禅趣的形象。禅慧启性，思慧轻盈，圆融剔透，众生欢喜。第四乐章《莲幢光明》，万弦齐奏，乐声大作，变化无穷，气势恢宏。大千世界，超妙净绝，万物和谐，天地澄明。曲长90分钟。乐章结束，余音绕梁，观众感动挥泪，掌声雷动。最后深交演奏了一曲情深意切的《送别》，与观众依依惜别。

《神州和乐》首场演出取得了巨大的成功，观众们沉浸在交响佛乐庄严优美的旋律中，遐想万千，深受感动。音乐表达出了佛教文化的精髓，处处流淌着禅宗的智慧，表现出中国佛教对人类最深切的关怀，洋溢着社会和谐的精神。观众们用最热烈的掌声表达自己的喜爱，一些年轻观众说，虽然不太了解佛学，对交响乐的认识也不深，但是很喜欢这场音乐会优美的音乐和庄严的气氛，是一场很棒的享受。专家们对交响音乐的表现给了极高的评价，认为作品具有鲜明的民族特色，是中华音乐中的上品；深交的演奏精彩出色，犹如云蒸霞蔚，格外壮美。佛门高僧们也充分肯定了音乐对佛教思想的清晰表述，认为作品体现出了中华佛教的大乘气象和东方音乐的博大精深，很好地表现了世界佛教论坛"和谐世界，从心开始"的主题。

叶小文与陈川松不谋而合创作佛乐

《神州和乐》是怎样创作出来的呢？

事情要从2005年说起。这一年，中国准备筹办首届世界佛教论坛。这项工作由国家宗教局负责。这段时间里，国家宗教事务局局长叶小文满脑子都是这件事，他在考虑如何能把首届佛教论坛办得更出色。一天，叶局长见到龙隆等几位旧时好友，大家亲热地聊起来。聊着聊着叶局长忍不住说出了自己想办一届极其出色的佛教论坛的心事。只见龙隆睁大眼睛冒出一句话来："创作一台佛教交响音乐怎么样？我们与川松刚刚聊过这件事……"这句话敲动了叶局长的心弦。他让龙隆详细谈谈是怎么回事。原来，几天前，在一班贵州飞往深圳的航班上，龙隆、王永庆与陈川松相遇，大家都是贵州人，又是贵州大学同学。同学相见，一顿神聊。因为陈川松是深圳交响乐团团长，大家很自然就聊到了交响音乐。龙隆对陈团长说："各种音乐题材都被交响音乐表现过了，但是佛教音乐好像还没有搞过交响乐。你老自夸深圳交响乐团如何了得，能做佛乐吗？"川松眉毛一扬，斜着眼看着龙隆回答："就凭深交的水平，有何不能？如果有机会，我有兴趣试一把！"讲完故事，龙隆、王永庆向叶小文建议："可不可以创作一台紧扣佛教主题的大型音乐会，为论坛画上完美句号？"

老朋友不经意的几句话让叶小文开始认真思考创作一台佛教交响乐。此事看似偶然，其实必然。年轻时在贵州山区插过队的叶小文，任国务院宗教事务局局长已十多年。这位学者型的干部，潜心于宗教理论研究，著书立说，研究成果颇

中央音乐学院作曲系主任唐建平创作音乐。
图片由深圳交响乐团提供。

丰。他认为，佛教提出"和谐社会，从心开始"的主题，表明佛教在构建和谐社会疏导心理方面的价值。搞好社会主义精神文明建设，建设和谐社会，就应该更好地发挥宗教的力量。因此，如何更好地发挥佛教对建设和谐社会的作用，这实际上是叶局长长期一来考虑的问题，只是今天受到了老同学建议的启发。

没过几天，叶小文直接给陈川松打来电话，商谈创作佛乐的事。电话整整打了一个多小时。川松自信话语坚定了叶局长的信心，两人初步谈定了创作佛乐、为佛教论坛演出的意向。12月30日，叶小文来到深圳为佛乐的事进行调研。市委书记李鸿忠不但热情表态支持，还邀请叶局长一起观看当天晚上深交上演的新年音乐会。音乐会上深交的精神面貌和专业实力给叶小文留下了深刻的印象。他问身边的熟人："川松在大学是学历史的，怎么能把乐团管理的这样好呢？"

叶局长不了解，深圳交响乐团在他这位大学校友带领下，走过了一条多么艰难改革最后取得成功的路子。深圳交响乐团创办于1982年，有一段时间管理松懈，吃大锅饭，人心涣散。1998年7月，陈川松被任命为团长。有些人觉得这项任命有些奇怪。陈川松是基建工程兵的大兵，1982年随部队调入深圳集体转业后调入文化战线，先后在博物馆、大剧院任职。有些人以为他不懂音乐，给他出了些难题。但是没想到陈川松新官上任三把火烧得很旺，他认真按照市领导要求，将乐团带上改革之路，严格管理，狠抓业务训练，使乐团发生很大变化。川松也确实是个福将，深交前后经过姚关荣、张国勇、俞峰等几位十分著名的指挥家率棒指导，深交进步很快。(从2008年始，德国柏林音乐学院指挥系主任克里斯蒂安·爱华德继任艺术总监，这是后话。)排演《神州和乐》时，正是俞峰任艺术总监。俞峰和川松，一个管艺术提高，一个抓严格管理；一个唱红脸，一个扮黑脸。两人配合严密，无缝可钻，使得深交面貌大变。几年里，深交注重拓展新的演出曲目领域，向世界一流乐团水准看齐，积累了大量中外音乐作品；每年演出100多场音乐会，平均上座率位居国内乐团前列；打造自己的音乐季，先后推出浪漫主义系列、古典与浪漫系列、音乐大师系列、文学与音乐系列、节庆音乐会系列等品牌音乐会。深交冲击一个又一个高难度演出项目，如贝多芬的《英雄交响曲》、斯特拉文斯基的《火鸟》与《春之祭》、马勒的系列交响曲等，这些是业界公认的一流交响乐团的试金石，国内少有乐团敢于问津，然而深圳交响乐团敢于攻克这些"堡垒"，在业内名声大振。叶局长看到的是这样一个团队，难道能不振奋吗？

演出结束后，意犹未尽的叶小文立即邀约陈川松和俞峰深谈。三人在关山月美术馆的紫苑茶馆里，品茶叙旧，商谈佛乐，一个宏大的艺术构想也渐渐成型。叶局长问川松：创作、演出这样一场大型交响音乐，需要多少经费？"川松粗略一算账说："大概需要120万元。" 第二天上午，叶小文组织召开一个专题座谈会，在会上发布了创作佛教交响音乐、在首届世界佛教论坛演出的新闻。当叶局长将一张百万元的支票交给川松时，他如此干脆爽快办事的风格给川松留下了深刻的印象。川松当时纳闷：叶局长怎么想变戏法一样变出了这张支票呢？后来搞清楚，这是深圳弘法寺本焕方丈开出的支票。听说要创作佛乐交响乐，本焕非常激动，坚持要给予支持。

川松说了当时接过支票时的感觉："没想到担子真的压到肩膀时会感到如此沉重。现在是12月，召开佛教论坛是明年4月份，满打满算也就是3个月时间。在这样短的时间里绝对不可能完成一个大型音乐作品的创作和排练任务！何况这是从来没有人做过的事呀，怎么办？如何下手？"一时间，川松的心情很复杂，感到当时在飞机上吹牛时说得太轻松了；也后悔有些轻率地接下这项困难的任务；又担心做砸了这个项目会坏了深交的名声……但是这些想法只是一闪而过。陈川松想起了市委常委王京生同志关于"不搞则已，搞就搞成精品"的要求，他攥紧拳头对自己说："老兄，没退路了，往前面冲吧！"

唐建平领下了创作佛乐的任务

陈川松和俞峰一点时间不敢浪费，点将布阵，马不停蹄，开始组织创作。

乐团约请了最初提出佛乐创作想法的学者龙隆、王永庆，和对佛学文化和音

深圳交响乐团团长陈川松。图片由深圳交响乐团提供。

乐均有深厚造诣的贵州学者张建建，让他们先创作出一个文学脚本。创作文学本时，以叶小文说的一段话为理论依据："《神州和乐》以'和谐世界，从心开始'为主题，以中国佛教'庄严国土，利乐有情'的人间理想与'和谐生命，光明智慧'的禅慧道风，努力去阐释中国文化'以和为尚，和而不同'的文化价值，是呼吁和谐世界的中国献给当今世界的一曲'礼乐'。"经过数个不眠之夜，学者们写出了一本名为《法界花雨，心海慧风》的优秀文学底本，为音乐创作打下了良好的基础。这种先搞文学脚本、再进行谱曲的委托创作方式在国内音乐界开创了先河。

现在要开始选择作曲家了。大家反复寻找、比较、选择，最后俞峰正式推荐了唐建平。唐建平是吉林辽源市人，自小热爱音乐，先后上过吉林省艺校、沈阳音乐学院，1985年考入中央音乐学院，攻读了作曲博士学位。毕业后留学院任教。现为作曲系主任。唐建平对佛教音乐亦有研究，创作的第一个相关作品是《月光》，曲调凄婉，听者无不动容。第二个作品是舞剧《风中少林》的音乐。俞峰评价说："唐建平的作曲功底扎实，擅长先进的创作技法，又能兼顾观众的审美情绪，应该是《神州和乐》的绝佳人选。"

不巧的是唐建平要出差去美国几个月。在出发的前一天，俞峰将文学创作本交到了唐建平手中。唐建平到美国后，一边完成文化考察任务，一边研究整理佛乐素材。他感觉到了创作这个作品的难度。他对佛学只是知道个大概，并不特别精通。一时没有感觉，形不成思路，不知道如何用音乐来表达佛学文化。在美国的一个半月时间里没有完成一个音符。这边按兵不动，那边急得像热锅上的蚂蚁。陈川松和俞峰轮流打电话催促、督战。一次听说唐建平在听歌剧，俞峰大为不满，几乎用哀求的话说："你怎么还有时间听歌剧呢？别再浪费时间，等你回来我买10场歌剧票给你看……"

唐建平反复阅读文学本，细心研究揣摩。他慢慢地开始有感觉了。文学本上的文字在他眼前活了起来，变成了一幅幅画面：九龙浴佛，广袤宇宙，无边无际，九条神龙飞舞盘旋，口吐香诞飞花，佛祖诞生了……华藏世界，他看到了一个神秘、华美、神奇的境界……慈悲愿怀，他感觉到了一种真诚、善良、慈爱、悲鸣的情感……禅悦慧风，他领悟到禅宗的智慧、善良、平和的心态……莲幢光明，这一章最使他感动，他从中感觉到了金刚怒目、勇猛精进的力量。唐建平仿佛听到耳边有人跟他说："中国佛教并不是消极遁世，而是鼓励人生积极向前的。"唐建平灵光一闪，感觉终于把握住了中国佛教博大精深的文化精髓。内容把握住了，唐建平开始研究曲式。他尝试用藏传佛教的大法号低沉的声音表现肃穆的气氛；由高僧朗诵《金刚经》来表达积极向上的力量；用南无阿弥陀佛的旋律，传达一种平静的心境……整个作品突出慈悲博爱的精神，这是人类共同的情感，是普世价值。唐建平写到这里，已是泪流满面，他被自己的作品感动了。他感觉这并不完全是自己创作的作品，佛教的精义借着自己的笔尖跳跃出来，旋律中流淌着的是人类共同的情感。唐建平感觉到自己的感情在沸腾，仿佛有一团火在燃烧着自己，夜不能寐，日以继夜，几天时间完成了作品。

3月20日唐建平从美国回来，总谱终于交给了乐团。作品令所有演奏人员都感到惊喜。这不是一般的佛乐，它超越了唐建平自己以前所有的作品，既发挥了西方交响乐的表现力，也运用了诸多中国乐器和中国传统音乐调式，动人心魄的旋律在人们的心灵空间引起了强烈共鸣，充分体现了中华佛教悲欣交集的大乘气象。

深交日夜兼程排佛乐

当唐建平的曲谱传到深交时，离首演时间只剩下两个星期了。

《神州和乐》演出大获成功。

中国歌剧院副院长俞峰任指挥。

上海玉佛寺梵呗合唱团的僧人参加演出十分出彩。
摄影 张虹影

　　排练这个作品难度很高：一是这是一个新作品，演奏者们完全不熟悉，掌握大量的乐谱需要时间；二是作品有大量的合唱段落，要求配备庞大的高水平合唱团。为了保证艺术质量，深交选择了4支高水准的合唱团，其中2支专业合唱团：中央音乐学院音教系合唱团和上海歌剧院合唱团，这是"中国三大合唱团"中的两支劲旅；为了保证梵乐韵味，选择了上海玉佛寺梵呗合唱团；还需要童声，选择了在国际上多次获奖的深圳高级中学百合少年合唱团。4支合唱团分别在北京、上海和深圳三地，需要三地分练最后合成；三是作品中要求使用以前从没用过的特色乐器，例如喇嘛的长法号，一时不知道从哪里去找这些乐器。

　　在这样短的时间里，排练这样高难度的作品，当时很多人有畏难情绪，认为不可能完成。听到有人说泄气的话，陈川松的火爆脾气发作了："这是一场关系到深交前途的攻坚战，不吃饭不睡觉也要完成任务！火线上难道能当逃兵吗？"于是，一场在中外音乐史上少见的争分夺秒大排练，在京、沪、深三地同时展开了。四支合唱团，都是高水准的团队，抓紧排练，进展比较顺利。深交的演奏员们虽然排练任务很重，但是由于近几年大刀阔斧进行改革，业务水平提高很快，排练演奏过许多世界高难度的交响乐作品，因此演奏技巧上没有大问题；只是需要时间排练，大家日夜兼程，攻克难点，反复合练，进展也比较顺利。相比之下，寻找特色乐器遇到了更大的困难。好在在国家宗教局领导的亲自协调下，全国各地伸出了援助之手。深交派出一位青海籍的团员前往青海塔尔寺，经过多番周折采购到了6支法号。这样的大家伙运输时又遇到了困难，没有符合要求的包装材料。机灵的小伙子找到当地一家棺材铺定制了包装箱，送交飞机托运。接着，向上海玉佛寺借来了大号的木鱼和特制的磬；从广州光孝寺借来了一口年代久远、已列为国家级文物的大铜钟；上海民族乐团支援了面超大的中国鼓……

　　4月14日，深圳交响乐团和深圳高级中学合唱团启程来到上海。对《神州和乐》的首演深圳市委极为重视，李意珍同志亲自带队。这时距离演出只有两天时间。深圳、北京、上海的几支队伍集中起来，投入了整体合成排练。排练不分白天黑夜连轴转。演员们虽然身心疲劳，但精神饱满完成了合练任务。风尘仆仆赶到上海的唐建平观看了排练，效果之好出乎他的意料。他激动地说："在如此短促的时间里，深交能够拿下这部作品，真是不可想象。我敢说这是个奇迹！"4月17日，演出按照计划如期进行，取得了巨大的成功。上海著名指挥家陈燮阳评价说："深交演奏家们在舞台上的状态饱含艺术激情。这种难能可贵的激情使我对这支乐团的印象和我对深圳的印象重合起来，我相信这座城市必将爆发出令人惊叹的文化能量！"

后来我采访了唐建平，请他谈谈创作《神州和乐》的创作体会。我问："你并不是佛教界的人，为什么能写出这么好的佛乐呢？"他回答说："创作素材在于日积月累，在生活中不断丰富。中国佛教其实是积极参与生活的。生活就在自己身边，佛学讲的道理就是生活中的道理。因此不一定非要到深山古刹中才能体验到佛家生活，从日常生活中也可以感悟到佛学的精神和佛家的生活感受。"我又问："听说有人说你的音乐虽然好听，但是佛乐的素材用的不多，听起来不太像佛乐，是这样吗？"他想想回答说："音乐是人的情感流露出来的结果。我想，当年佛乐的产生是从某个对生活有感悟的人心中产生出来的旋律。我现在认真研读佛学经典和文学脚本，使我对佛学有了感悟，产生了感动，这时从我心中流淌出来的旋律应该是符合佛学精神的。对于创作来说，最重要的不是模仿而是创新。只要是自己真实感情的表达，一定会引起人们的共鸣，这样的艺术才有生命力。"唐建平的话使我对《神州和乐》有了新的认识。

《神州和乐》感动了观众

首演成功后，深交4月20日在广州、4月22日回到深圳，一路巡演，走到哪里，都赢得社会各界的交口称赞。12月26日，新落成不久的国家大剧院音乐厅邀请《神州和乐》进京演出。这是国家大剧院音乐厅开启使用举办国际演出季的第三场演出，这是对深圳交响乐团艺术水平的极大褒奖。

《神州和乐》开始在国际上有了名气。2007年5月，《神州和乐》应邀赴新加坡、马来西亚、印度尼西亚3国和中国香港地区访问演出，均获得圆满成功，受到各方一致好评。6日，《神州和乐》在新加坡首演，被称为亚洲一流的新加坡滨海艺术中心音乐厅座无虚席。所有门票早就售空。离开演还有1个小时，观众已来了一半多。在印尼演出时，据承办方反映，雅加达努莎印达剧院的音乐会从未满座过，可是《神州和乐》做到了。票于开演前一个月就已告罄，由于观众压力太大，他们几度希望将2000人的剧院更换为3000人的剧场。主办方为满足观众需要，特意将彩排对外开放，让未得到正式演出入场券的观众前来观看。印尼海岛林立，不少观众都是花上五六个小时从外岛赶来领略《神州和乐》的风采，也有千里迢迢从泰国坐飞机来看演出的观众。在吉隆坡演出时，乐曲结束后全场响起长达十分钟的掌声和欢呼声。面对如此热情的观众，乐团只好加演第四乐章。当观众再次听到《阿弥陀佛颂》时，现场很多人情不自禁地站立起来，同声和唱，现场气氛热烈。在香港会议中心临时搭建的观众座位达三四千之多，但还是不能满足观众需要，无法入场的人只得在剧场外边聆听。演出团所到之处，都给当地乐迷带来强烈的震撼。音乐会常常是最后一个和弦还未结束，观众便迫不及待地起立，无论外国人还是华人，都大声高呼："great！太棒了！太震撼了！"暴风雨般的掌声经久不息、叫好声不绝于耳。指挥反复谢幕后，还必须加演才能满足观众。承办方说："这次巡演包括在伊斯兰国家都取得巨大成功，出乎我们的想象。要看《神州和乐》的观众太多了，音乐超过了国界，超越了文化。"

2008年10月19日《神州和乐》应邀到韩国演出两场。演出票在首都首尔早早被抢购一空，出现了"一票难求"的局面。演出开始前一个多小时，提前到场的韩国观众将演出大厅挤得水泄不通。看完演出，许多观众用"震撼"一词形容自己心中的感受。韩国高僧常虚说："聆听《神州和乐》，充分感受到的是'庄严和谐'，在恢弘大气的音乐声中，仿佛看到'大放光明'，而在活泼的三弦与小提琴合奏中，又看到了'拈花一笑'。"韩国三星集团公司的设计师朴哲武说："我是音乐爱好者，但从来没有听到过如此奇妙的音乐。闭上眼睛倾听，宛如天籁之音，自己的心灵仿佛进入了开朗愉悦的境界。"

叶小文对深交国外巡演取得的成功评价说：《神州和乐》带着大众超越了宗教的形式，它像一个和平的使者，带着艺术的交响、生命的交响、和谐的交响，建造起一座座友谊之桥。马来西亚国内事务部副部长陈财和说："《神州和乐》确实是呼吁和谐世界的中国献给当今世界的一曲'礼乐'，和谐之美具有普世价值。"

2009年，深交已经接到欧洲几个国家的邀请，将于10月在德国纽伦堡、卢森堡和瑞士日内瓦等几个城市演出《神州和乐》等交响乐。我们期待着深圳交响乐团在交响乐的故乡同样能够受到欢迎，佛乐交响乐《神州和乐》能够在基督教音乐氛围很浓的欧洲找到知音。

音乐无国界，心有灵犀通。愿中华神州和谐礼乐响遍世界。

写作该文采访了陈川松、唐建平同志。表示感谢。

第二十篇
盛世有雅乐
宇内传和音

评语：半部《论语》治天下。儒家学说是中国传统文化的理论支柱，是治理社会的学问，是建设和谐世界的宝典。音乐是国际共同语言。用交响乐形式表现儒家学说，有利于将中国文化传向世界。

继创作出《神州和乐》佛教音乐后，再创作《人文颂》儒家音乐，富有创意的深圳人又开始了新的尝试。这是一次难度更高的征程，如果成功了将是一个更有意义的作品。

创作儒家交响乐创意的产生

黑天鹅绒般的天空，繁星密布似水晶闪烁，喧闹一天的城市安静下来，披上黑纱隐身于夜色中。深圳市民中心礼堂里，交响乐《神州和乐》开演了。佛音飘扬，钟鼓齐响，法号长鸣，庄严之声响彻寰宇。伴随着淙淙泉水似的弦乐声，少年合唱发出天籁般纯净的声音，身穿袈裟的僧人唱响洪钟般的和声，把佛乐演绎的淋漓尽致。

千人座位座无虚席，市领导与群众一起观看。其中有市委常委、宣传部长王京生。他听着佛声仙乐，心中一阵感动。中国的佛教讲大宽容、大慈悲，十分符合建设和谐社会的要求。在国家宗教局的指导下，在市委宣传部的组织下，深圳交响乐团创作排练演出"神州和乐"，也算是为宣扬中国文化做了一件大好事。儒道释是中华文化的三个源头，是中国传统文化的三个重要组成部分。但是，三者对中国社会发展所起的作用是不同的。儒家入世，道家隐世，佛家出世；儒家治世，道家治身，佛家治心。儒家作为治国学说，在中国社会发展历史中起着重要作用。既然可以用音乐表现佛学，那可不可以用音乐表现儒学，创作一台儒家交响乐呢？儒家交响乐的最早创意就这样产生了。

按照创作《神州和乐》的经验，先写出文学本，提供给作曲家，能够起到把握主题、启发思路、丰富内容等作用，是一条成功的经验。因此，这次仍然先从创作文学台本入手。按照京生同志要求，宣传文化战线的几个单位组织了一些学者文人开始起草文学台本。经过几个月的努力，先后完成了好几个文学本。经过专家论证感觉这些本子不是很理想。京生也有同样的感觉，这些本子对儒家的思想进行概括，在理论上进行阐述，各有所长，但是感觉还是没有写出精彩，不能让人产生"会心一笑，动人心弦"的感觉。于是又开始进行新一轮的创作和修改。光阴似箭，转眼间一两年过去了，还没有见到好本子，大家心中暗暗着急。

选择韩望喜博士执笔写作

京生做为总指挥，当然一直考虑如何突破这个局面。一方面，那段时间他认真系统地研究文化主权和权利方面的理论，研究的结果是写出了《文化主权与国家文化软实力》这本书，在理论研究上打下了一些基础；另一方面，他考虑选择了新的执笔创作人韩望喜。韩望喜是市委宣传部文明处的调研员。他是中国人民大学伦理学博士，师从我国著名伦理学学者、中国人民大学教授罗国杰，长期从事人性与人生问题的研究。王京生想到韩望喜是因为有一次他在车上收听广播电台的一个关于孔孟学说的讲述节目，主讲人是韩望喜。他感觉韩博士讲得不错，深入浅出，娓娓道来，研究有心得，挺有说服力。他心中一动，何不让韩博士试着写出一稿呢？

今年4月的一天，他请韩博士来到办公室，开门见山地对他说："有一项重大任务想交给你。我们策划做一个儒家音乐交响乐项目，已组织人写出了几个本子，但不是很理想。请你也创作出一个文学脚本好不好？。"韩博士听完一时有些紧张："我行吗？不知道能不能完成任务……"京生鼓励说："你是学伦理学的，有很好的学养，相信你一定能够很好地完成任务。"韩博士说："您刚才说已经写出几个脚本了，可不可以给我看看参考一下？"京生说："不能看。你不能受别人思路的影响，必须由自己独立完成这个本子。"

事情就这样商定了。京生开始讲述为什么创作儒家交响音乐的一些思考。

中国音乐家协会主席傅庚辰为深圳授勋，表彰深圳开展音乐工程取得突出成绩。
王京生代表深圳接受奖牌。图片由深圳广电集团提供。

首先，儒家文化是古老中国传统文化的主流，我们要很好地继承和发扬中国传统文化，就要研究和传播儒家文化，在对传统文化的继承、扬弃、创新中，建设社会主义新文化。其次，用音乐的形式是因为音乐是国际上的共同语言，音乐流传无国界限制。儒家其实也很重视音乐，礼乐是儒家文化的核心之一，音乐做为六艺之一是古代人成为君子的必修课目。现在音乐更加普及，流传更加广泛，因此，音乐是传播儒家文化的好渠道。再次，从深层次的考虑，文化关系到维护国家主权的大问题。文化是国家的软实力，已成为国家之间竞争的核心竞争力。文化主权是关于国家文化软实力的一种主权学说，真正意义上的文化主权指的是一个国家和民族的文化自觉。中华文化是中华民族认同的精神纽带，也是张扬国家文化主权的重要载体。大国要崛起，必先在文化上崛起；中华民族要复兴，必须张扬我们的文化主权。有精品力作传世，向世界展示自己文化的魅力，这是中国崛起的重要标志。

韩望喜感觉到既兴奋又有些忧虑。兴奋的是要写的这篇文章属于自己的专业，多年的学术研究积累终于可以派上用场了；忧虑的是儒家文化博大精深、浩如瀚海，如果用一个交响乐表现，应该从哪里那里入手呢？

两人开始讨论这个问题。这时京生拿出一张纸，上面写了大半篇的文字。他说："我的想法是抓住仁义礼智信五常来写，五常是儒家学说的重要内容，也是老百姓最认可的思想……"韩望喜回答说："五常的确是儒家学说的核心内容，但是我们以前批判'三纲五常'批了很长时间，认为这些是封建礼教的东西。如果以'五常'做为主要论点来写，行吗？"京生说："当然行。"他继续说："在以前创作的本子中，有的写的是奉元敬天、乾元大同等，感觉像庙堂音乐。儒家的礼乐可能产生于庙堂，但是我们今天不能再突出庙堂，而是要突出人文精神。孔子的思想中有许多人文性的东西。几千年中，这方面被忽视了。我们今天要重新深入发掘儒家文化中最闪光的东西，就是对人的重视，对人的尊严、人的智慧、人格的尊重。党的科学发展观理论提出以人为本，那么人又以什么为本呢？我认为应该以仁义礼智信五常为本。五常说的是立德、立人、塑造人，五常的思想中充满了人文主义的理性光芒。五个字合起来，才是一个完整的大写的人，才是理想的健全的人格。"

经过讨论两人慢慢达成共识。最后，王京生强调说，脚本要写得有形象，有情感，有文采，有色彩……一句话，要打动人，感动人，吸引人。

韩望喜在激情中创作

晚上韩望喜把自己关在小书房里，开始进行构思创作。他反复琢磨如何从"五常"入手去写。他反复地问自己：以"五常"为内容，是不是太超前了？他翻开自己的学习笔记，想从中找一些理论根据。他找到了陈寅恪、张岱年、季羡林等几个大学问家在这个问题上的论述，他们都认为"五常"是中国传统文化的核心。

陈寅恪先生说过，《白虎通论》提出的三纲六纪，是中国文化和中国道德的中心问题、核心问题。"三纲"有封建糟粕，"六纪"规定了当时社会所有的人际关系。"三纲六纪"最后化成"三纲五常"。

张岱年先生认为，儒学的特点是以"人"为中心。儒家思想是人本主义，是古代的人道主义。儒家讲的仁义礼智信在当时有一定的阶级性，但还有更根本的

韩望喜承担了《人文颂》文学脚本创作任务。图片由本人提供。

普遍意义。

季羡林先生指出，中国传统文化最核心的便是传统道德，三纲五常则是传统道德文化的中心线。"三纲"应该摈弃，而"五常"应该发扬。

经过反复思考，韩望喜感觉到，从"五常"入手写文学本，确实是新的思考角度，突出人文精神，站在与世界文化接轨的高度，可以让传统文化资源为祖国的现代建设服务。韩望喜认识到："仁义礼智信五德，作为中华传统文化的精髓，包含着人生与社会的常道。他们结合在一起，就是大写的"人"字；凝聚在一起，就是大写的"和"字。京生同志能提出这样的论点，是长时间独立思考得出来的结论，表现出了传统文化的大学养、大胆识，有很强的担当精神。

立论立住了，下面就是文字的调遣组织了。韩博士拿出京生的半篇纸琢磨，发现上面写的许多话很精辟，很有想象力，可以拿来就用。

生命生生不息！大地无限生机！

仁，让我们想起温翠、厚重、柔和。

无边的大地上，万物生发，无偏无私。

仁，天地间人类的尊严，万物的生机！

我们在母亲慈祥的眼神中看到了它

那种慈悲，那种宽容，那种怜悯。

义忠诚地看守着良心和灵魂。

义者养气。直上云霄。

它是义在内心积累起来所产生的，

义在平凡中沉默，在关键时爆发。

……

韩博士感觉这些文字很美，很有张力。这样文学性很强的文字与自己心中的话语产生了共鸣。他感到文思喷涌，停不下来，活泼的语句争先恐后地从脑海中涌现出了。他不停地在电脑键盘上敲击下去，经过若干个不眠之夜，大的文字稿框架形成了。电脑屏幕上出现了这样整齐的语句：

序曲　天地　生命的化育；

仁：　爱人　生命的关怀；

义：　尚志　生命的力量；

礼：　和美　生命的尊严；

智：　求道　生命的境界；

信：　思诚　生命的承诺；

声　人文　生命的歌唱。

韩博士看着自己饱含感情写下的文字，不知不觉中念出声来。

序曲中唱到：

"听，大地在歌唱，以你喜悦的心倾听！

天地之大德曰生。

鸢飞鱼跃，万物并育。

生命生生不息！大地无限生机！

呼吸天地的灵气，领悟生生之谓易。

……"

尾声中唱到：

"听，人类在歌唱，以你欢腾的心倾听！

万川归海，万邦归心，仁者无敌！

礼赞生命，礼赞和谐，礼赞人文！

……"

韩博士感觉到，并不需要过分地绞尽脑汁，也不需要一个字一句话地寻找，优美的文字和流畅的语言不断从自己的心田中流出来。他从来没有感觉到笔头子是如从地顺畅，下笔如有神；思绪是如此地汹涌澎湃，思接千古，视通万里；感情是如此酣畅淋漓，有一泻千里的感觉。白天还要开会和工作，只有晚上加班写作。经常不知不觉中写到后半夜，有时东方泛出鱼肚白。

孔子像。

写作中，他时时想起京生关于文字要有色彩的要求。他仔细地揣摩体会，仁义礼智信应该是什么样的色彩呢？他想象眼前的五个字是植物，应该有颜色。慢慢地五个字自身泛出了颜色：

仁，仁者爱人，化育生命，满目青绿一片；

义，壮士长啸，刚烈不屈，恰如赤红的火；

礼，温良恭敬，和美温暖，好像澄黄明亮；

智，智慧聪明，求学问道，素朴如同墨黑；

信，一诺千金，思诚无欺，仿佛丝素纯白。

翻遍儒家典籍，尚没有见过用色彩表现"五常"的。虽然不知专家是否认可，但是韩望喜为此高兴，因为这是他心里的眼睛看到的颜色。

举一反三。韩望喜又想：除了色彩，还能不能找出些代表"五常"的象征物呢？这方面历史上倒是有人做过一些类比可以参考。他反复地默读着仁义礼智信五个字，眼前慢慢出现了一些在空中飞舞的象征物：

仁，山与水；

义，琴与剑；

礼，玉与帛；

智，书与简；

信，言与诺。

韩望喜思绪飞扬，停不下来。除了"五常"，他又想到：

序曲的形象，天与地；

尾声的形象，天与人。

哈哈，所有的象征物都找出来了。

专家学者给予肯定

2009年8月13日，在五洲宾馆里召开了《人文颂》文学脚本研讨会。来自全国各地的学者、专家、音乐家们，对脚本展开了热烈的讨论，大家给予作品很高的评价。

首先，创作《人文颂》反映了深圳人的"文化自觉"。著名作曲家徐沛东说："深圳总是带给我欣喜。30年前，深圳人在思想方面做了次先锋，今天深圳人又在文化方面体现出文化自觉。这是一种文化担当精神，是贯彻科学发展观的体现。"中国音乐学院博士生导师修海林说："《人文颂》可以说是一个'人文宣言'。这个作品对外可加强中国的文化话语权，对内可让国民增加对文化的认同感。从文化重塑的角度来看，《人文颂》的创意令人赞叹。"

其次，"五常"体现儒家核心思想。大家一致认为，儒家文化的精髓用"仁义礼智信"五字来概括是准确的，有新意。中山大学哲学系教授李宗桂说："深圳人为'五常'赋予了时代特点，增加了新的进步元素。创作《人文颂》说明深圳人的眼光不局限于歌颂儒家，而是站在一个高度关照整个中华文化，歌颂历史长河中贯穿的人文精神，值得肯定。"

再次，语言形象优美动人。黑龙江大学哲学学院教授关键英说："翻开《人文颂》的文学台本，浓郁的人文气息扑面而来。其内容上对传统文化的特质把握非常准确，诗一般的语言十分唯美，令人折服。"他对脚本中用色彩和象征物比喻"五常"，觉得特别有创意。有人评价说："文字变成了形象，文字泛出了颜色。顿时感觉到五光十色，气韵生动，神采飞扬。整个形象活了。"

最后，通过音乐将中国文化传播到世界。夏伟东说："几年前的《神州和乐》用交响乐表现佛教文化，现在《人文颂》尝试用交响乐体现儒教文化，这在中国音乐史上是一件划时代的举措。用音乐向世界传播中国文化，好比找到了一门世界语。"

随着中国经济巨人的脚步已经走遍全球，中国文化走出去的时机已经成熟了。

大国崛起需要相应的文化战略，要让世界人民了解中国文化的核心价值观。

向世界传播中国文化，是每一个中国文化人的责任。

《人文颂》文学脚本得到专家学者的充分肯定。音乐创作完成后，专家们希望该作品能够成为"可传世的精品"。这是良好的祝愿，也是异常艰巨的任务。

新的攻坚战开始了。

写作该文采访了王京生、韩望喜同志。参考了韩望喜《人文颂》文学本。表示感谢。

第二十一篇
世界最牛的
青瓷博物馆

评语：有人说，青瓷是中国继指南针、造纸术、火药和印刷术后对人类文明的第五大贡献。瓷器是如此地重要，外国人干脆用瓷器(china)来称呼中国(China)。深圳民营企业家用20多年的时间，创办了世界最大的青瓷专业博物馆，让骄傲的英国人承认瓷器是中国人的发明。私人财产变成了社会财富，个人的爱好变成了促进中华民族文化发展的动力。

　　深圳有一家名叫玺宝楼青瓷博物馆的专业博物馆，虽然是家民营博物馆，但是收集的青瓷数量多，成系统，不断代，比古代青瓷最大产地的浙江的博物馆数量还要多，比国家故宫博物院的藏品也多，因此称得上中国第一，而这方面的中国第一就是世界第一，因此有人说它是"世界最牛的博物馆"。

路甬祥参观博物馆大感惊奇

　　2007年9月，全国人大副委员长、中国科学院院长路甬祥到深圳出差。他听说深圳有这样一家博物馆，就要求安排参观。来到罗湖区宝安南路上，距离全市第一高楼地王大厦北面200米的地方，有一个小楼，很普通，也不起眼。进楼上到二楼，才看到博物馆的大门，两开的红色门扇，金色的狮头门环，飞檐雕饰，古香古色。进入馆内，展现在面前的是一个宽敞的展览大厅，明净的橱窗内，柔和的灯光下，摆满了一件件稀世展品。商朝以前中国与其它文明古国一样，只有陶器而没有瓷器。商代时不知哪个能工巧匠突发奇想在陶罐上涂了一层釉，高温烧制，中国就有了最原始的瓷器。概括起来说，青瓷初创于商周，发展于两晋南北朝，鼎盛于唐宋，衰落于元明。青瓷博物馆收藏了商周、春秋、战国、秦、两汉、三国、两晋、南北朝、隋、唐、宋、元、明、清各代的青瓷珍品。不断代，成系列，按年代排列，历史脉络清晰。清朝以后，青瓷式微。青瓷好比是中国历史上一朵花期最长、花朵娇艳的鲜花，凋零后繁复的花瓣枝叶落地化作肥沃的土壤，里面长出了青花、釉里红、素彩、三彩、五彩、粉彩、珐琅彩等千姿百态的彩色瓷器。默默无声的青瓷用自己的身体告诉人们：她是瓷之根、瓷之母，是中华民族灿烂文化的最杰出代表；不会说话的青瓷，用一个个实物展品向世界宣告，瓷器是中国发明创造的。中华民族是人类文明史上文化没有中断的唯一文明古国，这一优秀的民族为人类文明宝库创造了灿烂辉煌的古代文化。

参观后，路甬祥大为惊奇。他没有想到在深圳，这个历史上并没有青瓷著名窑口的地方，竟然创办了一个青瓷藏品数量世界第一的博物馆；更没想到创办博物馆的是一位民营企业家，馆长吴克顺尽一生精力，用全部财产，创办起这个令人震撼的青瓷博物馆。他拿起博物馆的简介，看到上面写着这样一句话："带您走进古老艺术殿堂，共同追忆华夏文明历史。小学生的心灵从这里启迪，中学生的眼界从这里打开，大学生的奋发从这里开始。"他微笑着点头称是。路甬祥回

2007年9月22日，全国人大副委员长、中国科学院院长路甬祥（左一），到青瓷博物馆参观，吴克顺馆长（右一）汇报工作。图片由青瓷博物馆提供。

到北京后，激动的心情难以平复，提笔给深圳市领导写了一封信，信中写到：参观青瓷博物馆，"感到十分震惊。此民间博物馆实为国内和国际青瓷收集之最，收存十分系统，而且包含大量国宝级精品，文化价值无限。建议深圳市给予进一步重视，保护和展出，也是深圳一大文化亮点……"

收藏爱好变成了事业追求

吴克顺是怎样想起办青瓷博物馆的呢？

他是甘肃景泰人。1971年入伍到基建工程兵一支队，1981年随部队调入深圳参加特区建设。1983年集体转业成为深圳人。最初他在国企工作。1986年，任职华侨城锦绣中华微缩景区的工程技术部经理。为建设游览景区和微缩景区里的"小人国"，3年间他跑了国内外100多个风景名胜区考察；也参观了全国的陶瓷厂，深入了解陶瓷的烧制过程，接触全国最著名的陶瓷专家和文化名人。随着对青瓷的了解，他开始对青瓷收藏有了兴趣。

吴克顺真正下决心开始收藏古瓷器是在1987年。是年9月，由冯先铭、朱伯谦、汪庆正等中国最著名的瓷器专家编写、由文物出版社出版了一本《中国陶瓷史》。该书内容丰富，资料翔实。书中对中国历史上曾经出现过的100多个窑址情况写得非常详细；对每个窑口的形状、各种瓷器的形体、烧制温度、化学成分等，交代得清清楚楚。这本书一出版就在全球陶瓷界引起了轰动。有专家评论说，除了中国，恐怕世界上任何国家都不可能编出这样的书。

在这本书出版前，英国、日本等许多国家都有人说瓷器最早是由他们国家发明的。最可笑的是美国，虽然建国只有两百多年，竟然也有人论证瓷器是美国人发明的。《中国陶瓷史》出版后，许多外国的"瓷器专家"不敢轻易发表文章了。但是又出现了另一种论调："只有书没有实物，说明不了谁是瓷器大国。"有一次，吴克顺参加了一个学术会议。会上，有个英国古瓷专家对"瓷器是中国人发明的"的说法不以为然。他认为，虽然中国的历史文献上有这样的记载，但是并没有见到多少实物，不足信，而别的国家也有类似的记载。"实际上你们中国的瓷器要到我们大英博物馆来鉴定。"英国人的话刺痛了吴克顺，他要与英国专家较劲。他下决心从此以后将自己的收藏方向定为青瓷。他说："这几年的经历使我认识了中华民族的文化瑰宝青瓷。青瓷源于中华，始于商代，是世界上最早出现的瓷器，是瓷器之根，是瓷器之母。把青瓷说成是与中国四大发明并列的

原全国人大副委员长李铁映（中）参观青瓷博物馆。图片由青瓷博物馆提供。

第五大发明，一点都不夸张。从那时我开始收藏青瓷。"他还对自己说："等自己有钱了，要大量收藏古青瓷，要办青瓷博物馆给外国人看看咱家的宝贝，让事实来说话。一定要圆这个梦，这个梦是民族的梦。"

1996年，经过十几年的努力，吴克顺感觉自己从经济实力和古瓷收藏两方面已具备了一定的条件，决定开始筹办青瓷博物馆。经济方面，他抓住了深圳开办证券市场的机会，投资股票赚到了第一桶金。1991年下海，开始自己创业。创办玺宝工艺品公司，投资房地产，经过努力，有了一定的实力。古瓷收藏方面，他手中已经有了500多件青瓷，其中不乏一些精品；经过几年的积累和磨练，他在青瓷收藏和保管方面有了相当的专业知识和经验；更重要的是他与中国陶瓷界许多一流的专家建立了良好的关系，有了做好这一行的人脉关系。

但是，家人和一些朋友劝他慎重。家人说："公司自有的房产地处闹市，可以开餐厅、办商场，多好赚钱？如果图省事，干脆出租物业稳收房租也很好。"一位文化界的朋友说："办博物馆是文化福利事业，对社会是一种奉献，但赚不到钱。作为公司，可以买卖古玩和一般的文物；但是办成博物馆，收藏全部在国家文物管理部门登记造册，重要的文物不能随便出售了。而且你当上馆长，就对藏品有了责任，如果保管不当藏品丢失或损坏，要负法律责任。这是何苦来哉？"对这些劝说，吴克顺不为所动，一心想办博物馆，圆自己的梦，实现民族的梦想。

吴克顺把自己的打算告诉了陶瓷界的一些专家朋友，希望能够得到他们的支持。专家们听说后感到十分兴奋，答应全力给予支持。吴克顺向几位专家发出邀请，请他们来深圳帮助整理藏品，专家们爽快地答应了，很快来到深圳。其中有朱伯谦(中国古陶瓷研究会副会长、浙江考古研究所研究员)、陈丽琼(号称中国文博考古四大女强之一、重庆博物馆研究员)、赵青云(河南省考古研究所研究员)等。正在创业的吴克顺没有能力高标准接待，只好把专家们安排在博物馆上面的职工宿舍里。没有一个人提出报酬问题，心存感激的吴克顺只是每人每月给点生活补贴费。但是专家们毫无怨言，兴致勃勃地投入工作，为藏品作鉴定，写说明，建立档案，在深圳足足工作了一年多。整个工作完成后，吴克顺又请汪庆正(中国古陶瓷研究会会长、国家古陶瓷鉴定委员会委员、上海博物馆副馆长)来到深圳，花了3天时间，将展品、资料全部审核一遍，在所有的鉴定文书上签字负责。吴克顺谈到这些往事十分感动："中国的学者太可爱了。他们是这个行业里的顶级专家，外国人花大价钱都请不动他们……他们之所以愿意来深圳帮忙，是为了实现一代人的追求，完成一个民族的心愿。"

收集古瓷的酸甜苦辣

深圳很多人玩收藏，享受其中的乐趣。如果是小玩一把，可能很好玩；但是如果将收藏作为一种职业，当成一份事业，那就是另外一回事。从中得到快乐的同时，不知要吃多少苦头，忍受何等寂寞，承担多大的风险。吴克顺讲了很多这方面的故事，让我了解到了其中的许多酸甜苦辣。

第一次收藏

吴克顺清楚地记得他收藏第一件瓷器的经过。1985年为筹建锦绣中华小人国的事，他出差到山东淄博市。中午休息时，两个一同出差的同事约伴出门到农民集市上逛逛。在农民摆的地摊上，眼尖的吴克顺看到了一个汉代越窑的瓷器，他出价300元买了下来。当时的300元不算是一个很小的数目，吴克顺不知道这件瓷器是否能值这么多钱。他犹豫再三，最后还是买下了。"凡事总要有一个开头

全国政协副主席、中国文联主席孙家正参观青瓷博物馆。
图片由青瓷博物馆提供。

吧。"他这样解释自己的决定。还好这件货不是假货，后来的价值就远远超过了购买的价格了。第一笔生意没有砸锅。他的青瓷收藏生涯就这样开始了。

失手多次付学费

但是，吴克顺不总是这样好运。由于知识不够，眼光不精，开始一段时间里他收到了一些假货、赝品，价格高达300万元。"这件事对我打击很大，使我真正认识到了这一行业的巨大风险。这是我创业以来最艰难的时候。当时，我几乎绝望，一段时间一直考虑一个问题：是干下去，还是就此打住，洗手不干?最后还是决定咬牙坚持下去。"花钱买教训，实践出真知。经过虚心学习，潜心研究，慢慢地吴克顺成了青瓷鉴定专家。后来，价值连城的藏品不断出现在他手上，几乎没有再出差错。

最成功的一次收购

"青瓷鼎盛于唐宋。"青瓷以宋朝官窑的瓷器最为名贵。在青瓷博物馆里，有9件宋瓷摆在最突出的位置，安排的空间也最大。汪庆正在评价青瓷博物馆时说过这样一句话："宋代修内司官窑的瓷器是珍稀瑰宝，有一件就了不起，玺宝楼竟然有9件。"其中有一件南宋官窑的六棱形投箭瓶，釉色佳美不可思议，色润如碧玉，光冷像冰棱。几乎每次去博物馆参观，吴馆长都会介绍这件瓷器。这个绝品是1999年收来的。当时吴克顺听说，杭州一个藏家手中有一个南宋官窑的瓷瓶想出手，已有日本人、台湾人和内地的客人参加竞购。吴克顺闻风第一时间赶到了杭州，看到了这个投箭瓶。吴克顺以前没见过这样的货，一时不能判断其价值。凭着自己良好的信誉，留下几万元定金，吴克顺将古瓷带到宾馆，请来汪庆正、朱伯谦、张浦生等几位专家帮助鉴定。专家们发表了自己的看法。首先，这个瓷瓶是干什么用的呢？宋朝的帝王将相喜欢玩乐享受。饮酒时，将此瓶置于恰当位置上，人在一定距离外，手持箭杆投掷，以投中多寡为赢，或吟诗作对，或饮酒取乐，极为风流潇洒。其次，瓷瓶质量怎么样呢？几位专家意见一致："极为完整，毫无损伤，造型优美。最可贵的是釉色玉洁冰清，为稀世珍宝！"(后来这件古瓷又请北京故宫博物园的研究员耿宝昌鉴定，他的评语是："世界罕见之珍品。")

该瓶是官窑之瓷，实属罕见宝物，藏家开价高达160万元。而且糟糕的是，日本人和台湾人已经接受了这个报价。吴克顺出不起这个价格，但是他决心将这件宝贝买下来。艰苦的讨价还价的过程开始了。吴克顺还了一个比较低的价，脾气不好藏家的暴跳如雷。吴克顺一看情况不对陪着笑脸说："好了好了，不谈生意了。走，我请你们全家到楼外楼吃饭喝陈年花雕。"几杯老酒下肚，藏家的脸色变得如同红霞，高兴得好像小孩，滔滔不绝地说起了他祖先如何传下这件珍贵的宝物的故事，一直说到半夜，动情处老者嚎啕大哭，吴克顺当忠实的听众，耐心地陪着。就这样不断地磨来磨去，藏家的态度开始松动。在这个关键时刻，杭州的一些专家助了吴克顺一臂之力。他们带话给藏家："这件藏品属于国家限制出口文物，作为有良心的中国人，应该将其留在国内，不要卖到国外……"吴克顺也动之以情："我是一家民营博物馆馆长，虽然没有力量出最高的价格收购。但是，这件藏品放在我的博物馆，可以让更多的国人参观这件宝物，而且你的子孙也可以随时看到这件传家之宝。"吴克顺的真情终于打动了藏家，最后同意以80万元的价格卖给青瓷博物馆。这件珍品现在是青瓷博物馆的镇馆之宝。

最心痛的收购

2001年在河南一个地方修高速公路时，露出了一个瓷腰鼓。最先看到的是几个农民，他们私藏起来。当有人把这个消息告诉吴克顺后，他火速赶到了当地。通过当地朋友介绍他找到当事的农民，说干唾沫做通工作让农民拿出东西看时，吴克顺傻眼了。他看到的是两个碎片，茬口很新，像是刚打碎的。他忙问怎么回事？农民的一席话让他一口气差点没上来。原来，发现这个花鼓时在场有13个农民。谁也没有想到要把这件文物交给国家文物管理部门，而是决定藏起找机会卖

掉分钱。但是在"由谁保管"的问题上相持不下，大家谁也不信谁，怕有人私吞。最后一个最精明的人提出了一个大家都接受的"高招"：砸碎花鼓，分瓷片！一个58.5厘米长、小盆口般粗的古瓷花鼓被砸成了40多块磁片，13个农民有的分了一大片，有的分了几小片。后来吴克顺搞清楚，这是一件唐代的花瓣釉青瓷腰鼓，鼓身上有漂亮的花瓣，两头粗中间细，两头蒙上羊皮，可以敲响，用来伴舞。这样稀罕的瓷鼓只能是皇宫的用品。这样一个稀世罕见的珍品，就被这帮贪婪愚昧的农民打碎了。吴克顺欲哭无泪，赶紧开始抢救性收购。这个农民手里有两片较小的碎片，讨价还价后八千元成交。然后在这位老兄的带领下一个一个找到其他人，将他们的瓷片全部买下，共花去11万元。可惜的是最后一位农民外出打工不知去向，他手里的碎片没能收到。吴克顺回来后，将碎片对好、粘合，恢复了腰鼓的原貌，不足部分用石灰灰浆补齐。现在我们在博物馆里能够看到这件腰鼓，可惜不是原来的优美形状，有几块地方是白色的石膏，看着令人心酸。

　　时间最长的收购

青瓷博物馆展厅全景图。图片由青瓷博物馆提供。

　　展馆中还有一套9件的金属餐具，吴克顺整整用了4年时间才将其全部收购。1993年，吴克顺听说自己的家乡景泰有一位清朝时名叫岳登龙的将军，据说是岳飞27代后裔。而今，这位岳将军的孙子已80多岁，要将家传的一套金属餐具卖掉。说起这套餐具它的来历还真不简单。岳登龙将军小时候调皮，到少林寺学武后投军，当年是镇守凉州(今武威)的一名将军，武艺高强，打仗勇敢。有一次他带伤上阵，立下大功。战功报到北京皇宫，慈禧太后大悦，在大红锦缎上写下一个大大的"福"字，连同自己使用的一套餐具作为赐品，派快马送到凉州，赐给了岳登龙。本来还打算要重用岳将军，没想到有小人奏章说从岳登龙的名字看，他是想爬到皇帝头上，有极大的野心，不可提拔。慈禧太后听了这番话，虽不完全相信，但是打消了重用的念头。岳登龙听说后一怒之下，告老还乡。

　　吴克顺听到这件事，马上回家乡找到了这位老乡，请他拿出餐具看看。这是一套合金餐具，说是9件。但是让人失望的是，主人手里只有少数一半，多数被几个声称要买的人拿去看货，结果都一去无还，好多年了。吴克顺让他讨要回来再谈买卖，老人家可怜巴巴地说，这几个人分在几个省里，他没有路费去讨货，估计也要不回来，还是请吴克顺想想办法。碰到这种事，吴克顺哭笑不得，但是他觉着这是很珍贵的文物，放手又心不甘，只好亲自出马帮助主人去讨货。此后，吴克顺花了4年时间，跑了新疆、青海、陕西和甘肃的一些地方，找到了拿走这些餐具的人。讨要餐具时不可能白要回来，这些人是不会给的。吴克顺只好说代表岳家感谢他们保管了这些年，付给他们一笔"管理费"后才把餐具一个个收回来。当9件餐具收全后，吴克顺才感觉自己4年的努力和辛苦是多么值得！眼前的这一套9件餐具，有1个大鼎、4个中鼎、4个小鼎。每件造型、鼎的耳朵、盖上的钮各不相同，鼎身上刻有不同的花纹、小篆文字等，十分精美。9件收齐，文物价值难以估量。吴克顺将这套餐具整齐地摆放在展厅突出的位置，独特的餐具和餐具背后的故事吸引了很多参观者。

将流失的文物购回来

随着吴克顺在文物古玩界的名声越来越响，他这一方面的消息也越来越灵通。大陆的很多文物是通过深圳口岸走私到香港去的。有时候有一些文物到了深圳后一时出不去，就会有人将消息告诉吴克顺。自觉对保护祖国文物肩负责任的他，就会找当事人做工作将文物留在国内，或者干脆自己收购。这方面的故事很多。而且后来他还经常去香港岛上环的摩洛街等文物古玩街转转，发现有比较好的文物便收购回来。在这方面也有很多故事。

2003年的一天，有一个朋友告诉他摩洛街有一个商店里摆出两件青瓷古玩，问他有没有兴趣看看。吴克顺来到商店一看，一件是春秋时期的青瓷大缸，2.2米腰围，算巨型青瓷；另一件是战国时期的青瓷鼓座，都是很少见的文物。他一眼就看中了这两件东西。据他所知，这样的巨型大缸在春秋时期很罕见，再加上缸体上有龙柄、有回纹，说明这是一件皇室的用品；鼓座的用途是插旗的，造型别致，也称得上精品。看中了物品，开始谈价。对方开价港币16万元。吴克顺想压价又怕古玩被别人买走，就先交了1万元订金，当天不再谈价。为这两件货，那段时间他去摩洛街十多次，非常有耐性地与店家砍价，最后店家受不了了，降价到8万元成交。吴克顺说："大陆的古青瓷大量流失到海外，令人心痛。我只能尽我最大的努力买回来一些，算是为国家的文物保护做一些贡献……"

危险的收购

浙江历史上是青瓷主要官窑的聚集地，散落在民间的青瓷比较多。浙江多山，收古瓷器必须深入到山区农村。吴克顺来到山区农村收到货后，找不到合适的交通工具，经常乘坐农民开的拖拉机、摩托车回去。拖拉机在农村的土路上颠

青瓷博物馆镇馆之宝南宋官窑六棱投箭瓶。
图片由青瓷博物馆提供。

唐代青瓷精品《彩绘哺乳情》。图片由青瓷博物馆提供。

簸半天，下车时吴克顺变成了一个泥胎佛像，浑身厚厚的尘土，只有两个眼睛珠子在轱辘轱辘转动。摩托车行走在崎岖的山路上，一边是峭壁，一边是深渊。吴克顺坐在摩托车后座上，双手抱着珍贵的瓷器，只能用腿紧紧夹住后座。摩托车摇摇晃晃地奔跑在路上，如果出点意外掉下山沟深渊可能就没命了。像这样艰苦危险的行程是很多的，还好没出什么事，也算是吴克顺常做好事，积了阴德，逢凶化吉，遇难呈祥……

有了青瓷博物馆外国人就牛不起来了

1998年11月14日，文博界发生了一件大事：深圳第一个私营博物馆、全国最大的青瓷专项博物馆玺宝楼青瓷博物馆正式开馆了。国家文物局博物馆司、北京故宫博物院、上海博物馆、台湾故宫博物院、新加坡国际博物馆等30多家单位先后致电祝贺。国内外的专家一致认为，玺宝楼的规模、质量、观赏价值、历史价值、艺术价值都是一流的。朱伯谦欣然同意兼任玺宝楼青瓷博物馆名誉馆长。

以前，自负的英国人说，他们是陶瓷方面的权威，就是中国的陶瓷也要送到英国去鉴定。局面在1998年发生了变化。听说中国深圳开办了青瓷博物馆，大英博物馆有些不相信，特地派来两个人探虚实。后来，深圳电视台的编导申晓力等人拍摄了一部名叫《把历史请到深圳来》的关于青瓷博物馆的电视专题片。信息灵通的英国人看到了这部片子，开始真正重视起来。不久，正式派来5个人(4名洋人专家和1位华人翻译)来青瓷博物馆参观考察。他们这次看得很仔细，问得很详细。看过以后感觉不简单，认为："只有中国才能办起来这样专业的博物馆。"最后评价说："看了这样规模巨大、展品全面、形成系统的专业博物馆后，觉得陶瓷确实是中国发明的。"为青瓷博物馆建馆时作出过很大贡献的陈丽琼女士说："从今以后瓷器要拿到中国来鉴定了，青瓷博物馆的建立为此打下了基础。"中国青花瓷大王戈世科评价说："青瓷博物馆规模很大，展品精美，是中国人的骄傲。吴先生非常了不起。"

现在，青瓷博物馆已经开馆10年了。10年间，参观人数达到近10万人。市委市政府给青瓷博物馆挂牌为爱国主义教育基地和青少年德育基地。许多领导、名人和国外的朋友都来博物馆参观过。北京国家歌剧院的法国设计师保罗·安德鲁来深圳时特意到博物馆参观，对博物馆里的藏品喜欢得不得了，连声赞叹这个民族真伟大。文化名人余秋雨参观后说："几千年的中国文明凝聚在博物馆里，从这里可以走上文化之旅。"有一个学生在参观以后发表感想说:"慢慢倘徉在展馆内,仿佛跨入了时光的隧道,悠悠历史,不知今夕何夕;仔细地观赏着文物珍品,好像与祖宗先辈们谈心聊天。"今年3月李铁映来到青瓷博物馆参观。看完展品后说"感到非常震撼",欣然提笔写下了"精美绝伦"的题词。他评价说:"到全国许多地方看过博物馆,没有看到过收集了这么全青瓷的博物馆,深受感动。吴先生把收藏当成了事业,是一位思想品德高尚的企业家。"

吴克顺办青瓷博物馆,实际上把个人的收藏变成了国家文物部门管理下的文物管理单位,把私有的财产变成了社会的财富。有人问他为什么这样做?他说了下面一段话:"钱这东西生带不来死带不去。我是西北黄土地上农民的儿子,能在深圳这块热土上发达,不是我个人有多大的本事,实在是因为遇到了改革开放的好时机。人不能忘本。饮水思源,我应该回报社会。我个人的藏品,说到底属于国家和人民。我办私人博物馆,就是要回报社会,报效祖国,尽炎黄子孙的一点责任。"从吴克顺成功创办青瓷博物馆的过程中,我们也可以领悟到,人的私人爱好可以变成创意的来源,只要这个爱好是真正从心底里产生的,没有太多的功利性;而社会责任也可以成为激发创意的一种动力,一个富有民族文化责任感的人总会能想得到如何为弘扬民族文化做点事情。

写作该文数次采访了吴克顺先生。表示感谢。

第二十二篇
华强北
电子一条街传奇

评语：华强北街是深圳高新技术发育的苗圃，是中国高新技术产业发展的缩影。华强北街的营业额为什么能够在中国几大著名商业街中排名第一？为什么深圳能够在2020平方公里狭小的土地上产生出的GDP能够在全国城市中排名第四？其中的奥妙就是发展来自于创新，财富来自于科技。华强北是一条街，更是一个商业传奇。

深圳福田区有一个名叫华强北的地方，原来是一条街，后来成为一个街区。这个街区东起燕南路，西至华富路，北接红荔路，南临深南路，东西长1560米，南北宽930米，总面积1.45平方公里。商业区内有18,000多家企业，20,000多家商户，1,143个商场，商业经营总面积近100万平方米。其中，电子通信市场27个，2007年，赛格电子市场一楼正对大门的铺位，卖价30万元／平米，已接近纽约商业黄金街价码。1万平方米以上的大型商场25家，从业人员 13 万。日均客流量60多万人次，相当于一座中等城市的城区人口。年销售额370多亿元，超过北京的王府井、上海的南京路。这是一个以电子通信交易市场为主导、多业态共生共荣的综合性商业中心。

赛格电子配套市场是一个创意的火花

1980年深圳经济特区成立时，华强北街所在的地方还是一大片高低不平的池塘、田地和山丘，池塘里长满了芦苇，山丘上有一些坟墓，没人耕种的土地荒草疯长，没有马路，只有一些乡间小道。

深圳重视发展工业，引资招商，欢迎国内外厂家到深圳开工厂办实业。深圳市的热情态度和经济特区实行的优惠政策，吸引了国内外的公司和商家。中央企业态度积

华强北街已经成为全国电子第一街。图片由深圳报业集团提供。

极，首先来到深圳。市政府确定开发上步工业区，华强北街是工业区中的一条主要马路。到1985年，工业区中先后成立和落户了中电、赛格、华强、爱华、达声、京华等以生产电子、通信、电器产品为主的企业。鼎盛时期，上步工业区里聚集了上万家电子、电器工厂。工厂之间形成了完整的产业链，对电子元器件的需求十分旺盛。

就是在这种情况下，赛格集团的领导头脑中产生了最早的创意，赛格电子配套市场应运而生。在深南中路与华强北路交叉路口的东北角，有一栋八层高的赛格工业厂房。1988年3月28日，在这座大厦的一楼，创办了占地面积1,400平方米的赛格电子配套市场，为工业区内的电子制造企业提供电子元器件的购销服务和产品配套供应。市场经营面积900平米，经营单位43家。电子配套市场设元器件交易市场和配套市场两个部分，内有保税仓、普通仓、洽谈室、会议室和由170个铝合金玻璃条柜组成的展厅。来自深圳本地、内地和港商共170多家厂商进驻卖场，以自营自销、联营代销方式经营。开业初期的年营业额只有400万元。1995年，赛格电子配套市场营业面积增加到工2,000平方米，展柜(铺位)增加到1,200个。市场对全国产生重要的辐射作用，赛格市场电子元器件的价格直接影响到北京中关村，影响到上海、广州电子市场的价格。这是华强北的第一个专业电子市场，拉开了华强北从工业区向商业街转型的序幕。

赛格电子配套市场经营成功后，许多厂家开始复制这种经营模式，随后出现了深圳通信市场、爱华电脑城、国际电子城、万商电脑城、中电信息时代广场等。但是，在将近10年时间里，赛格市场始终维持了一家独大的局面。

万家百货使华强北转变成为商业街

1992年小平南巡之后，深圳迎来了又一波新的建设热潮。深圳城市中心区开始从罗湖区向福田区西移。华强北一带的土地成本持续走高，上步工业区里的工厂不断外迁。1994年，万佳百货正式进驻华强北街。

万佳百货当时是万科集团下属的专业商业公司。万佳向世界商业巨头、美国沃尔玛虚心学习，引进了世界流行的仓储式超市经营新理念，在华强北创造了一种"平价、质优"的仓储式大型百货超市经营模式。万佳百货进入华强北有两种意义：一是带来了极旺的人气，使华强北开始热闹起来；二是带动了百货、家电、服装、珠宝等一大批商业企业进入华强北，为华强北街从工业区转变成为商业区创造了条件。当时《深圳特区报》的一篇报道这样写道："万佳入驻华强北带动地产升值。货柜车的停车场变成了人行道和广场，员工宿舍变成了曼哈商业城，许多工厂已经、或正在消失……万商电器城、女人世界、创景名店坊、新人好时装城，或土或洋的商场名称拉开了华强北演绎商业奇迹的序幕。"

步万佳的后尘，以2005年顺电的开业、2006年女人世界的开业为标志，伴随着大批工厂的外迁和厂房功能的改造，华强北逐步完成了由工业区向商业区的转变。2002年底，家电连锁巨头国美电器进驻华强北，与此前开业的家电市场顺电一起，与电子专业市场互相呼应。铜锣湾百货、茂业百货的开业，进一步完善了华强北的业态。至此，上步工业区作为工业区的功能已经发生了根本的转变，一个以电子信息产品交易为特色、包括百货、服装、超市、餐饮、娱乐多种业态并存的商业街区已经形成，华强北已经成为全市最为重要的中心商业区。

至此，已形成以一个赛格广场为中心、南至深南中路统建路段两侧、北至红荔路顺电家电广场、国美电器的庞大的华强北电子商业区。在这里，顾客在电子一条街可买到各种型号规格的电子元器件，各种品牌各种型号的电脑及电脑外设，各种通信器材，以及各种品牌各种型号的家用电器产品，装配一台最新的微型电脑，可以在配套市场里任意选择不同品牌的内存条、软件、显示器，主机板卡、打印机、鼠标、机箱、键盘、电源、光盘驱动器、软盘驱动器等，也可以买到三星、摩托罗拉、爱立信、飞利浦、索尼等品牌和国内各种品牌的移动电话机、彩色电视机、激光视盘机，包括CD、VCD、DVD等。国内外电子企业采购元器件，来华强北，这里有品种最齐、价格最优的元器件；开发产品，来华强北，在这里不仅可以最方便地采购到产品开发所需要的元器件，更能找到产品开发的灵感；拓展市场，来华强北，这里集聚了最多的买家；树立品牌，来华强北，每天数十万人的流量，是塑造品牌的最好舞台。各电子专业市场所形成的华强北电子商业区，已经成为中国乃至亚洲地区一个最大的电子产品、技术集散地。

激烈竞争造就了电子一条街的模样

华强北面向深南中路的路口有两只电子集团大老虎把守路口，一东一西虎视眈眈注视着对方。东面的赛格集团，是电子配套市场的发明者，行业内公认的大哥大；而西面是华强电子公司，面向深南大道的一栋大楼里是由华强与日本三洋合资的一个家电公司，生产"华强三洋"品牌的电视机、录像机等家用电器。华

深圳大梅沙风筝节。摄影 叶伟明

《龙舟》。摄影 贾玉川

强公司对华强北马路对面发生的事情看着眼里急在心上。他们在寻找时机，决心从这个市场中分一杯羹。时机终于来了。1998年，新的赛格广场大厦落成。赛格电子配套市场旧楼拆除，市场要从旧楼搬迁到新楼。搬迁、招商、新的市场形成需要一段时间。华强就是利用这个时间差，打了一场漂亮的突击战，把华强三洋的生产大楼整体改造成为华强电子配套市场，将营业面积扩至38,800平方米（后扩大到43,000平方米），使3,000多商户入驻，招商取得了很大成功。区别于赛格的元器件与数码并重、以数码产品为主，华强电子世界以电子元器件作为市场主营产品。华强北开始出现赛格、华强双雄并峙的局面。

竞争是市场经济的灵魂。竞争带来活力，竞争带来效率。竞争不一定是一胜一败、一赢一输的局面，不一定是零和游戏。竞争可能会促成蛋糕做大，带来双赢的效果。赛格和华强就是在竞争中得到双赢，共同做大成长的。由于山林扩大了，双虎共处一山也相安无事。后来，2003年又出现了都会电子城、2004年新亚洲电子商城开业，在华强北路的西侧形成了以华强电子世界为龙头的电子元器件交易中心，市场经营面积达10万平方米以上。

可能是华强电子市场的刺激，也可能是自身发展的规律发挥作用，赛格电子市场也走上了扩张的路子。1999年，赛格电子配套市场扩大到临近的宝华大厦，营业面积达到50,000平方米。竞争的酵母继续使电子市场的面团发酵、变大。2001年，远望数码商城开业。2003年，太平洋安防通讯市场、赛博宏大数码广场、中电数码商城开业。2005年明通数码通信市场开业。加上此前的赛格通信市场、万商电脑城等，华强北路东侧，形成了以电脑、手机、各类数码产品以及相关配套产品为主的数码产品交易中心，市场经营面积达10万平方米以上。伴随着数码产品市场的集聚，大批手机数码产品渠道商云集华强路东侧，经营手机数码产品的门店鳞次栉比。至此，华强北形成了华强北路东西两侧数码产品和电子元器件错位经营、各有侧重、互为支持的市场局面。

华强电子世界与赛格电子市场恰好位于华强北的门户位置，这两个电子专业市场不仅卖场面积大、经营品种全、交易量非常惊人，其市场辐射力也逐渐从深圳延伸到整个珠三角地区乃至全国。

华强北是一个充满了激烈竞争的硝烟的战场。华强北街东边的赛格电子市场与西边的华强电子市场的竞争是一条战线；而另一条战线则是在传统的百货商业与新型的电子市场之间展开的。其中最典型的有万佳百货进出、铜锣湾商厦的崛起与倒闭等事件。万佳百货进驻华强北街的情况前面已经讲了。它是1994年进入华强北街的，商场租用的是华联发公司原来的厂房物业；到了2001年万佳与物业出租单位因为租用价格谈不拢，最后万佳百货决定退出，搬到了华发北路的华发电子公司厂房继续开业至今。对万佳腾出来的原大楼，电子市场的商家并不嫌价格贵，新老板进入办起了远望数码城，该商城后来成为电子市场的重要商家之一。也是在2001年，深圳一家民营企业租用位于华发北路上的京华电子公司的厂房办起了"铜锣湾商场"。这是全国第一个具有"shopping mall"概念的大型百货商场。商场开张后生意兴隆，老板决定向全国迅速扩张，先后在全国许多大城市兴办了铜锣湾的连锁商场，一时风靡全国。后来，也许是因为扩张过快，或是管理不善，最后经营失败。2006年铜锣湾商场总店歇业。实力雄厚的京基地产公司收购了铜锣湾商场。出人意料的是新老板并没有继续经营已成为品牌的铜锣湾商场，而是在原址创办了龙胜手机批发市场。这样的事情后来一再发生。2005年东方时尚广场退出，原址兴办起了明通数码通信市场。2006年女人香退出，原址兴办了桑达数码通信市场。后来还有6万平方米的高科德数码城，等等。这样你攻我守、你进我退的商战话剧一再上演，新兴的电子市场发起了一次又一次的进攻，以胜利者的姿态亮相；而传统的百货商业一次又一次地退却，丢掉了一个又一个阵地。这中间反映出来的信息再清楚不过：一方面说明电子市场要比传统商

华强北街异常繁忙，商机无限。摄影 施平（《深圳商报》摄影记者）

业赚钱快赚钱多；另一方面也表明传统商业身后的力量可能只是深圳地方资本，而电子市场身后有全国客户的支持，强弱完全不同。

电子价格指数诞生

2006年华强北发展到了一个新阶段。福田区领导在华强北调研时，有一些行业协会和商家提出能够制订一个电子价格指数的希望。区领导认为这个想法很有价值，他想到了义乌小商品价格指数的作用。义乌小商品市场开始也是一个自发形成的小商品市场，规模虽然逐渐扩大，但是尚不足以对全国产生影响。后来经国家商业部批准制定发布"中国（义乌）小商品价格指数"。从此，义乌小商品市场不但有了全国市场的规模，而且其价格指数开始产生国际影响，从事小商品生产贸易的国际商家们就是根据"义乌指数"确定自己的经营策略。而在西方发达国家，价格指数已经成为研究国家和地区宏观经济状况的重要数据依据。不但主要的工业产品有专业的价格指数，就是农业、牧业、渔业等许多第一产业也都有行业的价格指数。价格指数，实际上是宏观经济管理水平提高的反映；越是经济发达的国家越重视价格指数的作用。价格指数是高端市场的象征，通过制订发布价格指数应该是华强北电子市场提高档次和加强管理的好途径。

调研回来，区领导要求区工商局研究这个问题。区工商局经过研究论证提出建议说，不但应该搞价格指数，而且事不宜迟，越快越好。机关的建议坚定了区领导的决心。区委区政府经过详细研究后，将这个项目委托给国家工信部下属的公司完成这项任务。经过将近一年时间的努力，该公司做出了一个电子价格指数模型，根据该模型，除了总价格指数，下面还有IC、IT、手机、安防等许多价格指数。2007年10月12日，在深圳第九届高交会开幕当天，正式发布了"华强北中国电子市场价格指数"。这是一个电子市场指数体系，其中包括价格指数、景气指数、单项产品检测指标指数等，具体分为五级共55项指数，包括市场价格综合指数及各级各类细分指数，能够全面反映出华强北电子市场交易的综合行情。指数的作用是及时反应电子专业市场电子元器件商品价格变化情况，综合反应华强北电子市场价格状态和发展趋势，为市场交易、生产厂家制定价格策略、买家制定采购预算提供参考，为进行电子行业经济运行分析、实施经济管理提供信息及参考依据。有了这个指数，就可以研究市场供货量、价格的波动情况，从而使对市场产供销的分析建立在了各种数据上，为国家有关部门的经济学家分析经济和

华强北街电子指数屏幕。图片由华强公司提供。

参与华强北市场所有的商家进行经营决策提供了科学依据。由区政府牵头，由华强北的集团企业和重点电子产品卖场、中介机构、咨询机构等共同出资成立了"深圳市华强北电子市场价格指数股份有限公司"，为专门的指数运营管理机构，确保"华强北指数"的规范化、常态化管理。人们很快就认识到了这个价格指数的重要价值；也正是有了价格指数华强北才有了打造中国电子第一街的可能性。该指数的诞生，被业内人士称为"中国作为电子制造大国的话语权"，在全国电子交易市场发展过程中具有里程碑式的重要意义。

华强北成为中国电子第一街

在策划设计电子市场价格指数的同时，区委区政府开始考虑要将华强北打造成中国电子第一街的方案。2006年底，国家工信部领导来到深圳视察工作。区领导抓住这个机会试探着提出了打造中国电子第一街的想法，没想到部领导一口答应给予支持。区政府负责人趁热打铁，与部领导就这个问题签约。签约既有将事情敲定的好处，但同时也等于福田区政府向工信部领导立下了军令状，自断了退路。

早在1998年，福田区政府紧紧把握住华强北逐渐从工业区向商业区转型的契机，首次提出了改造"华强北商业街"的整体概念，市、区两级政府将华强北改造项目列为当年的"政府为民办十件实事"之一，一期改造项目总投资达4500万元，包括人行道、跨街灯饰、休闲设施、绿化等，于1999年国庆节全面竣工。在政府投资的示范下，华强北的各大商家也纷纷着手对建筑外立面和内部购物环境进行装修改造。在政府和商家的共同努力下，华强北的购物环境得到了明显改观。

2007年初，福田区委区政府正式提出了打造"中国电子第一街"的战略目标。根据这一战略目标，华管办按照"引导创新，巩固提升，高端发展"的产业发展策略，协调、引进企业、机构，建设了价格指数发布中心、电子新品展示交流中心、ICC国际元器件中心和公共电子商务平台等高端化、国际化项目，并引导电子市场调整业态、提高档次、强化管理、规范经营。同时，全力推进环境改造，提升环境品质。由于得到了工信部和市领导的明确支持，福田开始大刀阔斧地改造华强北，倡议华强北街上的市电子商会、华强北电子商家联合会、华强北百货商会等3大协会、21个大卖场签约，决心将华强北真正打造成中国电子第一街。为了加强政府对华强北的领导和服务，区委区政府成立了华强北街道。2008年，"中国电子第一街"得到了中国电子商会正式授牌。

华强北提出打造"中国电子第一街"，确实表现出了雄心壮志。实际情况怎么样呢，会不会是说大话、放空炮呢？据了解，目前全国各地电子专业市场中，市场集中度及市场规模较大的地区，有北京中关村、广州天河、成都科技一条街、杭州文三路、南京珠江路等。其中中关村凭借其区位优势，在全国有着最大的影响力。相比之下，华强北电子专业市场在市场经营面积、经营品种、市场业态、市场成交额等多个方面在全国各大城市电子专业市场中处于领先地位。根据北京中关村电子产品贸易商会提供的2006年度的资料显示，中关村共有电子专业市场11家、商户5034家，市场建筑面积约20万平方米。2005年电子专业市场销售额达131亿元人民币。2007年华强北年销售额达到370多亿元。

事实上，华强北经过近十年的快速发展，已成为全国乃至亚洲最大的电子信息产品集散地，是全国著名的商业旺区。华强北的范围已经从过去的一条街，扩大到原来上步工业区一个区的概念，不仅规模扩大了，实力和影响也在不断增强。过去，业内人士时常说"华强北打一个喷嚏，全国电子市场都要感冒"；现在，华强北"打喷嚏"的威力已经波及到整个亚洲、乃至全球电子市场。举一个很直观的例子：全球各大知名电子信息品牌厂家每推出一款新产品，几乎都会把华强北作为新品上市的第一站。在华强北电子一条街的背后，是世界著名的IT厂商。各厂家的新产品一面市，就以最快的速度出现在华强北的各个摊位上。在华强北街的面前，是全国众多的中间商、企业和家庭用户的终端用户。美国费利蒙市工商总会主席亨利·尹博士因为业务，经常往返于深圳华强北和美国硅谷两地，他说："两年以前，最新的消费电子产品在国外市场露脸3天，华强北才可以找到；但是现在反过来了，最新电子时尚产品最早出现在华强北赛格电子市场，3天或1周后国外市场才出现。"

华强北从最初的工业区，到商业街，再到商业圈经历了3个发展阶段。华强北走过的路，是深圳市高新技术发展道路的缩影，预示着中国高新技术产业发展的方向。

采写该文采访了邓芬、程一木同志。参考了何海涛策划、邓芬、陈凯明主编《华强北商圈建设发展资料汇编》有关资料。表示感谢。

第二十三篇
冬天里的华为

评语：华为从两万元起家，成为世界电信巨头第二名；小船从深圳湾出海，已经成为遨游世界七大洋的巨轮；从来料加工开始，成为全球第一大国际专利申请公司。华为是中国民族通讯企业崛起的典型，寄托着中华民族复兴的希望。

早期来到深圳的人，对"装电话难"记忆犹新。20世纪80年代初期要想安装一部电话要排队、选号，安装价格高达2千多元；第一代移动电话刚出现时，砖头一样的蜂窝电话"大哥大"价值高达3万元一部，而且没有关系买不到。

装电话难现象的背后是我国电信通讯事业的落后状况。当时中国的通信设备严重依赖于进口，数家外国电信公司对我国供应设备，被称之为"七国八制"，即美国AT&T、加拿大北电、瑞典爱立信、德国西门子、比利时贝尔、法国阿尔卡特，以及日本NEC和富士通。

在这种洋人割据的局面下，有志于发展民族通信事业的中国公司开始出现。在90年代，国内通信设备制造领域势头最好的四家企业是巨龙通信、大唐电信、中兴通讯和华为，被简称为"巨大中华"。进入新世纪，4家企业的差距开始迅速拉大。2001年，华为的销售收入255亿元，利润20亿元；中兴销售收入93亿元，利润5.7亿元。大唐销售收入20.5亿元，巨龙销售收入则仅有几个亿。为此，2002年5月《人民日报》刊载《"巨大中华"今日为何差距这么大》一文分析其中的原因。

华为好像是装在布口袋里的锥子，就这样脱颖而出了。

深圳的制度创新造就了华为

1987年，已经43岁的任正非创办了华为。

任正非能够创办华为是因为具备主观、客观两个方面的条件。

从主观方面说，任正非具备良好素质。由于军队大裁军，已经是团职的任正非从部队转业来到深圳。任正非在部队时是搞技术工作的，由于他在技术研究方面的出色成绩，1978年3月被挑选出席全国科学大会，当年他33岁，是

任正非总裁陪同埃及总统穆巴拉克参观华为公司。摄影 林勤。

参加会议6000人中最年轻的代表之一。可能更重要的是出生于贵州省镇宁县贫困山区的任正非从小经受了常人难以想像的磨难：60年代生活困难时期，工资菲薄的父母亲抚养7个孩子，有限的粮食严格实行分饭制，以保证不能有一个孩子被饿死；"文革"期间父亲被关进牛棚，任正非是在巨大的政治压力下读完大学的。就是这种极其困难的环境中，培养了任正非强烈的求生愿望、吃苦精神和非凡的毅力和韧劲。这些品质对以后的华为成长起到了至关重要的作用。

从客观方面说，深圳经济特区是最敢闯、最有创新精神的地方。特别是深圳1987年颁布的《关于鼓励科技人员兴办民间科技企业的暂行规定》，为想要自己创业的任正非创造了创业的条件。任正非用身上仅有的2万元转业费注册成立了华为公司。深圳鼓励科技人员兴办民间科技企业的文件，大大降低了民间创办科技企业的门槛，使许许多多的任正非创办科技企业成为了可能；深圳是一块创业热土，为无数科技人员实现自己的创业梦想提供了肥沃的土壤；深圳鼓励创业的创新制度、扶持措施和文化氛围为科技企业茁壮成长提供了条件。当年的"巨大中华"，最后只有同在深圳发展的华为和中兴通讯胜出，绝不是偶然的现象。任正非多次在向来公司参观的客人介绍情况时谈到1987年深圳市政府下发的《关于鼓励科技人员兴办民间科技企业的暂行规定》。他喜欢将其称为"红头文件"，这就是华为公司的出生纸。

华为走上了一条艰苦的创业路子，创业艰难的程度是很多人难以想象的。华为最早的办公地点是在深圳湾畔的两间简易房子里；后来搬到了南油工业区里一栋七层高的破旧大楼里，华为租下了五楼。这里实际上是仓库型的厂房，十多间仓库就是办公室和科研室；仓库的一端用砖头垒起墙，隔成一个个小小的房间，就是员工宿舍。仓库窗户很少，宿舍的小房间更不可能有窗户。因此，隔墙只垒一人高，顶上是空的，方便空气流通及采光。员工回忆说："这样的房间不怕忘记带钥匙，真的丢失了钥匙，可以翻墙进入自己的房间……"生存的压力使得任正非和员工们拼命地工作，没有节假日，每天工作十几个小时是常态。任正非更是带头苦干，每天工作时间长达十几、二十个小时，没有苦恼，乐此不疲。很多老员工回忆起当时艰苦创业的情景都禁不住精神一振，神采飞扬，充满怀念之情。正是这种艰苦奋斗的精神让大家战胜了难以想象的困难。"那种情景恐怕只有在五六十年代的中国才能见到。在华为历史上，也很少再有第二次……"今天，吃过的苦头淡漠了、忘记了，记忆中剩下的反而是创业过程中的各种乐趣。

任正非为什么会选择投身通讯设备制造事业呢？其中有任正非最初创业时，首先遇到的是通讯行业的机遇；有他在部队搞科研时在通讯行业技术方面打下的基础；也有他基于对通讯行业重要性的认识，立志为国家通讯产业发展的抱负。任正非至今清楚地记得他第一次到美国参观贝尔实验室时的深切感受和崇敬心情。他说："我年青时代就十分崇拜贝尔实验室，仰慕之心超过爱情。"他参观了大厅中的贝尔实验室名人成就展，在巴丁的纪念栏下照了像。眼望着电信界的前辈，近代欧洲科学家对通讯技术发展做出的贡献像电影一样出现在他的眼前。欧洲对于远距离传送声音的研究始于17世纪。英国著名的物理学家和化学家罗伯特·胡克首先提出了用电流进行远距离传送话音通信的建议。1793年，法国查佩兄弟俩在巴黎和里尔之间架设了一条230公里长的接力方式传送信息的托架式线路，据说第一个使用Telegram(电报)这个词的人就是查佩两兄弟。1796年，休斯提出了用话筒接力传送语音信息的办法，并且把这种通信方式称为Telephone，这个词一直延用至今。1837年，美国画家莫尔斯发明了著名的莫尔斯电码，并于1844年5月24日，在华盛顿国会大厦联邦最高法院会议厅里，亲手操纵着电报机，用莫尔斯电码发出了世界上第一份电报。内容为"上帝创造了何等奇迹"。1875年6月2日，美国人亚力山大·格雷厄姆·贝尔发明了电话。至今美国波士顿法院路109号的门口，仍钉着一块镌有"1875年6月2日电话诞生在这里"的铜牌。1876年3月7日，贝尔获得电话的发明专利，专利证号码NO:174655。1876年3月10日，贝尔在做实验时不小心把硫酸溅到自己的腿上，疼痛之中他叫了起来："沃森先生，快来帮我啊！"没有想到，这句话通过实验中的电话传到了在另一个房间工作的他的助手沃森的耳朵里。这句极普通的话，也就成为人类第一句通过电话传送的话音而记入史册。1877年4月27日，爱迪生申请了一个专利，这是一个改进后的电话话筒的专利。电话话筒的意义在于使电话走向了实用。1877年7月9日，贝尔电话公司成立。

但是任正非更清楚地知道，通信技术的大发明和使用最早其实出现在古代的中国和非洲。在古中国，人们用烽火来传递消息；而在古非洲，击鼓传信是最早最方便的办法。公元968年，中国人发明了一种叫"竹信"的东西，它被认为是今天电话的雏形。古老的中国没能保持住自己技术上的先进地位，后来落到欧洲人的后面了。毫不夸张地说，通讯技术对生产力发展和社会进步起到了一种杠杆的作用。工业革命最早出现在欧洲，为通讯技术的发展提供了条件；而先进通讯技术的发展又为资本主义社会的建立起到了重要的促进作用。

任正非来到了巴丁工作台前。这位美国科学家两次获得诺贝尔物理学奖，他于1947年与他的布喇顿共同发明了世界上的第一个半导体三极管。任正非眼前的贝尔实验室里电线密如蛛网，场地混乱不堪。他能想象到实验室里工作的前辈们，是如何在这样艰苦的环境中拼命工作的。正是因为他们具有常人没有的忘我劳动、自我牺牲的精神，才攻克了一个又一个技术难关，登上了科学的险峰。面对这些勇士们曾经工作过的地方，任正非肃然起敬。他当时产生的一个念头是："不知道华为是否能产生这样的勇士？我们能够像中国古代的先人们一样引领通讯技术的潮流，为人类文明的发展作出贡献吗？"

美国之行更加坚定了任正非将华为打造成世界一流通讯技术企业的决心。

科技创新是华为的生命

华为公司最初的业务是倒买倒卖，靠代理香港一家公司的HAX交换机获利。当时大家都这么做。但是具有大志向的任正非不同，他要自己搞研发，做自己的产品。华为公司在技术开发上做到了大规模、不计血本、长期持续地投入，这一点可能世界上没有几个公司能够做到。华为对外说，每年在研发方面的投入为其销售额的10%。但据说实际投入高于10%，几乎所有能用于研发的钱，都被华为用于科研、技术开发、搞项目。《华为基本法》中规定："保证按销售额的10%拨付研发经费，有必要且可能时还将加大拨付比例。"

华为在技术上从模仿到跟进再到领先，从产品营销到技术营销再到文化营销，走着一条技术上不断创新的路子。按照华为公司自己的界定，它是全球领先的下一代电信网络解决方案供应商，公司致力于向客户提供创新的满足其需求的产品、服务和解决方案，为客户创造长期的价值和潜在的增长。华为的产品和解决方案涵盖移动、核心网、网络、电信增值业务、终端等领域。华为在全球包括印度、美国、瑞典、俄罗斯以及中国的北京、上海、南京等在内的多个国家和地区设立了多个研究所，在其10万名员工中有46%从事研发工作。

华为十分重视专利申请，为激发企业员工进行技术创新的积极性，华为出台了"多阶段奖励政策"等一系列专利创新鼓励办法，保证发明人全流程地关注其专利申请，每项重大专利可获得3万元～20万元的奖励。目前华为员工中研发人员占46%，达4万余名。先进的技术、产品，只有转化为客户的商业成功才能产生价值，因此华为提出了"领先半步策略"：成功的技术往往只领先市场"半步"，太超前的技术很可能因市场还不需要而难以实现价值。

截至2008年6月，华为已累计申请专利超过29,666件，已连续数年成为中国申请专利最多的单位。华为的产品和解决方案已经应用于全球100多个国家，以及35个全球前50强的运营商。华为在全球建立了100多个分支机构，营销及服务网络遍及全球，为客户提供了快速、优质的服务。

2009年，世界知识产权组织公布的数据显示，华为公司2008年专利合作条约申请数达到1737件，首次成为全球第一大国际专利申请公司，结束了飞利浦连续10年的霸主地位。至此，华为公司已连续6年夺得中国企业专利申请数量第一，连续3年占据中国发明专利申请数量第一。截至2008年12月底，华为公司累计申请国内外专利35773件。专利申请量是衡量一个国家和企业国际竞争力的重要指标。华为公司全球国际专利申请量排名跃居第一，是第三世界国家的企业首次跻身专利申请第一名。

科技创新的动力来自居安思危

技术是企业立身和制胜的利器，技术开发能力是企业的生命。对于科技型企业来说，技术开发是基本功，所有的科技企业都在为发明新技术、掌握技术制高点而努力。但是为什么有的企业比较成功，而另外一些企业做得比较差呢？这就要比科技创新背后的文化。文化决定着技术创新的潜力，文化是决定一个企业发展的最终原因。任正非十分重视文化，他说："世界上一切资源都可能枯竭，只有一种资源可以生生不息，那就是文化。"

随着华为技术开发能力被业内承认，华为的文化也越来越多地引起了社会的重视。笔者研究了关于华为的大量资料，发现了华为不一般精彩的企业文化。比如说，任正非十分推崇毛泽东的思想理论，在市场开发中把"农村包围城市"的策略应用得炉火纯青；比如说华为提倡员工学雷锋，但是制定了一套"不让雷锋吃亏"的政策，极大地调动了员工们的奉献精神；再比如说，华为鼓励狼狈策略的运用，将善于进攻的狼和精于算计的狈结合起来，使华为成为一架在世界市场上纵横捭阖的战车等等。

但是给我印象最深的还是任正非居安思危的思想。"居安思危"一词出自《左传·襄公十一年》："居安思危，思则有备，有备无患，敢以此规。""居安思危"是中华民族在几千年发展中，总结出的最重要、最深刻的思想之一。正是由于中华民族将"居安思危"的思想融化在了血肉里，才能战胜一切艰难困苦，不被任何困难所压倒；中华民族才能繁衍，中华文明才成为世界上唯一一个没有灭亡、没有中断的文明古国。从小吃过很多苦头的任正非对"居安思危"的思想有深刻地领会，所以他才能够领导华为公司不断克服困难，成长壮大。就我看到的资料，居安思危的思想最早出现在任正非关于"华为的冬天"的演讲中。后来任正非多次警告华为的冬天要来了，要求大家准备好过冬的棉袄。

任正非第一次发出冬天来临的警告是在2001年。这一年，国内电信运营商固定资产投资的年平均增长率，从1996～2000年的24.9%下降到2000～2002年的2.1%。2001年，华为实现收入255亿元，年增长率放缓到14%；而上一年的增长率为80%。2002年，华为的收入出现了历史上的第一次负增长。任正非警告说："公司所有员工是否考虑过，如果有一天，公司销售额下滑、利润下滑甚至会破产，我们怎么办？居安思危，不是危言耸听。十年来我天天思考的都是失败，对成功视而不见，也没有什么荣誉感、自豪感，而是危机感。也许是这样才存活了十年。"

这几年，中国的电信市场已经开始饱和，华为的发展空间受到严重挤压，在这种情况下到海外去发展是唯一正确的选择。其实，华为早就开始了国际市场的开拓，而且是踏踏实实地做事，靠信誉赢得市场。任正非说："海外市场拒绝机会主义。"早在1997年4月，华为就在俄罗斯的乌法市与当地企业建立了贝托华为合资公司。这一公司的成立并没有给华为带来多大利润，但是为华为"走出去"积累了宝贵经验。忍受住了俄罗斯严冬的寒冷后终于拿到了订单：2001年，华为与俄罗斯国家电信部门签署了上千万美元的GSM设备供应合同；2002年又取得了从圣彼德堡到莫斯科总共3797公里的超长距离国家光传输干线(DWDM系统)的订单；2003年，华为在独联体国家的销售额一举超过3亿美元，成为独联体市场的主要供应商。2000年之后，华为进军东南亚市场，范围包括泰国、越南、新加坡、马来西亚等。市场表现良好，仅在泰国，华为每年的销售额都突破1亿美元。从2001年开始，华为以光网络产品为切入点，通过当地代理商进入德国，之后是法国、西班牙、英国。2003年的销售额达到3000万美元。2003年底，华为进军非洲。在埃塞俄比亚的电信项目投标中，9家供应商投标竞争中华为摘得花红，与国家电信公司签约2000万美元的合同。后来又先后拿下了阿尔及利亚、博茨瓦纳等国的市场。2004年华为实现收入315亿元，海外实现销售额20亿美元。经历第一个冬天，初战告捷，华为有点冻僵的身体穿上了厚厚的皮大衣，暖暖和和地度过了冬天。迎接这次冬天，任正非对自己的队伍基本上是满意的。但是他头脑清醒，看到了自己队伍的弱点。他笑着说："我们是一群从青纱帐里出来的土八路，只熟悉埋个地雷、端个炮楼的打法，工作效率不高。要想走向国际市场，我们队伍的素质还差得远呐。"

任正非第二次发出冬天来临的警告是在2004年。这一时期，从大的环境来说市场开始转暖，经济发展势头良好，人们感觉到的应该是春暖花开的暖意。但是华为不是。这时候华为遇到了来自内部的竞争和国际巨头的打压。华为腹背受敌，遭内外夹击，形势十分严峻。

先说来自内部的竞争。随着华为渐渐越大，公司内部的许多技术骨干开始拉队伍，立山头，想自己创一番事业。其中比较突出的例子是原副总裁李一男于2000年宣布离开华为"内部创业"创办了港湾网络有限公司；原副总裁黄耀旭创办了深圳钧天科技公司等。后来还有一些人，也参加到推动公司分裂的行列中来。个人创业倒也无可非厚，但是分裂了华为的团队；其中有少数人偷盗公司的技术和商业秘密，更是给华为造成了重大损失。任正非形容说："风起云涌，使华为摇摇欲坠。"华为决定开始反击，主要对手选择的是港湾网络公司。这场争斗，双方都是强手，遭遇战打得十分激烈。这场战斗的过程，见诸于当年的各个媒体不必细述。战斗硝烟散去后的结果倒是应该说一下。2006年6月6日，港湾网络与华为联合宣布，双方达成意向协议书并签署谅解备忘录。之后，任正非在杭州会见了李一男等港湾管理层表态说："真诚欢迎你们回来。如果华为容不下你们，何以容天下，何以容得下其他小公司。"2006年9月，李一男出任"华为副总裁兼首席电信科学家"，12月，李一男被任命为华为终端公司副总裁。从这件事上我们看到了任正非大海般的胸怀和能够做大事情的肚量（后来在新闻媒体上看到一则消息：2008年10月，李一男被百度任命为首席技术官。李一男两进两出华为公司。这是后话）。

再说应对西方电信巨头的打压。2003年1月23日，美国电信"巨无霸"思科公司向法院起诉华为，诉讼材料长达77页，要求华为对非法侵犯思科知识产权给予巨额赔偿。华为发表声明：华为一贯尊重他人知识产权，并注重保护自己的知识产权。华为积极应诉，同时起诉思科利用垄断地位垄断定价，牟取暴利。2003年3月20日，华为公司与美国3COM公司联合宣布，双方将组建合资企业华为3COM公司，共同经营数据通信产品的研究开发、生产和销售业务。华为的这一做法达到了一石二鸟的好效果：一方面与美国具有一定实力的3COM公司结成同盟军，由此在法庭上向法官申诉华为并没有侵犯思科的知识产权，说服力十分强；另一方面华为与3COM公司联手后，华为可以直接使用3COM公司的技术成果和市场渠道，这一做法釜底抽薪对对手形成了极大威胁，使思科公司不得不低下高昂的头颅。2004年7月28日，华为、思科、3COM向美国得克萨斯州东区法院马歇尔分院提交终止诉讼的申请，法院据此签发法令，终止思科公司对华为公司的诉讼。这一仗华为打得十分漂亮，从中看到了任正非运筹帷幄决胜千里的大智大勇。有一次美国大学生代表团访问中国时，点名要到深圳参观华为总部，"想看看这个让思科都害怕的中国企业。"

华为靠过人智慧和出色的竞争能力，为自己披上了厚厚的棉袄，再次顺利地度过了冬天。2005年华为收入达到453亿元，在世界电信运营商前50强中排名第28位；2006年华为收入达到656亿元，海外销售额比例突破65%，在50强中排名第31位。

任正非第三次发出冬天来临的警告是在2007年。这一年按营业收入计算，世界前四大电信设备厂商是：思科（349亿美元）、爱立信（314亿美元）、阿尔卡特朗讯（279亿美元）、诺基亚西门子（210亿美元）。这时候的华为（125.6亿美元，同比猛增48%）已经超越北电网络（109.5亿美元），成为第五大电信厂商。2008年的数据显示，思科销售额为395亿美元、爱立信252亿美元、阿尔卡特朗讯为215.7亿美元、诺基亚西门子为194.4亿美元。业内人士分析指，设备商在2009年前三季度的销售额都有所下降，因此，华为2009年的215亿美元销售收入，有可能超过阿尔卡特朗讯，与爱立信拉近距离，位列全球第三大设备商。从1987年在深圳湾的简易房屋里开始创业，到世界第五大电信厂商，华为22年里走过了西方国家许多电信企业上百年的路程。华为是中国科技企业迅速成长的缩影，是"中华有为"的概念和符号。

在一片大好形势下，任正非又一次感觉到了冬天的寒意。他在一次企业内部讲话中说："……干部要有充分的心理准备。也许2009年、2010年还会更加困难。"这次世界变冷的原因是世界竞争空间的缩小和占领市场短兵相接、一燃即爆的紧张气氛。华为已经进入世界电信巨头的"五人俱乐部"，竞争的空间变得如此之小，大家已经没有后退的余地了。几个巨人稍微伸展腿脚都有可能碰到对方，甚至互相之间能够闻到对方呼吸的气味，这实在是让人太不舒服。

华为面临的外部环境却比以往更严峻。国外的电信巨头们为提高竞争力正在进行新一轮的大兼并：爱立信兼并马可尼、阿尔卡特与朗讯合并、诺基亚与西门子通信成立合资公司，华为的对手成为块头更大的巨人，华为与这些竞争对手之间正在不断缩小的差距突然又拉大了。但是坏消息中也有好消息：简单的物理相加不一定能使大公司的竞争能力变强，例如，阿尔卡特与朗讯自2006年合并以来，新公司已经连年亏损，亏损总额累计达48亿欧元。爱立信公司董事长泰斯库在出席北京奥运会时坦言：爱立信正感受到来自中国华为的竞争威胁。

为应对国外的大兼并动作，华为也启动了自己的对外合作计划。华为已先后与多家外国著名公司在研发和市场等方面开展合作：与3COM、西门子成立合资企业；与摩托罗拉建立联合实验室；与德州仪器、IBM、朗讯、英特尔、SUN等进行合作；在美国达拉斯、印度班加罗尔、瑞典斯德哥尔摩、俄罗斯莫斯科等开设研究所。华为已在全球悄悄布下了100多个研发、生产、销售据点和办事处，海外市场员工超过3000人。

任正非对电信产业和企业的特点有清醒的认识：电信产业不是资源产业，硅片的原料二氧化硅是取之不尽用之不竭的。华为在国内的CDMA无线接入市场只拥有不到3%的份额，如此小的份额是会被淘汰出局的。任正非说："活下来是我们真正的出路，国际上的市场竞争法则是优胜劣汰，难做的时候，你多做一个合同，别人就少一个。兄弟公司之间竞争的时候，我们要争取更大的市场份额与合同金额，这才是我们真实的出路。宁肯卖得低一些，一定要拿到现金，亏钱卖了就是拼消耗，看谁能耗到最后，谁消耗得最慢，谁就能活到最后。"这句话也可以这样理解：当冬天来临时，谁准备的棉衣多，谁的棉衣厚，谁就能保住生命度过冬天。在这里我们看到了华为这次为过冬准备的棉衣是：用最低的价格，争取最大的市场。虽然很多人也懂得这个道理，但是不一定能够做得到。能够做到"地狱价"的只有中国的企业，只有华为。

华为由于对冬天的严寒有充分的思想准备，过冬的伙食好棉衣又厚，所以历经三次冬天仍然活得好好的。华为取得了成功。

华为坐上世界通讯企业第二把交椅

华为这艘从深圳港湾起航的船舰，从开始的小舢板，变成如今的万吨巨轮，认准航向，乘风破浪，驶向远洋。船长是任正非。他之所以能把这艘大船指挥驾驶得如此好，是因为他是一位有清醒头脑的船长，是一位思想的企业家。有人评价说："华为因为任正非而成功，任正非因为思想而杰出。中国从来不缺企业家，但从来都缺真正的商业思想家——在当代中国，任正非应该算是一个。"

任正非深居简出，为人低调。采访他是很难的。有位记者提出采访华为的申请，有关部门负责人答复说，"华为……更关注于业务，并不建议媒体或外界给我们过多赞誉。"为写这篇文章，我注意从新闻媒体上跟踪华为的发展动向。我发现无论记者们的笔头子多快，也赶不上华为发展的速度。

2005年，美国《时代周刊》评选本年度"全球100名最具影响力的人物榜"时，任正非榜上有名，排列在一起的IT界领袖人物还有微软董事长比尔·盖茨、苹果计算机公司董事长兼首席执行官乔布斯、Google的两位创始人拉里·佩奇和塞吉·布林等。《时代周刊》对任正非的评价是：任正非创办的华为公司，重复当年思科、爱立信等卓著全球化大公司的发展历程，如今这些电信巨头已把华为视为"最危险的竞争对手"。

2008年12月，美国商业周刊介绍10家"全球最具影响力的公司"，其中有华为公司。

2009年6月，在中国百家软件企业评选中，华为连续8年名列榜首。

2009年12月，国际著名财经杂志《福布斯》中文版在上海发布"最受国际尊重的中国内地企业家"10人榜单上，任正非居首位。

也是这一年，在北京举办的2009中国CEO年会上，评出了"2009最具创新力公司30强榜"。华为以创新力指数138．681夺得榜首。

2010年2月16日，在西班牙巴塞罗那举行的世界移动通信大会上，华为获得了在业界享有最高荣誉的"全球移动大奖"中的"最佳业务分发平台奖（SDP）"。成为今年唯一获奖的中国企业。

2010年2月，美国著名商业杂志《Fast Company》评选出2010年全球最具创新力公司结果揭晓，Facebook、亚马逊、苹果、谷歌、华为名列前五名。

这里顺便揭一个秘。人们对任正非的身价究竟有多少感到很好奇。华为技术有限公司2009年年报，首次对公司的股权架构进行了披露。截至2009年12月31

日，华为的股东由深圳市华为投资控股有限公司工会委员会和任正非共同组成。其中，员工持股比例为98.58%，任正非持股只有1.42%。华为员工总数9.5万名，其中持股人数为61,457人，持股员工占员工总数的64.7%。根据年报2009年公司所有者权益为433.16亿元，任正非的权益约为6.15亿元。任正非持华为公司股份之少大大地出乎我的意料。虽然华为公司是世界电信行业里的巨无霸公司，但是任正非却算不上是大富翁。不要说与世界的几名首富没得比，就是在国内有钱的老板队伍中也排不上名次。

根据华为年报公布的数字，经审计过的公司业绩，2009年华为全球销售收入达1491亿元（218亿美元），同比增长19%。营业利润率为14.1%，净利润达183亿人民币（27亿美元）。华为的销售收入超过了诺基亚西门子（销售收入1155.32亿元）、阿尔卡特朗讯（销售收入1398.35亿元），仅次于排名第一的爱立信（销售收入1940.48），成为世界通讯企业第二名。

威哉，华为！

第二十四篇
中兴通讯
占领创新的高地

评语：如果要研究中兴通讯成功的秘密是什么，就是"创新"两字。制度创新为企业解开了束缚的紧身服；技术创新让企业的战车奔上了发展的快车道；标准创新使中兴通讯成为游戏规则的制定者。创新是文明进步的活水源泉，也是企业发展的不竭动力。

　　30年前的改革开放初期，中国的通信产业是白纸一张，中国成为国外通信企业巨头们攻城掠地的战场，当时有七家世界最强的通讯巨头进入中国提供八种不同制式的产品，被称之为"七国八制"；后来经过中国企业的努力，中国通信产业出现了巨龙通信、大唐电信、中兴通讯和华为4个最强的企业，被简称为"巨大中华"。到了现在国内只有华为和中兴通讯两个企业像双子星在漆黑的天空中闪耀着明亮的光芒。按2008年各家企业公布的全球销售额进行排名（除华为外其他皆为上市公司），华为在全球通信企业中排名第三，中兴通讯排名第五。

制度创新：走出一条国有民营的路子

　　中兴通讯是20世纪80年代初期在深圳注册的一家公司，其前身是国有企业。中兴通讯能够在后来的发展道路上走得比较顺利，与最初的制度设计有关。这件事充分表现出了董事长侯为贵的智慧和品质。

　　1985年2月，原航天系统691厂与香港运兴电子贸易公司、长城(深圳)工业公司三家出资成立了深圳市中兴半导体有限公司，它是中兴通讯的前身。后来又有几家国营单位加入，中兴出现了股东间闹矛盾的"七年之痒"。一位老员工回忆说："那时候，股东之间意见不一致的情况经常

中兴通讯公司董事长侯为贵。图片由公司提供。

发生，引发了一系列的问题，矛盾逐渐激化，同时香港股东又破产了……" 股东之间的矛盾影响企业不能正常经营，股东代表的是国有资产，可以不着急慢慢来；但是企业员工要吃饭却一天也等不得。在没有办法的情况下，1992年，公司骨干自己投资成立了一家名叫"维先通"的民营企业。1993年，因为矛盾激化，搞得筋疲力尽的股东们决定改组公司。香港运兴公司已经破产正式退出。691厂、深圳广宇工业公司与"维先通"进行了重组，共同投资创建了深圳市中兴新通讯设备有限公司，其中的股份比例，两个国有企业占51%，"维先通"占49%。

按照一般的合资公司的做法，股东几方分别派出董事长、总经理等。但是，在实际经营中，由于董事长与总经理意见不合而影响经营的例子比比皆是。这时候的中兴新公司该怎么做呢？经过讨论制定了原则之一：实行一种"国有控股，授权（民营）经营"的"混合经济"模式，公司的人、财、物权力全部授权给经营方。这样就实现了权力的一元化集中，避免了存在两个中心情况下产生的种种弊病。但是，授权经营并不能保证公司经营一定能够赢利，如果出现经营不善的问题时怎么办呢？经过讨论又制定出了原则之二：由股东会议确定每年增长的幅度，由经营方负责实现经营目标。如果利润超过了目标，超过部分的利润进行分成,管理层可以多分一点；如果达不到目标,管理层就少分一点；如果出现亏损将经营方的股份抵押给其他国有股东。

由于有了这样两个原则，国有企业的股东可以大胆地将企业全权交给民营企业负责经营；民营企业能够按照瞬息万变的市场脉搏及时决策，没有后顾之忧，不用担心受到干扰。从此，一种新的"国有民营"的模式创造出来了，后来有人将它称之为"中兴模式"。这是制度创新的结果，是当时股东几方集体智慧的产物。侯为贵认为："这种体制既能避免民营企业容易犯的短视错误，又能充分发挥民营企业风险意识强、运作高效、市场反应灵活等长处。"据此，有人称赞侯为贵"是个了不起的改革者"。

后来学术界研究中兴通讯制度创新、改革成功原因的文章汗牛充栋，看法五花八门。比较一致的一种意见认为，中兴通讯能够取得成功，既与智慧有关，也与侯为贵个人的素质和人品有关。侯为贵原来当过教科技课的教师，后来进入设厂在西安的航天部691厂。在厂里他先后任技术员、车间主任、技术科长等。1984年南下深圳创办公司。由于他本人是个科技型人才，有能力带领企业走技术开发道路。侯为贵生活俭朴，将钱看得比较轻，在处理各种经济利益关系时态度公正，原则把握比较好。有人讲了这样一个故事：公司创办初期，中兴曾向其上级单位陕西国防科工委借款200万美元。后来还钱时，先是按照当时1美元兑换2元人民币的价格还清了这笔借款；后来美元升值与人民币的比价变为1：4，侯为贵决定按新的比价又多付了人民币。这个看起来犯傻的举动，让上级单位的领导吃了一惊。类似这样的事为侯为贵赢得了好名声，大家很认可这家企业，在业务上愿意与之合作，中兴的路子也因此越走越宽。"中兴模式"成功了。这种管理模式使企业获得了想要的"高度的经营管理自主权"，股东方由于有旱涝保收的利益保障也表示满意。从此以后，中兴通讯的发展进入良性循环，为日后的腾飞打下了基础。

如果说制度创新为中兴通讯的兴起开了好头，企业上市的机遇就是为中兴通讯插上了腾飞的翅膀。1997年,中兴通讯拿到了上市指标。当时中国股票市场开放不久，国家对企业上市控制很严，申请到上市指标是一件很不容易的事。当年，深圳仅有的两个指标，一个分给了盐田港，另一个分给了中兴通讯。侯为贵在谈到这件事时说："当时的深圳市领导是十分开明的。在那么早的时候就看到了科技企业、自主创新企业有无可限量的生命力，真心诚意地支持帮助像中兴通讯这样的高科技企业上市。同时，办事很公正，分配指标时对在深圳这块土地上的企业一视同仁，并不是看企业中有没有当地的股份，也没有特别照顾本市的企业，使当地的国营企业很有意见。在上市指标是稀缺资源的情况下，政府能把来之不易的一个指标给了我们，确实了不起。对企业来说，深圳真是少有的良好发展环境。"

深圳成就了侯为贵，中兴通讯在这块创业的热土上起飞了。

技术创新，实现技术三级跳

有人说："中兴通讯能够取得骄人的成绩，主要靠侯为贵的决策。"也有人说："侯为贵的眼光，使中兴几乎踩准了每一个市场热点。"

在抓住机遇、进行技术创新上，中兴通信有3个著名的案例。

第一个是CDMA。第二代手机，分为GSM和CDMA两种制式。由于中国移动采用的是GSM制式，而当时中国的移动通信行业由中国移动垄断，所以以GSM制式几乎占领了中国的全部市场。后来国家对移动业务拆分后，CDMA才有了进入中国市场的可能性。但是，当时在这个问题上有争议，政府有关部门对是否批准采用CDMA技术没有明确表态。在这种情况下，中兴通讯做出了上CDMA项目的决策。侯为贵做出这项决策的思路是这样的：CDMA是美国的标准，是当时全球两个主要标准之一，在国外已有相当大的市场。即使国内不批准使用这项技术，国际市场也值得期待。因此，中兴通信的技术研发不会是白费功夫。上了这个项目后，中兴通讯等市场等了6年。最后坚冰化开，春天终于来了。2001年，新成立的中国联通被批准采用CDMA制式。中兴通讯开发的CDMA产品打破了外国通讯巨头的垄断，进入了联通的网络。自那以后，中兴通讯的CDMA设备在国内外市场上攻城掠地，势如破竹，先后在印度、阿尔及利亚、科威特等30多个国家和地区招标项目中中标，成为当地最重要的通信设备商、运营商信赖的战略合作伙伴。2006年，中兴通讯CDMA设备的全球出货量已在世界上排名第一。另据专业研究机构赛诺数据的统计数字，中兴通讯CDMA手机市场额超过摩托罗拉，位列三甲。目前，在CDMA技术在3G、准4G时代的后续演进上，中兴通讯在全球设备厂商中保持了绝对领先的地位。这一产品成为国产的移动通信设备开拓海外市场的先锋和卓越代表。

第二个是小灵通。2001年，在公司的技术讨论会上，对要不要上小灵通项目发生了激烈的争论。侯为贵认为，小灵通在技术上虽然不算是主流的、最先进的，但是，对于市场来说，是由多种因素叠加在一起来发挥作用，技术的先进程度不一定是最核心的因素。根据日本的经验，小灵通项目开始做得不太成功的原因是发射功率太小，采用20毫瓦设备，造成通信效果不好；选用500毫瓦大功率基站就可以解决这个问题。侯为贵力排众议，为上小灵通项目拍板决策。实际证明了侯为贵的眼光独到，决策正确。小灵通技术很适用当时的国内市场。这个时候,中国的通信企业大调整，移动与固网分家。分出来的固网运营商没有移动牌

2004年12月9日，中兴通讯在香港交易所H股挂牌上市。图片由公司提供。

照,小灵通的无线接入很适合他们使用，所以当时的中国电信和中国网通两家固网运营商非常认可这个技术项目。结果，小灵通业务大获成功。这个项目最终为中兴通讯贡献了23.96亿元。这一年正是任正非第一次发出"华为的冬天"警告的时候，华为靠出售属下的华为电气子公司拿到了过冬的小棉袄；而"小灵通"则是中兴通讯的小皮袄，让企业暖暖和和度过了严冬。

第三个是3G手机。3G手机是世界各国通信企业竞争的主战场。由于各国采用的技术标准不同，出现了三种制式并存、群雄割据的局面。所谓3G，是3rd Generation的简称，也就是第三代移动通讯。第二代的手机（包括GSM制式和CDMA制式）主要提供语音和短信服务。3G就不同了，能够更好地提供网页浏览、电话会议、电子商务等多种信息服务。国际电信联盟(ITU)目前确定了全球WCDMA、CDMA2000、TDSCDMA和WiMAX四大3G标准。其中的TDSCDMA标准是由中国的企业完成的，标志着中国在移动通信领域已经进入世界领先之列。中国工信部将中国开发的TDSCDMA牌照发给了中国移动，将源自欧洲的WCDMA牌照发给了中国电信，将主要来自美国的CDMA2000牌照发给了新联通。对于中国政府同时发放3个牌照，侯为贵十分赞成，他说："发3个牌照比只发1个牌照要好。这样做向世界主要通讯运营商敞开了中国市场的大门，让3G手机各个标准都有公平竞争的机会。实际上，3个标准各有优势，都能够在中国这样一个大市场里得到充分发展。中国政府在这件事上表现得眼光长远、做事大度，赢得了其他国家的赞扬。"

世界通信企业巨头都十分重视3G手机市场这块大蛋糕，早早地就摩拳擦掌秘密地开始了各自的技术开发工作。这方面中兴通讯与其他人做得差不多，并没有什么特别之处；中兴通讯的独门绝招在于在各种制式方面都进行强有力的技术开发工作，以应对3种制式并存的局面。能够这样做，除了要有强大的技术研发能力外，还要具备雄厚的财力，这就不是每个人都能做到的。中兴通讯同时在3种3G制式上进行研发，在3个领域都有出色的表现。在WCDMA领域，2001年，中兴通讯承担的WCDMA全套系统，做为863计划项目，通过了工信部和科技部的863C3G专家组的检查和验收；2004年，在突尼斯WCDMA网络投标中中标，接通了非洲大陆第一个WCDMA电话。在CDMA2000领域，中兴通讯已成为国内最大的本土系统设备供应商，在国内外开通了多个CDMA 1X EV-DO商用局。在TDSCDMA领域，中兴通讯整体技术水平已居国际先进行列，位于全球第一阵营。

按照中兴通讯提供的数据，2009年，在三种制式的3G市场公开招标中，按载频算，中兴共获得了36%的综合市场份额，成为中国最大的3G网络设备提供商；中兴手机国内销量的增长幅度高达200%，包括3G手机在内的终端产品出货量已位居全球第六。如果按基站数计算，中兴已占据了全球3G市场的18%。这是一个让中国人感到扬眉吐气的好消息。在前两代手机生产中中国企业被排除在外，毫无发言权；而这一次在3G手机竞争中，中国企业终于占了上风。

标准创新，从积极参与者到制定者

中兴通讯在技术创新方面取得了很多成果，但是相比起来它在标准创新方面作出的成绩对国家的贡献更为重要。标准的问题已经成为国家竞争、企业竞争的重要领域。有人说："超一流的企业卖标准，一流的企业卖专利，二流的企业卖技术，三流的企业卖产品。"谁掌握了标准的制定权，谁的技术成为标准，谁就掌握了市场的主动权。标准问题已经影响到了一个产业、甚至一个国家的竞争力。

国内外通讯企业间在3G手机上的竞争，既在先进技术上，同时也在技术标准方面。目前，两种常见的数字集群技术，分别是欧洲的TETRA(陆地集群无线通信)，和美国的iDEN(集成数字增强型网络)。这两种技术都基于第二代移动通信技

中兴通讯在非洲埃塞俄比亚投资办厂。
在当地举办"通讯与我们的生活"少儿绘画大赛。
图片由公司提供。

术。2002年，中兴通讯推出了GOTA(开放式集群架构)，这是基于CDMA技术开发的第三代移动通信技术的数字集群通信系统，中兴通讯对其拥有自主的知识产权。这也是我国民族产业第一次在数字集群领域提出自己的标准规范。中兴通讯拥有GOTA领域核心专利技术超过70项，同时在中国、美国等地申请了GOTA的专利。2004年11月，国家工信部将GOTA作为国家技术标准确立下来。2005年6月，GOTA正式通过国家鉴定。鉴定结论认为："该技术是全球首创，填补了基于CDMA技术的数字集群产品空白，并达到了国际领先水平。" 有专家评价说："中兴通讯的GOTA不仅是当今国际上技术最先进的，也是最具市场竞争力和市场潜力的数字集群技术。GOTA标志着中国通信制造企业与国外厂商的竞争，已从产品层面的竞争上升为标准层面的竞争。"

GOTA一投放市场，立即大放光彩。在国内市场，2003年，中兴通讯与中国铁通、中国卫通开通了GOTA试用网，并于2005年中标中国铁通商用网招标2／3的城市。在国际市场，2004年，中兴通讯承建了马来西亚全国GOTA数字集群网络，实现了中国企业自主研发的数字集群系统在海外首次全国规模的应用。2005年，中兴通讯为挪威运营商NMAB建设GOTA数字集群商用网络，成功突破北欧市场。此外，中兴还为俄罗斯(KCC)、土耳其、泰国、埃及、印尼等十几个国家的运营商建成了GOTA试、商用局。GOTA作为新一代数字集群技术，已成为中兴推进"全3G"战略的战略产品之一。GOTA不仅使中兴成为数字集群领域的世界顶尖企业，同时也开创了中国通信企业向国际同行进行专利授权许可的先河。

中兴通讯已加入了ITU、3GPP、3GPP2、CDG等70多个国际标准化组织，获得了30个国际标准组织的领导席位。公司拥有超过18,000项专利申请，其中手机专利申请超过2000项，手机专利中的发明专利超过90％。

中兴通讯软交换产品已经成功为中国联通、中国电信、中国网通等国内运营商组网试用和商用，如宁波网通、南方网通、河南电信、上海电信、重庆联通、广州联通、深圳联通等。中兴通讯还连续赢得了印尼、菲律宾、香港、巴基斯坦等多个NGN网络建设订单。

技术的背后是文化。中兴通讯之所以能够不断创新是因为企业有一套创新的文化。侯为贵对自己有这样的评价："我留给中兴最有价值的并不是账面上的财富，而是经过多年沉淀并得到全体员工认可的一种企业文化。企业文化对一个企业的成长非常重要。如果一个企业能一直比较稳健地走过来，其中一定有一种文

《梧桐烟云》。摄影 廖俊鸿。

化基因的延续。"

中兴通讯的企业文化有什么样的基因和特点呢？

一是踏实做事，稳健发展。企业如人，企业是老总个人品质和风格的放大。中兴通讯的职工们反映说，侯董事长这个人最大的兴趣就是工作，没有其他业余爱好；埋头工作，踏实做事；为人低调，不事张扬。这几个特点也就是中兴通讯企业的特点。业内有这么一种看法：华为是狼文化，中兴是牛文化。牛文化的特点是稳重，实干，有韧劲。侯为贵很强调企业的稳健发展。中兴通讯形成一种踏实稳重的风格与是上市公司有关。上市公司要求管理透明、做事规范。由于表现良好，中兴通讯多次得到国家证监会的表彰。

二是为顾客提供优质服务。早在1993年，中兴通讯就提出了"精诚服务，凝聚客户身上"的文化理念。中兴通讯认可"顾客就是上帝"的说法，认为顾客是否满意决定着企业的命运。2002年，中兴通讯于对售后服务体系进行了一系列的创新改革，建立完善了全球客户支持中心、返修中心和中兴通讯学院等三大客户服务执行平台。在国内建立起51个代表处，在海外建立了100多个代表处和备件中心，建立起了一个机构健全、覆盖广泛的全球服务支撑体系。其中中兴通讯学院在海外12个片区设有专职区域培训经理，在9个国家建立了培训中心，已累计培训来自100多个国家和地区的客户13万名。

三是以市场为导向的技术创新。侯为贵强调"是市场而非技术才是产业方向的决定因素"。在复杂的市场环境下，中兴通讯始终把满足市场需求作为首位目标，提出了"两个深入"和"50%原则"，即要求管理人员特别是高层管理人员必须深入客户、深入一线员工，始终保持敏锐的市场判断力和创新动力；无论是市场人员还是系统设计人员都必须将50%的工作时间用到深入市场第一线、深入客户上，贯彻"技术的生命力来自市场"的理念。

由于坚持了以市场为导向的技术创新原则，所以中兴通讯不但坚持技术创新，而且坚持一种强调贴近市场的技术创新，受到了市场的检验和欢迎。中兴通讯长期以来坚持将收入的10%投入研发，企业有4万多人是研发和技术服务人员，占公司6万多名员工总数的75%，成为目前在中国沪深两市1600余家上市公司中研发技术人员数量最多的企业。企业已拥有近7000项专利，其中90%为发明专利。据世界知识产权组织统计，中兴通讯2009年国际公开专利申请为502件，增长52.58%，增幅居全球企业第一。中兴通讯在3G、NGN、数字集群、光传输等技术领域已达到国际先进水平。即使在国际金融危机期间，在几乎所有的企业迫于压力而缩小研发规模时，中兴通讯的研发投入增速仍然超过了收入增速。侯为贵

《大鹏所城》。摄影 跃勇。

说："与国际同行相比，过去我们的技术能力、产品有一定差距，但现在已经在很多方面超过了他们。在全球竞争中，尤其是在欧美高端市场的竞争中，我们逐渐显现出优势。"

2007年，美国《商业周刊》向海外投资者推荐了在海外上市的10家优秀中国公司，其中有中兴通讯，《商业周刊》的评语是"全球成长最快的电信设备企业"。在侯为贵领导的17年里，中兴通讯从一个原始投资300万元的来料加工企业发展成为主营业务收入达197亿元、净利润达5.7亿元的国家重点高科技企业，被誉为中国通讯行业的"领军"企业之一。

在问到中兴通讯的未来时，侯为贵描绘了一幅企业未来发展的宏图："一个好的企业、有后劲的企业，要做到生产一代，研发一代，储备一代。中兴通讯在24年间实现了'通讯产品1G时代看着跑，2G时代跟着跑，3G时代齐步跑'的市场追赶和市场超越。在新一代4G手机技术开发方面，我们确定了向高端市场推进LTE(Long Term Evolution)的战略，已在瑞典、美国、德国、香港等多个国家和城市建立了LTE实验室或研发中心。LTE是对3G技术的改进和增强，对3GPP的整个体系架构作了革命性的变革，逐步趋近于典型的IP宽带网结构。根据国际权威调研机构Gartner发布的报告显示，中兴的LTE综合实力已位居全球第三。在通信领域我们中国是后来者，希望将来，我们可以成为领跑者。"

记者问："中兴通讯在世界通讯企业中处于一个什么样的地位呢？"

他回答说："现在我们在网络提供技术方面已进入全球第一方阵，终端产品稍微落后一点，预计2009年底将超越索尼爱立信，成为全球第五大手机厂商。"

记者问："中兴有可能进入能前三强吗？什么时候？"

侯为贵自信地说："也就这三五年吧。"

侯为贵的自信是国人的愿望，中兴通讯的努力是中华民族复兴的希望。

写作该文参考了侯为贵署名文章《应对金融危机：牢牢抓住"创新"这个主题》（张素芳编辑《求是杂志》2009年23期）；《中兴通讯董事长侯为贵解读中国通讯业巨变：中国企业有望后来居上领跑》（记者吴凡访谈文章《深圳特区报》2009年12月18日）；《对话侯为贵："冲刺全球前三名问题不大"》（记者丘慧慧《21世纪经济报道》2010年1月15日）。表示感谢。

第二十五篇
华强追赶迪斯尼

评语：文化+科技是一种创新。以中国博大精深的优秀文化为根底，努力学习掌握世界上最先进的科技知识。将两者很好结合起来，产生出了意想不到的效果，成为企业制胜的武器。华强公司从传统企业向文化科技公司转型，成为一个敢于和有能力向迪斯尼挑战的中国企业。

　　华强公司是最早来深圳的省属国有企业。公司位于深圳最为繁华的华强北街。公司高大的大厦雄踞深南大道与华强北街的十字路口，几栋大厦连成一片成为威震中国电子行业的华强电子市场。来到这里的人看着整天滚滚的人流、火爆的市场，羡慕华强公司为什么能够在这个寸土寸金的地方拿到这么多这么好的土地，建起了这么多的物业，可能是这个企业的领导们有通天的本事吧？人们根本想不到的是：30年前华强公司的前身军工厂从韶关一个偏僻的山沟里搬来时，现在的华强北街还是一个荒芜的农村，南边不远处是浅浅的深圳河，一些持有过境耕作证的村民，在香港境内种地回深圳时，顺便带过来一些廉价的尼龙布、电子表等，到华强公司厂区向工人们兜售。华强公司有这样一块宝地可以说是全凭运气好。10年前，华强公司开始转型，从以电子加工制造业为主的传统产业，向以文化科技为内容的创意产业转型。公司走上了一条学习迪斯尼、超越迪斯尼的征程，从而再次成为全国瞩目的企业。

53人的团队价值2100万元？

　　1998年，梁光伟任华强公司负责财务和投资的副总裁，负责公司未来发展的投资方向问题。他当时认识到，经过20多年的发展即将进入新世纪的华强公司到了一个关键时期。

如果只看眼前，华强公司的情况还是很不错。华强在广西收购了一个种植甘蔗的大型农场，榨糖、造纸生产一条龙。华强还有别的产业：改革开放初期以华强三洋为代表的电子产品，一直是华强的名牌，产品远销国内外。随着公司生产规模的扩大，原来的厂房不够用了。工厂多数搬到了公司在东莞塘厦镇建设的大型生产基地。华强北街口原来的厂房，几栋大楼连通起来，建起了大型电子市场。马路对面是老牌的赛格电子市场。两个电子市场在华强北街口对阵，既像一对雄伟的狮子忠实地守着路口，又像一个山头上的两只猛虎虎视眈眈互相打量着对方。华强电子市场后来者居上，逐渐成为中国最大的电子器材集散地。守着这样会生蛋的金鹅不愁没钱花。如果职工早期在电脑市场租一个柜台，经营得好每年都会有十几万、几十万元的收入。因此，华强早年的艰苦创业如今有了丰厚的汇报，大家从来没有感到日子是这样地富裕和幸福。当华强公司的职工，好像是吃了甘蔗那样甜。

但是如果看长远，景象就不同了。制糖业是传统产业，不可能快速发展，难以形成很大的利润增长点。电子产品制造业的核心技术掌握在三洋总部的日本人手里，缺乏自己专利技术和知识产权的华强产品，利润空间有限不说，也难以在国内市场攻城掠地。电子市场虽然确实是一个利润源源不断的喷泉，但是这种情况会受市场变化左右的。守着它只能做一个富有的小财主，却成不了世界级的优秀企业。问题可以归结为一句话：华强公司未来向何处去？梁光伟当时就是为这样的想法困扰着。

这时传来一个消息：由于军队要与所办的企业脱钩，总装备部在深圳的一家高科技公司准备出售。梁光伟对这家公司产生了兴趣，亲自前往考察。这个企业注册资金200万元，实有资产80万元，53名员工，其中很多是军人，面临脱军装当老百姓的局面。职工大部分是搞科研的，有些还是从国外回来的，手中有一些现成的技术项目。如果看物，企业弱小；但是看人，却很有潜力。这是企业给梁光伟的第一感觉。

梁光伟与企业员工进行了一些接触，与负责人李明深入交谈。李明的经历，谈话时的激情，在言谈话语中表现出来的清晰思路，给梁光伟留下了深刻印象。李明原籍安徽，1965年出生在四川成都。先是在武汉大学计算机专业上学。后来通过了国家科委的考试，在美国新泽西州斯蒂芬理工学院当两年访问学者，接下来先是在美国一家大公司实习，又到加拿大一家计算机公司工作两年。加拿大那段日子很舒服，生活富裕，工作轻松，悠哉游哉。这种待遇在多数人眼里已经达

现在的华强公司拥有数栋现代化大厦。图片由华强公司提供。

1984年时的华强集团大厦面貌。图片由华强公司提供。

广东省长黄华华（左一）、深圳市委书记王荣（左二）等领导视察华强公司。图片由华强公司提供。

到了人生的理想境界，别无所求。但是对于李明来说，这种生活太没意思了。于是，他又回国，被军队企业招聘为深圳远望城多媒体电脑公司常务副总裁。在军队与所办企业脱钩前夕组织了一家新公司，就是梁光伟感兴趣的这家企业。

调研结束后，梁光伟认真准备了一个收购方案提交给公司总部。后来因为处理一项紧急业务梁光伟出差比较长的一段时间。回来以后总办主任向他汇报这一段时间的工作。其中谈到公司领导班子开会研究了关于收购公司的事，有些人认为，这个公司没有什么资产，连注册资金都有一半多没有到位；至于说科技研究人员，他们头脑里的东西看不到摸不着抓不住。这样的公司值一两千万元吗？研究后的决定是放弃这次收购。集团主要领导也找梁光伟谈话，告之项目被否的事情。梁光伟十分惋惜地说："你让我负责公司的投资业务，我选到这个项目也认真做出了分析报告，但是你们在我不在场时否定了这个项目。你们还没有听我详细解释就作决定，是不是有点可惜了？"这位领导听后觉着他的话有道理回答说："那好，这个项目再上会讨论一次，大家否定这个项目与了解情况不够深入有关。你再去调查一次，了解更多的细节……"梁光伟说："不能老是让我去调研了，我建议，班子中谁最反对这件事，你就派他带队去考察。"这位领导认为这是一个好主意，真的另派一位副总带队去考察。这位副总考察回来后对这个项目感到很兴奋，在会上大谈收购这家公司的好处，结果班子很快统一思想，决定收购这家公司。接下来，与这家公司的主管部门进行了多次谈判，最后敲定一千多万元收购，加上给这家公司补充的设备和流动资金等，最终华强集团花了2100万元完成了收购。

收购的事后来又出现过一段插曲。大约两年后，深圳有一家非常著名的集团公司对这家科技公司也产生了浓厚的兴趣。一次两个公司老总们聚会谈合作的事，正式议题谈完后，对方老总突然抛出了收购的绣球："你们收购的那个科技公司好像没有多大用处，干脆卖给我吧，我可以出价5000万元……"抛出的这个绣球真的让华强公司的老总们好一阵激动，多好的一笔生意！两年内价格涨一倍，太合算了。多数人主张：趁女儿靓丽可爱时出嫁，不要错过这么好的婆家。梁光伟提出了自己的意见，他说："这位老总大家都熟悉，他是大城市里长大的，头脑何等聪明。他肯出五千万买，不会是傻瓜的傻主意吧？而如果我们同意卖，则说明我们才是傻瓜……"经过一番争论，最后大家同意了梁光伟的看法。

李明带领的这支队伍终于在华强公司的土地上生根发芽，开始茁壮成长。

深圳高交会和美国博览会牛刀小试

科技公司开张后摆在李明面前的最大问题是不知道从哪里开始。华强公司对科技公司如何开展业务没有提出具体要求，只是让他们尽快"开发产品，做大做强"。李明当时的感觉是："上级公司没有派来羊倌，只是把我们这群羊赶上山，让我们漫山遍野找草吃……"没有羊倌，李明只好自己当羊倌。好在华强公司经济实力强，在资金上给科技公司很大的支持。因此，53人团队的士气高涨。

公司的技术人员擅长做网络工程。他们就从这里入手，先后完成了海关关税的联网工程、南山区政府大厦和深圳特区报业大厦的智能网络工程、东江供水工程调水网络服务工程等项目。他们发现IT行业的竞争非常残酷，价格战硝烟弥漫，几乎到了无利的程度，这种情况下科技人员的劳动已经得不到应有的尊重。他们尝试突破重围，改变被动局面，寻求新的发展方向。

具体做什么呢？眼前一团迷雾，头脑一盆浆糊，没有一个人清楚。

正在这个时候深圳1999年举办了首届高交会，科技文化公司抓住机会将一些先进的技术成果拿到高交会上参展。其中的一个主打项目是虚拟演播室。所谓虚拟，就是演播室的背景板是空的，播音员播音的画面与电脑资料库里已经储存的各种现场背景结合起来，从电视上播出画面来时播音员好像就在现场。用这种技术，演员在不到现场情况下，背景随身带，天南地北走，海阔天空游，这样制作的节目成本可以大大降低；而对有些讲述节目来说，在五花八门的具体场景里讲述一件事可以大大增强节目感染力。这个技术在高交会亮相时属国内首创，在现场非常吸引观众的眼球，展台前人头攒动拥挤不堪。但是这个新奇的技术也就是让现场的观众看了个热闹，没有市场需求，一个订单也没有拿到。

展会结束时大家傻眼了，往下怎么做呢？参展取得的鸭蛋成交记录给李明最大的教训是：就算是先进的技术也不能过于笼统，要将技术转化成用户能够使用的具体产品。公司经过研究，选择研制4D特种电影。4D电影是什么意思？D是英文Dimension的字头，意思是维度、空间等。3D是指三维空间，国内说的立体电影，国际上的说法是3D电影。所谓4D电影，也叫四维电影，即除了三维立体，再加上环境模拟组成四维空间。4D的座椅以气流为动力，具有喷水、喷气、摇摆、振动等功能。使观众看电影时，可以感受到吹风、喷水、气味等，营造了一种与影片内容相一致的环境。4D电影最早是由美国人发明的，美国洛杉矶和澳大利亚黄金海岸的环球影城里都有这样的影院。4D影院技术倒不算是首创，但是科技公司产品的创新方面在于配置的是180度弧形银幕。坐在这种包围起来的银幕中间看电影，会感觉到现场更真实、效果更逼真。

开发出了这样先进技术的产品，大家兴奋地睡不着觉，考虑找一个什么样的好机会推向市场。熟悉美国情况的李明决定到美国奥兰多参展。这个展会是由一个名为"国际娱乐游艺园协会"（International Association of Amusement Parks and Attractions简称IAAPA）举办的专业展。该协会成立于1917年，是面向全球娱乐机构的规模最大的国际贸易协会，参加该协会的代表来自超过91个国家的5000多个机构、供应商以及个人会员。该协会的成员机构包括各种娱乐/主题公园。参加这个协会举办的展会，是进入这个世界性娱乐网络的最好途径。2000年，科技公司参展团带着具有自由知识产权的4D电影成套设备来到美国奥兰多参展。

由于开发时间短，参展团实际上带去的只是一个样品，180度的银幕没有做出来，临时用一块120度弧形银幕对付。尽管这样，没想到产品在展会上一炮打响，来自美国新泽西和南美委内瑞拉的两个客户要求购买设备。更让李明没有想到的是，客商要求每套设备提供不少于5部适合于该设备放映的影片。客商说："你们的这个电影设备播放效果确实不错，技术上已经胜过了迪斯尼和环球影城的4D电影，称得上物美价廉。但是你们要提供内容丰富的影片，否则我买电影机没有合适的影片岂不是成了摆设？"客商的要求使李明眼睛一亮，头脑里出现了许多发展业务的新想法。经过商谈，以30万美元一套设备的价格成交。美国的展会真的不错，还为参展商提供类似专利注册等全面周到方便的服务。李明马上请到驻展会的律师，为4D特种电影办理了"180度环形银幕立体电影成像技术发明专利"的登记手续。这就为公司以后的经营提供了知识产权保护方面的法律基础。奥兰多展会上意外取得的成功，对科技公司像一场及时春雨，洗尽了迷惘的沙尘雾气，天空因之变得晴朗，大地阳光明媚，公司上下欢欣鼓舞。

当时，外国人特别是欧美人瞧不起中国产品，他们中的有些人其实也承认中国产品价格便宜质量好，但是出于偏见就不承认中国产品是品牌商品，因此谈判时往往在价格上狠狠杀价。因此，中国产品在国际市场上很难卖得起价格。华强领导层一开始就考虑如何应对这种情况，琢磨避开这种不利局面的策略。

经过考虑，决定先在美国注册一家公司。研发出来的设备、产品，先在国内生产出来后，散件运往美国在美国的公司里最后进行组装配套，打上美国生产的标签出售。于是，真的在美国注册成立了一家公司，聘用了一些美国雇员。为公司起名时听取了一位美国职员的意见，注册的名字是Fantawild，这是一个组合

许勤市长（左二）、吴以环副市长（右一）等市领导到华强公司调研，
梁光伟（左三）、李明（左一）汇报工作。图片由华强公司提供。

词，由Fantastic和Wild两个词组合而成，前一个词的意思是"奇异的、荒诞的"，后一个词的意思是"野生的、着了魔的"。这两个词组合而成的词，美国人一看就知道这家公司的业务与玩有关，产品是用来娱乐的。这是一个非常地道的美国名字。果然，这个公司的名字和商标很容易被美国人接受了，后来的经营取得了极大的成功。随着公司越来越出名，美国人也搞清楚了原来这家公司的老板是中国人。但是，大家已经接受并且喜欢上了这家公司，不但"老板是哪国人"不成其为一个问题，而且反过来人们因为喜欢这家公司而对中国老板产生了敬佩之心。

信心百增的公司领导，研究做出决定：将科技公司一分为二。由华强智能技术有限公司继续负责4D电影设备的研制业务，让这款产品尽快定型批量生产；新成立华强数码电影公司，负责为4D电影设备创作、拍摄系列影片。

李明之所以做出4D特种电影先参加国外展会的决定，是他的直觉告诉他如果产品先在国际市场打响，再回来做国内市场就比较顺利，出口转内销的是好货，外来的和尚会念经，国人就信这个。事后看这个策略是对的。果然，有了国际名气的智能公司不久就拿到了市少年宫特种电影的设计和设备制造安装工程。这套4D影院，放映自然科学启蒙系列影片，小朋友们在这里能够感受到模拟的自然界的多种自然现象，起风时能感觉到强风吹拂，下雨时水珠会溅到脸上，地震时座椅的剧烈震动会让小朋友们惊吓地尖叫起来……最后，工程售价8000万元，这是公司创业以来真正的第一桶金。直到此时，公司才算是靠自己的努力吃到饭了，虽然吃得不太好也不太饱，但是可以填饱肚皮了。然而对一个有远大抱负的科技公司来说，销售电影设备和影片还只能算是小打小闹，公司需要突破性发展。不满足的李明又开始动脑筋了。

到芜湖建设"方特欢乐世界"去

2004年，公司提出"用高科技技术创新服务业"的理念，这个理念的意思，不仅仅是为客户提供一般的IT技术服务，而更是要打造高科技主题公园，做全新概念的文化娱乐项目。

这个理念是在对国内人工景观主题公园经营模式经过研究后提出来的。国内现有的大部分主题公园的做法，是选择一个合适的场地，精心设计建造一个公园，从国外进口新奇好玩的娱乐设备，从而成为一个旅游娱乐的主题公园。有时候主题公园经营情况不理想，可能会出现亏损，于是再加上房地产项目，用开发房地产的利润补贴主题公园。这就是国内目前比较流行的"旅游＋地产"的概念。

李明对这类项目有一点不理解："主题公园中所用的成套设备从国外进口，为什么不自己研发呢？"就这个问题他与一些大的经营商老板们进行过探讨。有人这样回答："做主题公园一定要做成最好的、做成全国一流的，才有可能在激烈竞争中处于不败之地。其中，设备是非常关键的因素。这方面国内设备还不行，要保证做到最好就必须从国外购买。"但是李明对这个问题有不同的看法："国产设备质量目前不算很好，但是如果不算好就不去研发，我们就永远都不可能有好的国产设备。"李明的观点得到了梁光伟等集团领导的坚定支持："华强就是要做这样的事。"

公司从此开始包括数字影视、数字动漫、数字游戏等多种领域内的新产品研发工作，前进的方向越来越明确。公司打算在中国文化娱乐主题公园业务上发展时，李明又在考虑起一个什么名字好。用"华强"，生产产品这个名字挺好，但是搞娱乐主题公园，这个名字显得有些硬，不够浪漫。李明就将"Fantawild"这个词音译过来，就成了"方特"这个中国名。现在"方特"已经成为中国最著名的主题公园品牌名称。

前几年，公司在重庆投资兴建了第一个方特乐园旅游项目，获得了成功。这只是第一次尝试，乐园面积只有区区4万平方米。但是市场反应却出奇地好。每天早上还没开园，售票广场上就黑压压站满了人，每逢节假日更是人如潮涌，中午11点后就不敢卖票了。直到现在，这个项目一年仍然有几千万元的门票收入。重庆的试验使公司信心倍增，大家跃跃欲试准备拿下一个大项目。

事情往往就是这样怪，人倒运时，喝凉水都会塞牙缝；而人走运时，鸿运扑面而来，好事挡都挡不住。在关键时刻，好机会从天而降。2004年，梁光伟带着李明出差到芜湖谈一个项目。由于芜湖政府在建设长江大桥时，曾向华强公司借贷了一亿元资金。现在，借款到期了。但是芜湖政府提出希望延期还款。在双方商谈贷款事项过程中，主人无意中聊起一件事。长江大桥附近有一块环境保护要求比较严的土地，不能搞大规模的开发但是可以做公园、低层的房地产等项目。了解到英国有一个"诺地童话"的娱乐项目不错，想引进到这块土地上。双方已经谈了两年，但是因为知识产权保护、高额的专利使用费等复杂问题，至今没有谈成。

梁光伟听到这个情况心中一动，请主人带他们去看看这块土地。来到现场，

安徽芜湖方特欢乐世界主题公园。图片由华强公司提供。

梁光伟和李明暗暗吃惊，多么宽敞的一块土地啊！雄伟的长江大桥跨江而过，像长虹经天，又如巨龙卧波；远处是气势磅礴的长江，江水浩荡奔流东方。这里地势开阔，风景优美，空气清新，是一块建设主题公园的理想土地。梁光伟向芜湖政府领导提出了自己的建议："这里适合建设主题公园。我们华强公司有项目策划、设计和开发力量，也有管理团队。我们在重庆建设了一个方特乐园的旅游项目。如果有兴趣我们陪你们去看看。我想在你们这块土地上设计建设一个富有创意、新奇好玩、对游客极有吸引力的文化主题公园。如果你们同意，贷款资金可以延期……"芜湖市政府经过研究同意了华强的建议。

2005年公司开始制定创意设计方案。经过一年紧张的工作，拿出了一个很好的设计方案。根据方案，芜湖方特欢乐世界占地125万平方米(其中陆地面积约53万平方米，水面面积约72万平方米)，由阳光广场、方特欢乐大道、渔人码头、太空世界、神秘河谷、维苏威火山、失落帝国、精灵山谷、西部传奇、恐龙半岛、海螺湾、嘟噜嘟比农庄、儿童王国、水世界、火流星等15个主题项目区组成；研发制作4D电影、水幕电影、球幕电影、互动电影等最新奇的特种电影，放映《恐龙危机》等今古奇观的电影；园中还有"铁鹰行动"、"急速狂飙"、"飞越极限"、"星际航班"、"恐龙危机"等几十个动感游戏等。所有的设备都由公司自己设计制造，放映的十几部影片都由公司自己创作拍摄……这是内容丰富、技术先进、感觉新奇的、目前世界上单体最大的主题公园。面对这个方案，芜湖方面出现了两种意见，一种意见表示怀疑："项目能达到这个规模和档次吗？实际建好后会是你们说的这个样子吗？"市主要领导代表另一种支持的意见。最后统一意见后，由市委书记詹夏来拍板，双方顺利签约。

2006年欢乐世界开始施工。俗话说，敲锣卖糖，各干一行。说起来施工是干粗活，但是对一个高科技公司来说，组织施工是一个相当艰巨的任务。虽然李明对此有思想准备，但是开工后遇到的困难之多之大还是远远超过了他的想象。然而，这是关系到公司命运的一个大项目，只能成功，绝对不能搞砸！有一段时间工程进度不理想，李明亲自到现场坐镇，连撤两个项目负责人。现场危情环生，发生了一些事故。李明自己摔断了两根肋骨，几个月下来晒得像个黑人。经过艰苦努力，最后施工保质保量按时完成了任务。

2007年10月18日，一个崭新的芜湖方特欢乐世界开始试营业。游客人山人海先睹为快，许多是全家老小一起前来玩耍。新颖的游乐项目让游客大开眼界，奇特的体验让孩子们乐得哈哈大笑不愿离去。开业大吉，方特取得了巨大成功。芜湖市的领导们也来参观，他们一致评价说："你们做的比你们说的还要好。"公司利用自己在世界娱乐行业良好的关系，邀请了许多家国外客商参观体验，他们对项目给予了极高评价，当场签约要求引进这个项目。芜湖方特欢乐世界是我国首个拥有自主知识产权、集文化科技旅游为一体的大型主题公园。自试营业以来的一年多时间里，接待游客量已超过200万人次，营业收入超过2亿元，游客接待量和门票收入曾一度赶超安徽黄山、九华山两大著名旅游景点，现已成为安徽及长三角地区游客度假首选目的地之一。

我在采访中问李明："芜湖的方特欢乐世界为什么能够取得如此巨大的成功？"他回答说："这是因为中国经济发展到了游客喜欢这种科技＋文化娱乐项目的阶段，市场成熟了；也说明我们开发的产品符合顾客的需求，在市场得到了承认。这个项目占了天时、人和，虽然在地利方面有些欠缺，但是仍然获得了极大成功。这是市场对华强的褒奖，是顾客对华强产品的肯定。对华强公司来说这是一个里程碑式的项目。"

让主题公园带着中国文化走出去

虽然李明的"出口转内销"营销策略取得了成功，但实际上他的目光还是在国外，志在争夺国际市场。小河小江养不住蛟龙，鸿鹄之志远在万里。自从第一次参加奥兰多专业展览旗开得胜后，李明就没有想过退回来。

但是运气不会总是对一个人微笑，它有时也会使性子给你脸色看。首次到奥兰多参展，公司要了6个展位，卖掉两套电影设备。尝到甜头的李明2001年第二次参展时预订了64个展位，想大干一场。然而天有不测风云，这一年9月发生了"9·11事件"。李明一看情况不妙想撤退，但是不行了，展位的款已付，主办方不退款。没有办法，只好硬着头皮去参展。64个展位，这么大的场地，需要不少展品布展，为此公司包了好几个货柜运货，派出了50多人的布展服务团队。两个月后展会开展。这一次情况很惨，展场里观众稀稀拉拉没有几个人，订单就更谈不到了。华强是这届展会中最大规模的参展商。美国有名的CNN有线电视新闻网派记者采访李明，记者表示钦佩地问："这个时候中国企业还来参展，难道你们不怕9·11吗？"李明实话实说："尽管发生了9·11事件，我们仍然对国际市场和美国市场有信心；但是说到这个时候来是因为你们美国主办方不退钱，我们只好来了……"李明的话逗得美国记者哈哈大笑。这次展会花钱最多，效果最差，可以说以失败收场。

但是挫折和失败一点也没有动摇华强公司走出去的决心。从2000年开始参加IAAPA奥兰多专业展以来，每年公司都要参展，连续9届无一次例外。每次都要预定18个展位。在中国商家中，华强是唯一连续参展商。为此，展会授予华强公司"荣誉参展商"称号。参展效果也不错，每年都能卖出4~8套特种电影设备。华强品牌已经随着电影设备在全世界出了名。

不仅是奥兰多展会，华强公司还参加了IAAPA协会在全球举办的所有5大展会，其它4个展会是：在欧洲几个主要城市轮流承办的欧洲巡回展(EAAPA)，在新加坡和香港举办的亚洲巡回展(AAAPA),在阿联酋迪拜举办的中东展(MAAPA)和在莫斯科举办的俄罗斯展(RAAPA)。华强每年都要参展，每个展会上都要展出新产品，光是展会费用每年都要投入600万元以上的资金。

李明说，参加展会对公司有几大好处：一是增加了公司的国际知名度，让全世界的这个行业对华强有信心。他解释说："通过这个展览，公司认识了全世界这个行业的重要经销商和客户；同时，9年如一日的连续曝光，给经销商们信心，让他们看到华强是一家有实力、讲信誉的品牌公司。"有个客户说:"每年都能在展会上亮相的公司一定是有实力的公司。"二是参展使公司能够获得最新信息,为公司不断地开发新产品提供创意和动力,让公司在这个变化很快的行业里始终能够保持领先步伐。三是锻炼出了一个团队。由于每年都要参加一个以上的国际性大展会,需要派出团队布展和提供服务。这个过程锻炼出了一个外语流利、业务能力强、熟悉国外情况、善于与外商打交道的团队。有的青年员工就是在数年参展过程中成为英语高手和业务能手。没有这样一个团队,再好的产品也不可能销出去,"走出去"只是一句空话。因此,产品要想走出去,人先要走出去,企业的决策者必须放眼国际市场。

如今华强集团掌握了特种电影、数字动漫、文化主题公园等多个领域的关键技术和自有知识产权,拥有200多项国内外专利,近百项软件著作权和电影、动画片和作品版权。华强的多种特种电影系统已经出口到美国、加拿大、意大利等全球40多个国家和地区,配套影片每年出口25部,深受观众和经销商的喜爱。从2007年开始,李明感觉到中国产品的信誉度和美誉度已经很高了,现在华强公司生产的产品不管说成是美国生产还是中国生产的,都很受国外客商欢迎,华强已经成为世界著名品牌了。这条路走了10年。

国家经济管理部门和金融界对华强走出去的情况非常关心。由于对文化产业开拓国外市场的前景看好,银行主动与华强合作提供出口信贷,对华强"走出去"给予了强力支持。

2008年华强集团与伊朗山曼·高斯达公司签订项目合作协议,在伊朗第二大城市伊斯法罕建设一个中型的主题公园。项目总投资7000万欧元,现已破土动工,进展顺利。2009年3月9日,华强集团与中国进出口银行签订了100亿元的战略框架合作协议,为集团自主创新和"走出去"提供强大的金融支持。 2009年5月18日,在深圳第五届文博会上,华强集团与中非发展基金、国家开发银行、南非约翰内斯堡市政府、南非国家工业开发公司(IDC)签约,将共同在南非约翰内斯堡投资文化科技主题公园方特欢乐世界,项目占地77万平方米,项目总投资2.3亿美金。这是中国向非洲出口的首个大型文化产业项目。约翰内斯堡位于南非北部,是南非最大的城市,也是南非的经济中心和最大的产金中心,是名副其实的黄金之都。约翰内斯堡面积约269平方公里,当地人口近百万,环境优美,景色怡人,一直是欧美亚洲众多国家旅游度假圣地。在南非约翰内斯堡建设华强文化产业主题公园,不但使这座城市有了中国文化内容的投资项目;而且由于该城市在非洲有很大的影响力,从而使方特欢乐世界对整个非洲大陆都产生了很强的辐射力。

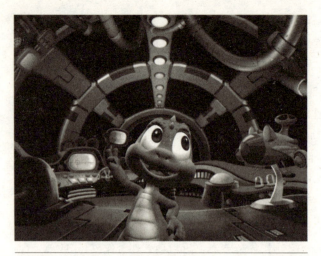

可爱的嘟比人见人爱。图片由华强公司提供。

华强文化科技产业主题公园已经整体输出伊朗、乌克兰克里姆半岛公园、南非，使中国成为继美国之后第二个能够整体输出主题公园的国家。

华强插上了飞翔的翅膀

2007年，公司进入了飞跃阶段。10年辛勤耕耘，终于结出了丰硕成果。

根据公司的发展，这一年公司做出战略调整，对科技企业进行重组整合，组建了华强文化科技集团，将3个公司扩张成为17个企业。提出了"以文化为核心，以科技为依托，以旅游为市场"的口号。打造集创意、研究、生产、销售为一体的产业链。创意是文化产业的核心内容，是发展的源动力；研究是深度研发和设计，形成具体产品以提高效率和竞争力；生产要求形成现代化和规模化，是实现产业化的基础；销售要求建立立体销售网络，是市场终端。资金回收后，支持创意，形成新的循环。文化科技的发展，要实现多元化、规模化和国际化。华强基于自身的核心竞争力发展出以媒体网络、影视娱乐、休闲度假、文化衍生品四大领域为核心的立体多元产业网络。集重庆和芜湖以后，华强公司又签约在山东泰安市、沈阳市等地，建设新的方特欢乐世界主题公园。其中在建的沈阳项目投资200亿元，占地5平方公里，将建设成包含动漫、特种电影、游戏软件、智能设备等7个研发制作基地和3个文化展示体验公园的文化科技产业园。

随着硬件成套设备生产规模的迅速扩大，对软件影片数量的要求也越来越多。公司不断加强创作制作力量，作品越来越多。目前开发的动漫产品包括2维动画、3维动画、手偶剧3大类型。2维动画片有130集的《海螺湾》、52集的《猴王传》等；3维动画片有52集的《十二生肖总动员》、68集的《恐龙危机》等；手偶系列剧有70集《新星小镇》等。其中《海螺湾》和《恐龙危机》已外销到印尼、越南和中东一些国家。

在2009年金融危机的不利影响下，华强文化科技产业表现出旺盛的生命力，实现了高速的增长，其中收入增长了89%，利润增长了6倍，成为深圳乃至全国文化产业领域的一大亮点。华强现象引起了全国的关注。中央领导来到华强视察，对华强的发展模式给予充分的肯定和很高的评价。2008年10月18日，李长春同志视察华强时对华强提出了"学习迪斯尼，超越迪斯尼"的指示。

迪斯尼何许人也？迪斯尼全称叫华特迪斯尼公司（The Walt Disney Company），创建于1923年，是世界上第二大传媒娱乐企业。创建80多年的迪斯尼是一个庞大的文化公司。它最早是靠电影起家的，属下的电影公司有迪斯尼影片（Walt Disney Pictures）、试金石影片（Touchstone Pictures）、好莱坞影片（Hollywood Pictures）、米拉麦克斯影片（Miramax Films）、帝门影片（Dimension Films）等。迪斯尼公司出品的风靡世界的电影有《白雪公主和七个小矮人》、《美女与野兽》、《狮子王》、《花木兰》等，家喻户晓的银幕形象有米老鼠和唐老鸭等。除了电影外，迪斯尼还有玩具、图书、电子游戏、传媒网络、ESPN体育、ABC电视网等。2005年，在世界100强品牌中，迪斯尼排名第7位。从1955年推出洛杉矶迪斯尼乐园开始，迪斯尼开始建设世界上真正现代意义上的系列主题公园。所谓主题公园，就是园中的一切，从环境布置到娱乐设施都集中表现一个或几个特定的主题。公园一般由美国大街、冒险乐园、新奥尔良广场、万物家园、荒野地带、欢乐园、米奇童话城、未来世界等8个主题园区构成。全球已建成的迪斯尼乐园有5座，分别位于美国洛杉矶、佛罗里达州奥兰多、日本东京、法国巴黎和中国香港。主题公园可以说是迪斯尼的摇钱树，2008年仅主题公园及度假区的收入就达到了115亿美元、利润19亿美元，分别占迪斯尼总销售额和利润额的30.4%和22.5%。

比起百年老店迪斯尼公司，华强还是个新手，差距实在很大。但是，华强毕竟有了一个良好的开端。迪斯尼既是老师，也是对手。华强决心以迪斯尼为榜样、为参照系，成为中国的迪斯尼。

2009年4月20日，温家宝总理视察华强公司。他听了公司领导的汇报，看了几个部门，与职工交谈。最有趣的是当他来到一个互动项目的嘟噜嘟比剧场，按照向导的提示敲敲屏幕上的门时，门打开了，出来一只形象可爱的小恐龙嘟比。嘟比见到温总理高兴地说："这不是温家宝爷爷吗？您来啦。您怎么不早点跟我打电话呢？我就可以去迎接您啦……"小嘟比稚气机灵的话语逗得温总理哈哈大笑。临走时，小嘟比又说："温爷爷，欢迎您下次再来，记着带您可爱的小孙子一起来哟。"说得温总理又一次笑起来。温总理讲话中对华强充满了殷切希望，他说："我们将科技与文化结合在一起，加上我们有五千年深厚的文化传统根基，靠你们的创新意识和能力，一定能够带来科技文化的大发展，不仅要让中国的人们，特别是让孩子们高兴，而且要将中国文化带给世界。"

华强公司的领导们记住了温家宝总理等中央领导的嘱托，制定出了"学习迪斯尼，超越迪斯尼"的发展目标。美国建国只有两百多年，但是以迪斯尼为代表的美国文化企业，靠强大的科技力量将美国文化力量输送到全世界；而中国虽然是具有五千年历史的文明古国，但是优秀灿烂的文化却很难走出国门，这是因为我们缺乏以科技为支柱的强大输送能力和传播能力。华强公司的10年努力，初步走出了一条有效的路子，能够用文化科技主题公园、数字动漫、数字游戏、特种电影等文化产品形式，让中国文化公司"走出去"，让源远流长博大精深的中国文化传播出去。

这就是华强人的远大抱负，是华强人的历史使命。

写作该文采访了梁光伟、李明同志。表示感谢。

第二十六篇
云游四方的企业家
王石

评语：王石创造出了两个"中国第一"：做为企业家，他创办了万科公司、让公司成为全国最早上市的公司之一、带领万科成为中国房地产公司第一名；做为登山者，他是非专业运动员登珠峰第一人，用7年时间创造了"7＋2"的奇迹。这两个第一的成绩，实际上是在他挑战自我、丰富人生的过程中完成的。

人们奇怪万科为什么能够稳稳地坐住中国房地产公司排名的第一把交椅。2002年时，万科就已以112万平米的年结算面积和45.74亿的主营业务收入在全国69家上市房地产公司中排名第一。2009年12月28日，几家专业机构联合发布了"2009年度中国房地产企业销售排行榜"，万科集团以销售金额630亿元蝉联榜首，成为唯一年销售金额超过600亿元的企业。2010年1月3日出台的《2009年度十大典型城市销售排行榜》统计结果显示：万科在深圳以39.5万平方米、69.1亿元的销售成绩继续领跑市场，保持了面积和金额双第一的位置。

许多房地产老板想把万科比下去，为此挖空心思，费尽心机，加班加点，忙得腿打后脑勺。可是万科的董事长王石倒好，很少待在办公室，而是云游四方，登山航海，勇对危险，挑战极限。这是怎么回事呢？开始，股民们担心董事长的这种游手好闲的态度会影响公司的正常运转；有些竞争对手认为看穿了王石的小把戏：他是用这种方法吸引人们的眼球，为企业大做免费广告；后来人们慢慢开始领悟到王石是在创造一种全新的健康的生活方式。

不管怎样，人们承认：万科是最优秀的公司，王石拥有最丰富的人生。

珠峰登顶欢迎仪式。图片由万科公司提供。

仁者乐山

子曰："知者乐水，仁者乐山。"王石喜欢游山玩水不知道是不是受了孔子的启发和影响。算起来王石是从1998年开始登山的。那一年王石47岁，他接近了"五十知天命"的年龄。但是王石在行动中将这两句话的顺序倒了过来。他先是"仁者乐山。"什么是仁者？仁者是有理想的人，是有道德的人。仁者为什么乐山？平原大地上耸立起一座高山，它不依人们的喜恶而变化，总是那样巍然屹立。山站得高看得远，它穿透了历史的迷雾看世界的变迁，它俯视大地观察人间的喜怒哀乐。王石是聪明人，自然会爱上登山运动。

王石开始登山的起因是因为身体出现了问题。1995年5月，由于他的腰椎骨长了个血管瘤压迫神经引起左腿剧烈疼痛。当医生告诉他病情后，他的第一个反应是："我还能打网球吗？"医生告诉他："什么运动都不能进行，卧床准备动手术；一旦血管瘤破裂，会引起下肢瘫痪。"有些人在这种时候可能会产生恐惧心理，乖乖地听医生的话，卧床休息；而王石想到的是：赶紧去西藏，一旦坐上轮椅再去西藏就难了。他的想法为什么与一般人不一样呢？可能是因为家族遗传的基因起作用。他说："我身上延续着游牧民族野性的精神和对生命行走的强烈渴求。"王石出生在一个军人家庭，父亲是一名军人，转业到郑州铁路局工作。母亲是锡伯族，这是一个在历史上能征善战的游牧民族。出生在这样家族的人，身上流淌的热血中多了一份野性，不可能轻易认输，不甘心过一种平静的生活。

1998年，王石开始进行登山训练活动。他连续攀登了粤东境内4座1千米以上的高山。1999年攀登青海省海拔6178米的玉珠峰；2000年，攀登西藏日喀则地区海拔7143米的章子峰；2001年，攀登新疆海拔7546米的慕士塔格峰，这一年他达到了国家级登山运动健将标准；2002年2月，攀登非洲坦桑尼亚海拔5895米的乞利马扎罗山。同年5月，又攀登美国阿拉斯加州海拔6194米的麦金利峰。这5次攀登都登顶。随着王石登山经历的增多，他对登山的认识也不断深化。他发现人一生就是在不断地登山，不断地向上攀登。人生道路上会遇到一个又一个山头，你可以绕过去，也可以攀登上去，看你自己怎么选择，选择不同，结果不同；登山与办企业的道理也有几份相似，登山过程中经常要选择正确的路线，办企业每天都会遇到问题需要做出决策；登山会遇到刮风、下雨、冰裂、雪崩等各种危险，办企业会面临诱惑、陷阱、欺骗、背叛等各种问题。如果不能正确地处理这一个又一个的困难和问题，不但山上不去，甚至登山者会遇到生命危险；不仅企业可能倒闭，老板甚至会被抓起来。在登山的日子生活变得简单，头脑反而变得清晰。每天在用步伐丈量广袤大地时，王石有时间回忆创业的过程，好像牛一样，可以对过去的岁月进行反刍，在仔细咀嚼的过程中，进行哲学思考，思索人生的意义。

1951年出生的王石，在文化大革命时期应该是初中老三届。他没有上山下乡，而是当了兵。当兵5年后复员当了工人。后来成为工农兵大学生就读于兰州铁道学院。大学毕业后回到广州工作。1980年进入省外经机关工作。如果他喜欢平静的生活，这是一个理想的工作。但是他感觉憋得慌，终于在6年后来到深圳发展。据说踏上深圳土地时，王石说了这样一句话："我相信，自己将在深圳实现个人的梦想。"王石做的第一单生意是倒卖玉米，先亏，后赢，赚了300万元。用这笔钱开办了深圳现代科教仪器展销中心，开始做进出口生意。买卖做得很杂，按照他的话说："当时除了黄、赌、毒、军火不做之外，其他什么都做。"

公司改名万科是1988年的事。这年11月，王石参加了一块土地的拍卖活动，高价购到一块土地后跨入了房地产业。1989年万科完成了股份化改造。1991年1月29日万科股票正式在深圳交易所挂牌上市。万科股票是深圳最早上市的股票之一，与深发展、深金田、深原野、深宝安一起为称之为"老五股"。万科股票在股市上表现一直很好，是一支优质股。万科的房地产业务发展得很好。到2005年底，万科的房地产业务已经扩展到20个大中城市。公司总资产达到219.9亿元，净资产83.7亿元。

万科的业务发展速度越来越快，王石登山的高度也越来越高。在2003年登珠峰时，王石其实并没有做好准备。他原来打算再登几座高峰后，2006年再登珠峰。2002年10月中央电视台准备在人类登顶珠峰50周年时拍一部纪念性的专题片，编导人员找到王石动员他参加。王石同意了。登珠峰是一个激动人心的时刻，给他留下了终生难忘的记忆。在旅途中王石感觉到，在高山峻岭之中人是那样地渺小；在冰天雪地里生命是那样地珍贵。途中遇到多次危险，最危险的时候是在登顶前的一段路上。这时王石氧气瓶里的氧气即将耗尽，王石面临着困难的选择：前进？这样回来的路上没有氧气会有生命危险；后撤？这样安全，但是登顶就在眼前，可能会留下莫大的遗憾。王石选择了前进。他这样赌运气：也许能够拣到别人丢弃的没有用完的氧气瓶……他靠着坚强的意志，运用自己一生的人生经验，调动其以前多次登山储备的体能，最后终于登上了珠峰，创造了奇迹。他是做为企业家、非专业的登山运动员登上世界屋脊的第一人；他登上珠峰时已经52岁，在这以前我国登珠峰最大年龄的人是45岁。下山的路上，王石的氧气耗尽了。但是他赌赢了，在路上真的拣到了还能用的氧气瓶，安全地回到大本营。

算上珠峰时王石已经是连续12次登顶成功。这时的他对人生有了不同的感悟。尽管在极高处人筋疲力尽没有心思欣赏风光，有时山顶上风雪弥漫也看不到"一览众山小"的奇景，但是，登山者的心理得到了极大的满足，不管是在物质的自然界还是在人的精神世界都达到了新的高度，也因此真正体会到"无限风光在险峰"的境界。

自攀登珠峰以后，王石继续登山的记录如下：

2003年12月，攀登南极最高峰、海拔5140米的文森峰，登顶。

2004年1月，攀登南美洲海拔6964米的阿空加瓜峰，登顶。

2004年7月，攀登欧洲最高峰、海拔5642米的厄尔布鲁士峰，登顶。

2004年7月，攀登澳洲最高峰、海拔2228米的科修斯科峰，登顶。

2006年12月，攀登印度尼西亚海拔5,030米的查亚峰，登顶。

2009年9月，攀登尼泊尔海拔8156米的马纳斯鲁峰，登顶。

此外，王石也到达了地球的两级：2005年4月，滑雪抵达北极点。2005年12月，抵达南极点。

这样，1995年被医生发出警告说身体可能瘫痪的王石，从1998年开始从事登山活动以来，用7年时间完成了"7+2"(登顶七大洲的最高峰，完成南北极的探险)的壮举。"7+2"，不要说对业余登山选手，就是对专业登山运动员来说，也是人生最辉煌的顶点。据说。目前全世界只有10个人实现了这个梦想。

2005-12-23-019王石南极自拍照。图片由万科公司提供。

      王石曾在多个场合谈到他登山的一些感悟。首先，登山是人生的浓缩。生活是人生最大的课堂，人一生就是不断学习和提高的过程。一个人，正是在一生中的历练和磨难中变得成熟起来。他说："在生活中总结出一些道理往往需要10年、20年，等你懂得之时，很多东西可能已来不及改正。而在登山过程中，一个星期就可以让人们懂得很多，这是人生的浓缩。"

      其次，登山是人生的延长。人在登山的短时间里总经经验，感悟人生，浓缩了生命。在同样长短的时间里经验和领悟了更多的人生哲理，反过来说，这就是延长了生命。王石体会中最重要的一点是：人永远不要轻言放弃。"登山是艰难的，登山者随时都可能有放弃的念头。我也曾想到放弃，但终究坚持到最后登顶成功。我们的生活何尝不是如此？很多事情就是因为放弃才没有成功。取得成功没有什么诀窍，只不过是坚持、再坚持一下。"

      再次，人要追求比生命更久远的东西。登山过程中，随时会面临死亡的威胁。恰恰就是在这种特殊情况下，人们才能真正面对死亡。登山会使人们能够从哲学的高度面对生死。人如果能够坦然面对生死问题，就可以活得更加从容。中国的哲人们大多能够参透人生，直面生死。他们并不追求物质享受，而是追求"立德立功立言"的不朽事业，追求生命的永恒。

      最后，人的潜力是无限的。人有无限的潜力，可以做更多的事情，可以追求更辉煌的人生。他说："登山之前，我认为一生能做成一件事已很不容易。人生简短几十年，能把万科做好已很不简单。但在登山之后，我感觉到人有无限的潜力，仅把万科做好是不够的。人的生命只有一次，一定要珍惜，要体验更多的人生乐趣。"

有了这种人生的体验和感悟，万科公司能够做不好吗？王石对万科的发展做了一个概括，他说："总结万科20年，第一个10年万科走了多元化的路，第二个10年完成了多元化向专业化的转化，第三个10年的目标是专业化向精细化的转化。中国目前的房地产行业，包括万科在内，还处在粗放经营的阶段，谁能完成精细化，谁才在这个10年中处于不败之地。各领风骚三五年不是万科追求的。"有些青年人把王石当成了学习的榜样。他们问王石一个人怎样做才能取得成功。王石回答说："我把成功写成一个公式，供青年朋友参考：成功100% = 运气90% + 理想主义5% + 激情2% + 坚韧意志2% + 控制力2% + 自省力2% + 平常心2% - 浮躁1% - 懒惰1% - 贪婪1% - 依赖1% - 没有同情心1%。"

王石最自豪的是在风云多变的商战中，面对金钱的诱惑，万科坚守住了自己的道德原则。他在新书《道路与梦想》中写道："如果回顾万科20年的发展，最值得骄傲的是我们守住了职业化的底线，无论碰上什么利益诱惑，我们一直坚持着自己的价值观：对人永远尊重、追求公平回报和开放透明的体制。"

王石经常喜欢把登山与运作企业作一番比较，他认为"做企业比登珠峰难，登峰熬了20天，但是我搞企业熬了20年，还在熬"；他认为登山增强了自己在商战中与对手较量的能力。他说："谈判时我坐在谈判桌前有一种优越感，产生出一种必胜的信念。我注视对方心里说：我在山上一呆就能呆一个月，你能吗？无论从意志上还是体力上你都磨不过我……"

经济学家张五常说："王石是世界上人口最多、经济发展最快的国家中最大的行业房地产的最成功机构的最高总裁。"现在我们对这句评价有了更深的理解。

智者乐水

王石在完成"7+2"、到达了地球的"三极"（珠峰、南北极）、攀登上了世界上最主要的山峰以后，兴趣一转，开始奔向海洋。这样做是有道理的。如果说登山是追求生命的高度，那么下海就是扩张生命的宽度。有了高度和宽度，生命就由线条变成了平面；再加上时间，生命成了一个饱满的立体。对于王石则其阅历更丰富，视野更宽广，他也因此更提高了生活的质量，活出了精彩。

从山转向水，是有了更多生活经历后的自然选择。智者乐水。何谓智者，智者就是聪明人。智者思想活跃，反应敏捷，像水一样不停流淌；智者如水无形，顺应形势，适应环境，随遇而安。

2003年，王石开始参与海上运动，先是玩赛艇，后来改玩帆船。这一年，王石牛刀小试就有收获。他与队友参加海南环岛帆船赛，经历了10级风浪的洗礼，夺得冠军。有一次碰到王石聊起天来，我随口问一句："听说你从登山改航海了，开游艇是什么感觉？"王石反驳的话立即重重地回击过来（这是他说话的风格）："你搞错了！我不是开游艇，而是驾驶帆船。前者是享受，后者是运动。"差别有那么大吗？我回家赶紧上网查了一些资料，才搞清楚王石确实是开始进行一种全新的运动训练。网上有人写道："阳光、海滩、音乐、啤酒……玩帆船的人代表着一种时尚的生活方式，更代表着一种与风浪搏击的骑士精神。"

真正让王石爱上海上运动，是源自一次经历。2004年9月，在摩纳哥参加一次海上运动。王石首次驾驶世界顶级帆船Wallyno号出海。帆船的优越性能表现让王石感到了震撼。蓝色的海湾里，万船竞发。动力艇劈波斩浪，如射出的箭羽一样冲向深海，速度竟然能够与跑道上的赛车相比；帆船高高挺立的白帆被长风吹鼓得满满的，推动着帆船在海水中轻盈地滑行。舰艇甲板矫健优美的曲线似鲨鱼脊背在波浪谷峰中穿梭，帆船乘风破浪在大海的怀抱里嬉戏。眼前的景象让王石热血沸腾。登山健将王石很自然地将登山与航海做一番比较：登山时身临万丈悬崖，随时可能发生雪崩，危险随时发生；而美丽如绸缎飘动的水面下，有数不清的暗礁和旋涡，洋面上随时会卷起骇人的风暴，危险不亚于登山。登山时，注意力都放在脚下的冰川上，人十分寂寞；航海时，虽然船上是一个团队，但是大家各忙各的顾不上说话，同样是寂寞的航程。这是相似的方面，不同的方面呢？好像登山更多一种高贵的气质，而航海则增加了一些浪漫的情调。

王石很喜欢海洋给了自己一种完全不同的感觉。他想起了儿时阅读《鲁滨逊漂流记》时萌生的环球航行的梦想。突然间他觉得梦中的情景在眼前越来越清晰，也许少儿的梦想在今后能够实现。于是，王石将他的梦想变成了计划，又让计划迅速付诸实践。按照他的计划，50～60岁主要是登山，60～70岁主要是航海。忽高忽低，忽东忽西，大起大落，大喜大悲。这才是王石的风格。

2006年万科收购了浪骑游艇会。其中有一艘游艇被命名为万科号。有人说，王石为了航海，竟然收购一个游艇会，太奢侈了。这是一个误会。王石解释说："收购游艇会还真不单是为了个人爱好。主要是因为万科负责开发大亚湾中的第二大岛大甲岛。为方便开发工作，希望隔海对面有个码头，所以全资收购了浪骑。"自从有了游艇会，王石方便了。他开始接受一月两次的帆船驾驶训练，也

王石厄尔布鲁士3700米营地飞伞。图片由万科公司提供。

多次参加了航海活动和比赛。

　　听王石的朋友们说，自从开始航海王石身上有了一些变化：多了几分理性，少了一些莽撞；多了一些社会责任，少了个人的逞强；开始更多地关注慈善事业和环保事业。

　　王石将自己的探险活动与环保事业结合起来，是从2005年去北极时开始的。出发前他收到了一封寄自广西的信，信是一位姓潘的生物研究学者写的。他在信中说："希望王石能够通过探险活动，为环保和公益事业尽一份力。"王石说他读信后既感动又惭愧。感动的是从信中感受到了老教授对祖国环保事业的认真执著；惭愧的是他的思想境界原来很低，仅仅把探险行为看成是个性的张扬、英雄主义的表现。他应该像教授希望的有更高的思想境界：以"企业公民"的身份，主动承担环保等更多的社会责任。

　　从北极回来再到南极去探险时，王石就主动承担起了保护广西崇左白头叶猴的责任，大声呼吁爱护环境、保护稀有动物；亲自动员华润集团、中国移动和香港SSI远东控股集团等几家企业，为这个项目提供了一百万元的赞助经费。南极探险队回来后，又将大家戴的手表拍卖收回20多万元资金，全部捐作保护基金。王石从南极回来时已经55岁，他意味深长地说，"7+2"既是他个人探险行为的终点，又是他大力支持公益事业的起点。

虽然王石以擅长说话、语言犀利而著称；实际上王石更是一个说到做到、让自己的行动走在言论前面的人。早在南极考察前的2004年6月5日，王石就已经参加了一个大型的名叫阿拉善SEE的环境保护项目。为做好这个项目还成立了一个专门的协会，由刘晓光、王石、马蔚华等人发起，有近百名中国知名企业家参加。阿拉善SEE生态协会是国内最有影响力的企业家公益组织，宗旨是为保护阿拉善地区的环保做一些事。由于阿拉善环境沙化，成为近年威胁北京的沙尘暴发源地，每年以沙漠面积1000平方公里(相当于一个中等县城面积)的速度逼近华北，影响到东南沿海地区，沙尘甚至越洋过海飘落到富士山下。沙尘暴的威胁唤起了中国企业家共同的社会责任感，大家决心以实际行动改善和恢复内蒙古阿拉善地区的生态环境。经过科学细致的调查，摸清楚了阿拉善地区的环境问题分成自然成因和人为成因，自然原因难有作为，但人为原因可以干预改变。SEE协会在当地5个县区建立了社区环保基金，提供小额贷款服务，扶持适合当地的项目发展，目的是通过发展经济，让老百姓获得新的生计来源，改变原来破坏环境的生产方式。该项目初步取得了一些可喜的效果，5年内保护了20万亩梭梭林，计划未来5年要保护200万亩松树林。阿拉善SEE生态协会已成为联合国世界全球保护会议的常任会员组织。

王石是最早认识到企业必须有社会责任的企业家之一。早在2002年，世界第一大会计师事务所普华永道和中央电视台联合搞了一个调查，在国内一千多家上市公司当中评选最受人尊敬的十佳企业。最后只评出7家，万科排名第三。央视邀请这7家企业的代表作了一个节目。给嘉宾们出了题目，要求写出各自认为企业值得尊敬的理由。多数人写得都是"诚信"一类的内容，只有王石写的是"社会责任"。有人讽刺王石"嘴巧，会说话"。其实不是。王石读了大量这方面的书籍，进行了深入研究。他从东西方两种文化的比较研究得出结论：西方企业家以马克斯·韦伯新教基督徒"天职"的观点做为理论教条；而中国自古以来比较缺少商业传统，简单地将"义利"看成是一种对立关系。因此，美国企业家能够将赚钱的效率和尽社会责任比较好地结合起来，而对于中国的企业家来说，这是一个新课题，不知怎样处理。王石认为只有解决好这个问题，中国企业才能更健康地发展。

王石是怎样做的呢？不仅他个人越来越自觉地将登山探险与做社会公益事业

结合起来，提出了"做负责的企业公民"的口号；而且他在制定万科的发展目标和经营方针时，也越来越多地把"尽社会责任"的内容贯穿其中。2003年，万科提出了"要像生产汽车一样生产房子"的理念，开始了从标准化到工业化，再到产业化的探索。产业化可以为客户建造更多更好的房子，节省大量的木材，有效降低成本并降低86%的能耗。万科计划2014年前全部实现住宅产业化。2005年，万科提出与建设部联合解决中低收入住宅的方案，2009年万科开始在深圳建设廉租屋住宅。未来万科还将发展节约能源型住宅。万科未来的住宅建筑将采用绿色建筑技术，不再搞毛坯房，而是发展精装修住宅，做一些零碳排放示范工程。2009年10月位于盐田区的万科新总部大楼建成。这是一座横躺着的摩天大楼，楼底部的支架将楼支撑起来，在楼底部形成大空间，保留了大片绿地，使建筑与自然地形完美结合起来。这座大楼非常环保，考虑到了雨水收集、阳光利用、节省材料等因素，万科在环保上又一次做出了榜样。

2009年6月，在深圳市每年一度的市民环保奖评选中，王石以"引领住宅节能环保潮流"理念，在2万名参选市民中脱颖而出，当选为本年度8位环保市民之一。12月，王石接受联合国环境规划署的邀请，作为中国民间环保组织代表出席哥本哈根气候大会。会上与其他代表一起共同发表了环保宣言，积极响应中国政府环境保护的国际承诺，决心在环保事业方面作出新贡献。王石在自己的博客上呼吁说："人类没有时间后悔了……"

蔚蓝色的海面上风帆点点，皮肤晒成古铜色的王石拉着缆绳、搏击风浪，开始了新的航海训练。他制定出了雄心勃勃的计划：在一两年内进行环球航海运动。有人问王石："惊险刺激的冒险运动将在你生命中持续多长时间？"他耸耸肩回答说："运动是我生活的一部分，是生活常态，所以冒险会继续下去，直到生命终止。"

勇者无敌

王石是一个勇者。他从容地面对对手。

首先，他不惧怕竞争对手。因为他规范做事，透明管理，相信制度的力量而不是靠权谋赚钱。在经营管理中，王石形成了自己的工作原则："做简单不做复杂，做透明不做封闭，做规范不做权谋，做责任不做放任。"所以同行中的对手，只是万科磨砺自己刀刃的磨刀石，是互相学习共同提高的竞争者，是并肩在

比赛场跑道上冲刺的同伴。

其次，他在自己的公司中没有敌人。因为他要做成一个有责任感的公司，愿意与同事们在一起做一番事业。他没有私心不可告人，他没有私利要瞒着自己的部下。同事们敬重他，佩服他，相信他，依赖他。在房地产行业里，万科是一支军队，大家是一个战壕里的战友。

再次，最重要的是他战胜了自己。每个人都是自己最大的敌人。他在登山的同时，在个人的修身方面不断地提高。在社会转型时期，与许多陷入物质享受的泥沼不可自拔的人不同，王石始终注重精神享受的追求；他愿意成为一个追求事业的人，而不是单纯赚钱的人。他战胜了私欲，战胜了艰难，战胜了身体出现疾病后产生的恐惧。他战胜了小我，成就了大我，是个真正的勇者。

2008年"中国改革开放30年经济百人榜"在京发布。王石榜上有名。2009年度中央电视台中国经济人物评选中，万科董事局主席王石被评为10名中国经济十年商业领袖人物之一。2009年，颇具权威的"翰威特最佳雇主研究"对200家中外企业进行调查评析，最终评出了"翰威特2009中国最佳雇主"其中7家为跨国公司，中资公司3家上榜，其中有万科。

我的笔头追不上王石的脚步。在该文定稿后，又传来了王石从南坡成功登顶珠穆朗玛峰的消息。这次登山活动命名为"珠峰零公里行动"，队员们承担在珠峰5300～8800米极高海拔区域清理垃圾的任务，取得了回收100多个废旧氧气瓶等垃圾的成绩。北京时间5月22日清晨7时20分，6名队员从南坡攀登海拔8844.43米的珠峰成功登顶。这次登山活动又创造了深圳人攀登珠峰的新记录：一是59岁的王石再次登上珠峰，刷新了他7年前52岁时创造的"登珠峰最年长者"的国内记录；他也成为从珠峰北坡、南坡都成功登顶的登山者。二是继2003年2名深圳人（王石和梁群）同时登顶珠峰后，又一次同时登顶的人中深圳人最多（王石、汪建、李洪海、陈芳4人）。

王石，一个奇人，一名强者。

写作该文参考了王石、谬川《光荣与梦想》一书。表示感谢。

第二十七篇
雅昌将工业做成了艺术

评语：中国是活版印刷的故乡。但是在很长一段历史时间中，中国失去了印刷大国的荣誉。雅昌用自己的出色工作，重新为中国争来了精美印刷的桂冠。雅昌成功了。

从一家普通印刷厂到艺术服务中心，从传统印刷行业到为客户提供艺术综合服务的文化产业，雅昌伴随着中国经济的高速发展，完成了自身的华丽转身。宛如一只蝴蝶的诞生，先缚茧成蛹，再破茧成蝶，翩然起舞，完成了生命的大蜕变。创新是雅昌的生命，追求是雅昌的动力，艺术是雅昌的气质，雅昌的转身是如此华美、优雅、成功。

做印刷就要做到世界最顶尖

2005年9月11日，美国中部时间晚上6时30分，芝加哥费尔蒙特大酒店正在举办第55届美国印制大奖颁奖典礼。这是全球印刷行业最大、最权威、最具影响力的印刷产品年度评比，设立的最高荣誉奖班尼奖（Benny Award）被誉为全球印刷界的"奥斯卡"。随着悠扬的音乐响起，美国印刷工业协会主席Michael Makin先生将班尼金奖，颁发给了来自中国的深圳雅昌彩色印刷有限公司董事长万捷，获奖作品是《西夏文物》。这是雅昌第二次收获班尼金奖。早在2003年，凭借精美绝伦的《梅兰芳藏戏曲史料图画集》，雅昌获得第53届班尼金奖，成为第一个获此殊荣的中国内地印刷企业。中国曾是印刷术的故乡，印刷技术曾领先世界上千年，古代中国精美的印刷品曾像鲜花盛开在大地、繁星闪耀于夜空一样闪耀于历史长河中。但近代中国的印刷却远远落后于西方。至20世纪80年代，国内高档印刷品还需在国外印制。雅昌捧回班尼金奖，表明中国的印刷水准可以与世界最高水平相媲美。著名学者余秋雨听到雅昌第一次获班尼金奖的消息后，撰文写道："中国人本是印刷术的最早发明者，重新夺冠于现代，一手捧走了金奖，挣回了从宋代毕昇开始的首创性尊严。"2008到2009年，雅昌再次获得3项班尼金奖。

6年间摘得5项班尼金奖桂冠，是雅昌印刷技术达到世界顶尖水准的佐证，同样的证明还可以列出一串长长的单子：

2001年，印制了《北京2008年奥运会申办报告》。

2002年，印制了《上海2010年世博会申办报告》。由于这两部作品设计别致、印制精美，受到了世界奥委会和世界展览局评委们的一致好评，帮助中国成功获得奥运会和世博会的举办权，两个申办报告也被誉为开启"申奥"、"申博"成功的金钥匙。

2004年，在德国莱比锡"世界最美的书"评比中，《梅兰芳藏戏曲史料图书集》继获得2003年班尼金奖之后，又一次收获"世界最美丽的书"全球唯一金奖，此后，雅昌印制的《中国记忆》和《诗经》分别于2008年和2010年再次荣膺此项全球最高荣誉。

2006年，雅昌承担了英国曼彻斯特联队足球俱乐部编年史《曼联》一书的印刷重任。这是一部尺寸为长宽各50公分、厚850页、重达35公斤的世间少见的巨书，讲述的是世界顶级足球俱乐部的百年传奇故事。为做好这部书，出版单位在全世界考察、遴选，最终选择由雅昌独家承印。2006年11月15日晚，在英国王储查尔斯王子的"王子信托基金"慈善晚会上，当雅昌董事长万捷和曼联足球俱乐部主教练弗格森爵士将《曼联》巨书赠送给查尔斯王子时，现场观众莫不为这部卷帙浩繁、印制精美的作品叫绝。后来，这部巨书毫无悬念地摘得了"首届中华印制大奖"的全场大奖。

2007年，雅昌承印的《深圳2011年第26届世界大学生夏季运动会申办报告》被专家评价为"历届大运会申办报告设计、印刷最精美的报告"，为深圳成功申得大运会举办权立下了汗马功劳。

2009年，适逢新中国成立60年华诞，雅昌再接重任，圆满完成60周年庆典专项印制任务，雅昌再次突破极致，用专业的精神为国家和民族做出了贡献，给祖国生日献上了大礼。

16年间，雅昌收获了200多项世界印刷大奖。自2000年起，雅昌10年间共获得香港印制大奖80余项，包括5个全场大奖和35个冠军奖。自2001年以来，雅昌连

万捷被评为"2009CCTV年度人物"，在央视
颁奖晚会上领奖。图片由雅昌公司提供。

续承制国家领导人的贺年卡。这些贺年卡是国家领导人向世界各国国家元首致以
节日问候的卡片。卡片精美、大气，方寸之间尽显中国印刷的最高水准。万捷认
为，承担这样的任务比获大奖更让雅昌人感到荣耀。由于雅昌扬威世界印刷界，
引起全世界对中国印刷的关注，原柯达保丽光印艺中国有限公司董事长罗国成称
赞说："全世界印刷界重新认识中国印刷业就是通过雅昌这个窗口。"

让我们回过头，沿着雅昌走过的足迹，探求万捷是如何带领雅昌在创业的道
路上健步行走、开创进取、夺取世界印刷界最高奖桂冠的。万捷是一位扎扎实实
做事业的印刷人。1984年，北京印刷学院毕业的万捷南下深圳，在深圳美光彩印
公司（日资企业）任职，从生产调度员做起，先后升任组长、课长、部长，26岁
时被提拔为厂长，28岁成为公司最年轻的董事。万捷多次被送到日本株式会社光
阳社、日本富士精版等著名印刷公司接受严格的专业培训，日本印刷企业的管理
制度和技术水平堪称世界一流，万捷在日资企业的工作经历为他日后创业打下了
良好的基础。

1993年，万捷借款40万元，租赁了一些印前设备，创办了深圳雅昌彩色印刷
有限公司，开始了自己的创业之旅。万捷在给公司起名时颇费心思，最后选定
"雅昌"，英文名为ARTRON，这个英文名字由Art(艺术）和Electron(电子)组合
而成。从取名上可以看出万捷最早的创业思路：将技术和艺术作为企业战车的两
个轮子。同时，"ARTRON"这个名字也是万捷身上技术专家和艺术家两种素质
的折射。事实上，万捷除了专注于印刷之外，也非常喜爱艺术，他的这一爱好为

他事业的发展起到了意想不到的效果，拓宽了他的事业领域。

雅昌创业之初与别的印刷企业面临的生存环境并无不同。印刷是早期深圳的支柱产业之一，企业多，市场竞争十分激烈，雅昌置身其中，让万捷感觉企业发展的空间越来越窄。一次偶然的机会，雅昌承接了一单业务，为一个艺术品拍卖会印制图录。通过这单业务，万捷了解到，每举行一次艺术品拍卖会都需要印制至少一本图录；随着艺术品拍卖市场的兴起，拍卖图录的印制需求会逐渐增多；好的图录会给拍卖增色不少，能提高拍卖成交率；艺术品图录印刷质量要求很高，需要对焦清晰，色彩饱满，图片逼真，是印刷行业里要求特别高的业务，有能力承接这种业务的公司不多。万捷进一步进行调查发现，深圳乃至中国还没有专业从事艺术印刷的企业。万捷察觉到，这是一个非常有发展前途的领域。从此，雅昌主攻艺术品图录的印制，走上了艺术印刷的道路。如今，雅昌为上百家拍卖公司服务，每年要印制1300多种图录，占这一市场95％以上的份额。

笔者曾问万捷，雅昌的印刷质量为什么能做到这么好？他回答说："我是个完美主义者，做什么都要做到最好。"这让笔者想起了雅昌一位管理干部讲过的一个故事：万捷总是要求员工们要向艺术家学习，把艺术家的创造性、探索性与完美性精神贯穿到印制业务的每一步骤，"像艺术家那样从事创造性的工作，把每一件印刷品当作艺术品来对待。"他还亲自开创了一项"鸡蛋里挑骨头工程"。只要他在公司里，从原来每天第一件事情到制版车间看打样，到如今，每天让三地公司的品质策划部经理，在做过的每本漂亮的画册中找出存在的问题，在画册上贴条并总结后，放到他的三地办公桌上，他再从这一摞摞的画册中再次找问题，以此方式提高我们管理人员对品质的更高要求及提升他们的眼界，16年来，万捷不断地在"鸡蛋里挑骨头"。在近乎苛刻的严格要求下，雅昌产品的质量不断提升，达到了世界顶尖水准。这又让笔者想起了万捷在北大工商管理（江西）高级研修班上说过的一段话："创业一定要有激情，有激情证明你喜欢这个行业；但光有激情还不一定能够成功，还必须坚持，坚持你看准的专业，努力朝既定方向走，就会取得成功。"这是万捷对自己成功经验的总结。

将信息储备变成艺术宝库

有人评价万捷"有艺术气质"。这样说不仅因为他喜欢收藏艺术品，是一个眼光很好的收藏家，更因为他像艺术家一样思考和创意。建立艺术品数据库就是

雅昌多次获得美国印刷最高荣誉奖班尼奖，2008年万捷在颁奖现场领奖。图片由雅昌提供。

他头脑中灵感与智慧的结晶，这一结晶直接推动了雅昌从传统印刷企业向文化产业的转型。

雅昌在多年为艺术界提供印刷服务的过程中，积累起了大量书画、书法、摄影、文物、工艺品等各种电子资料，以数据的形式储存在数据库里。在许多印刷厂里，印制的作品完成后，剩余的这些数据最后被当成"垃圾数据"删掉了。万捷不同，他要求员工将这些数据保存起来。虽然一开始他并没有想清楚这些资料储存起来的用途，但在他看来，这些数据实际上就是数字化的艺术品，是很珍贵的资源，删掉太可惜了。万捷后来在谈到这个问题时这样说："艺术品与人一样是有生命的。随着岁月的流逝，艺术作品也会老化、破损、甚至丢失、毁灭掉，不一定能够完整保存下来。历史上有很多艺术珍品，我们从文字记载中知道它们曾经存在过，但在现实中已经找不到了。这是人类文化、文明宝库不可弥补的损失，是多么可惜的事情。如果建立一个数据库，可以通过现代数字技术，将中外优秀的文化艺术保存起来，历经十年、百年、千年后，让后人仍可领略到先辈们优秀作品的精髓和神韵。这是一件多么有意义的事情。"

让人意想不到的是，数据库的建立给雅昌的业务及艺术家和艺术机构带来了极大的便利。

众所周知，印制拍卖图录，时间性要求很强。有时候收集艺术家们的作品资料很难、很费时间，但是拍卖图录必须赶在拍卖开始之前印刷出来。建立了雅昌数据库后，许多艺术家的数据直接可以从数据库调取，就能保证按时完成任务。雅昌数据库还有更大的好处：按照传统拍卖会惯例，只有前一次参加了拍卖会的客户才能收到新的拍卖图录；有了数据库后，雅昌就可以在第一时间把拍品的图文资料在雅昌网站上发布，客户只要上网就能免费查阅。这样做，老客户高兴，新客户也有了机会，顾客呈几何级数上升。这样一来，雅昌的业务就形成了良性循环：雅昌提供的数据库服务越好，客户就越多，雅昌承接印务越多，数据库的数据积累就越多，反过来又能为印刷提供更多更好的服务。后来，随着雅昌服务在业务良性循环中不断提升，不仅许多艺术家、艺术机构和拍卖行成为雅昌的客户群，连故宫博物院、中国国家博物馆等大型文物机构也都将业务交给了雅昌。

后来数据越积越多，电脑硬盘和光碟刻录已经满足不了需求。于是万捷购买了海量储存设备，建立了中央数据库，将这些数据统一整理管理。又过了一段时间，中央数据库的数据越来越多，形成了一定规模，这时候"中国艺术品数据库"就水到渠成了。该数据库是对中国艺术品数字化资源进行加工、存储、共享与增值再利用的综合管理平台，采用了先进的数据库、图形图像及多媒体处理、知识产权保护技术，具有权威性、专业性和唯一性。该数据库分成11大类别：艺术品机构库、艺术咨询库、艺术展览库、艺术期刊库、海外流失文物库、艺术拍卖库、艺术家作品库、馆藏文物库、印鉴款识库、私人藏品库、书画著作数据库。雅昌按照"以最低的成本收集资源"、"解决安全和版权问题"和"不断开发商业价值"三原则，管理这个大数据库。致力于将其打造成服务全球的世界级数据库，最大程度地实现世界文化艺术图文资料的交流、研究与共享。目前，雅昌已经打造出了世界上最大的中国艺术品图文数据库，管理着近6万名艺术家详尽的图文资料，收录了历代以来500万张艺术图文资料；拥有280多家拍卖机构4500多个拍卖专场、130多万件拍品的详细图文资料，其中包括国内外最重要的75家专业艺术品拍卖机构从1993年至今的所有拍卖信息；已经开始为2万多名艺术家提供数字资产管理服务。

强大的数据库，为雅昌艺术网的建立创造了优越的条件。2000年9月，雅昌创建了雅昌艺术网(www. artron. net)。成立之初的想法很简单——为客户提供更细致的增值服务。但没想到雅昌艺术网一下子就火遍艺术界。

雅昌艺术网的数据库汇集了自1993年中国首场艺术品专场拍卖会以来近

1000个专场、30万件拍品的完整的图片和成交资料，该网站作为国内42家最大的专业艺术品拍卖公司的惟一网上信息合作发布平台，正在以每年近百万件拍品的速度增加图片和成交数据。雅昌艺术网作为全球最大的中国艺术品门户网站，每天页面浏览量达800多万人次，在全球互联网排名中位于综合排名400名以内，稳居美国Alexa评测的中国艺术类网站浏览量排行榜第1名。2006年12月，"雅昌艺术网"被评为"2006年十佳中国文化产业最具投资价值创意新媒体"。如今，雅昌艺术网已经是国内最专业、最具活力的艺术类门户网站，成为传播中国文化艺术的一个重要窗口。

有了以海量的、权威性很高的数据库作后盾的雅昌艺术网，创建雅昌艺术市场指数就是顺理成章的事。2004年11月，由雅昌艺术网有限公司研发的"中国艺术品拍卖市场行情发布系统"通过了国家的鉴定。同时，开始正式发布"雅昌艺术市场指数"（AAMI）。这个指数的制定有点像股指，选取了内地及香港10家最大的艺术品拍卖公司大型拍卖会的成交数据作为样本（这10家公司的拍卖成交件数占到了全部成交件数的92.06%、成交额达到93.88%），经过科学的计算方法，最后形成雅昌艺术市场指数，以月为周期，每月第一天在网上发布。雅昌指数内

雅昌公司员工们欢呼北京申奥成功。图片由雅昌公司提供。

容包括成分指数、分类指数、个人作品成交价指数等3大子指数。翔实的数据，清晰的曲线，明了的价格，雅昌指数的设立相当于给各种艺术品、艺术家做了个排行榜。

雅昌艺术网推出指数的做法像是在艺术品市场投下了一枚重磅炸弹，招来了一些非议。但是艺术爱好者和投资者们高兴了，有了雅昌指数，好像是阳光驱散了迷雾，让大众百姓对扑朔迷离的艺术品市场有了清晰的认识；好像提供了望远镜和显微镜，让研究者不管是做宏观的分析还是做微观的研究，手中多了一个十分方便的工具。2005年，该成果被评为深圳市科技进步二等奖。雅昌艺术指数的创建，填补了国内空白，成为中国艺术品市场的航标灯和晴雨表。笔者认为，雅昌艺术指数可能是雅昌公司最具创意的一个品牌。

雅昌艺术网担负起了全国艺术品拍卖市场行情数据统计的重要任务。据雅昌的统计，1999年，全国艺术品市场交易额是12亿；2000年，增长到30多亿；2004年，又上升到120亿……雅昌艺术网准确信息的披露，让我们感觉到了中国艺术市场破土生长的生命力。随着国家政策的春风吹拂，中国文化的大地上春苗返青，春笋破土，文化产业的春天来了。

将传统印刷企业变成文化产业公司

量变引起质变。

雅昌慢慢从一个传统印刷企业转型为文化产业公司。雅昌提出了"成为能做最优秀印刷品的文化产业公司，为中国艺术市场提供全面、综合的服务"的企业定位，创造出了"传统印刷＋IT技术＋文化艺术"的"雅昌模式"。万捷在解释这个模式时说："以上三者缺一不可，文化艺术是内容，传统印刷是基础，IT是载体。没有传统印刷，我们肯定无法发展到现在的地步。只有把传统印刷做得更好更完美，文化产业才更有价值；只有把艺术服务做好了，传统印刷才有发展机会。这种新模式有旺盛的生命力，完全颠覆了过去所谓印刷行业是夕阳行业的观念。""雅昌模式"以雅昌艺术品数据库为基础，派生出了艺术家个人数字资产管理、雅昌艺术网服务、艺术品摄影、艺术图书策划出版、艺术图书装帧设计、艺术影像产品、艺术展览策划和艺术品衍生产品的开发与经营等产业服务业务，服务对象包括艺术家、艺术爱好者、艺术投资者、艺术品拍卖公司、画廊、平面媒体、美术出版社、美术馆、博物馆、展览馆、艺术院校和政府机构等。

万捷当上了2008北京奥运火炬手。
图片由雅昌公司提供。

万捷在雅昌艺术馆里。
图片由雅昌公司提供。

　　有一次笔者到雅昌调研，万捷亲自带领参观中央数据库。只见宽敞的机房里摆放着一排排玻璃柜，柜子里安放着一层层的电子仪器存储服务器，仪器面板上不停地闪烁着红绿黄蓝色的细微灯光，昼夜不息地运转工作着。我不太明白这个数据库是怎么样为顾客服务的，于是请万捷为我这个门外汉进行具体讲解。万捷笑笑对我说："你知道，雅昌原来是个印刷企业，主要是给客户印制画册和文字书籍。现在不仅如此，雅昌还提供数据服务。比如说，有一个画家，他一生总共画了1万张画，准备印刷出版10本画册。假定每本书平均使用300张画，总共用了3000张画。这10本画册由雅昌印制，但这只是一小部分业务；而更大的业务是，将总数1万张画的数据都保存在我们的数据库里。这些数据可以用来做数字资产开发，也可以另作他用，最重要的是这些数字艺术品将从此保存下去，他的子孙后代随时可以欣赏、使用……"

　　笔者又提了一个问题："这是对艺术家的服务，对一般顾客又怎样服务呢？"

　　"对一般艺术爱好者来说，也可以从雅昌找到自己想要的艺术品数据。例如，如果你想看张大千、齐白石、黄宾虹等大师的画作，就可以从雅昌艺术网下载，有专门的电子阅读器，还可以下载到手机；如果你想要投资艺术品，也可以上网看某个画家一生的作品、每幅作品各个时期不同的价格，或者看某一类美术作品，对它们进行比较研究。总之，通过这个数据库，可以开展各种各样衍生品服务。"

原来如此。经过万捷的一番解释，我脑海里总算有了一些具体的概念，开始感觉到了这个数据库对社会的重要价值和在商业运作上能够提供的多种可能性。事实上，雅昌的数字服务业务增长速度很快。这种"传统印刷产业＋IT技术＋文化艺术"的模式已经成为雅昌新的核心竞争力。

在访谈中万捷最后说："我希望将这个艺术品数据库做成像瑞士银行那样的模式，艺术家把作品数据存档在我这里，我可以随时给艺术家提供各种服务。为此我们加大了对深圳、北京、上海三地中国艺术品数据库的投入。尽可能多、尽可能快地收集数据资源，这是我们迫切的任务，也是雅昌模式的核心所在。"听着万捷的介绍，笔者想起了目前世界上最顶尖的创意企业，它们都在不遗余力做着同一件事：尽可能快地垄断更多的数字资源。亚马逊、微软、Google等企业，正在急迫地将数以千万计的海量图书资源输入自己的数据库。其中，亚马逊推出的电子书阅读器Kindle2，市场很火，它的目标是做世界上最大的电子图书出版商；微软已经开通了在线电子图书商店，免费推广其阅读软件；Google的"电子图书馆工程"也急速向前推进……

不知不觉中雅昌已经与这些世界著名公司站到了同一条起跑线上。

万捷介绍说："当今全球正在发生经营服务对象由B2B（Business to Business, 企业到企业）向B2C（Business to consumer，企业到客户）商业环境的变迁，我们不能在这场潮流中落后。雅昌正在形成的专业模式就是从'B2B的服务'形成庞大的数据库，再通过授权形成'B2C的产品'。"

雅昌倡导"为人民艺术服务"的理念，以实际行动承担着自己的社会责任。万捷说："一个企业履行社会责任，要在完成基本责任后，考虑如何推动一个行业的发展，让与这个行业相关的更多人受益。资助各类艺术文化展览，保护文化遗产，打造为艺术界服务的公共平台，是一个优秀企业公民的责任。我们会将雅昌打造成文化艺术领域的百年老店，留下更多的可以流传百年、千年的好东西。"

今天的雅昌，已发展成为拥有2400多名员工、经营面积（三地公司）70,000多平方米的现代化企业集团公司，拥有深圳、北京、上海三大运营基地。

ARTRON，艺术与电子的完美结合体，雅昌的成功本身是一个大创意的成功。围绕着这个被外界誉为"雅昌模式"的创意，雅昌正在朝着现代文化产业企业的方向快速奔跑……

写作该文采访了万捷同志。表示感谢。

第二十八篇

实现制造汽车的梦想

评语：比亚迪公司在制造电动汽车上争得了全国第一的好成绩，在世界范围内比产品技术也属先进水平。能做到这一点，靠的是创新技术。创新后面是自强不息的文化，是敢于同国外强手竞争的雄心，是为中国民族企业争光的志气。

中国在汽车生产领域是后来者。深圳有一家企业飞速发展，以电力作为汽车的动力，站到了世界汽车生产的前列。这家企业就是比亚迪。比亚迪是英语字母BYD的英译。BYD是什么意思呢？有人说，BYD最初的含义是Bring Your Dollars（赚取美元），说明比亚迪在初创时期主要考虑生存问题；后来公司领导解释这句话时说其含义是Build Your Dreams(成就梦想)；后来新上任的王荣代市长在比亚迪考察时将其演绎为Beyond Your Dreams（超越梦想）。同一个词的不同解释，准确地概括了比亚迪在短短数年间走过的传奇道路。

做电池做到了世界前三名

比亚迪创办于1995年，是从生产电池开始起家的。从电池开始做起，是因为比亚迪公司的创办人王传福本人是电池技术方面的专家。王传福是安徽无为县人，生于1966年。1987年7月，他毕业于中南工业大学冶金物理化学系，同年进入北京有色金属研究院攻读研究生。1990年至1995年工作于北京有色金属研究总院，任副主任。王传福的路子走得很顺、很好，让同龄人们感到羡慕。这是一条铺满鲜花的大道，如果一直走下去将会前程似锦。

但是王传福不满足。原因也许是他性格坚强，天生就想做一番大事业；也许像他这样年轻、受过良好高等教育的人，具有与世界强手竞争的雄心和眼光；也许是他的身上充满了在历史上曾经跑遍天下、做大买卖的徽商的基因。王传福想要自己创业。

20世纪90年代初期，市场上出现了被称为"大哥大"的第一代移动电话。一部电话价格高达2万多元还买不到，手机上的一块电池就要500多元。专家型的王传福知道电池的成本其实很低，但是由于我国生产不了，国外的经营商天价卖给我们赚取暴利。王传福感觉到这个产业有巨大的发展前景，他知道自己的创业机会来了。1995年，他辞官下海。向做生意的表哥借了250万元本钱，拉了20多个弟兄，南下创业的热土深圳，在布吉镇的几栋厂房里安营扎寨，给公司起名"深圳市比亚迪实业有限公司"。

当时充电电池市场中日本一统天下。弱小的中国企业面对的是日本这样的世界强手，怎样起步呢？这时候王传福得到了一条重要信息：日本宣布本土不再生产镍镉电池。这样日本就会将自己的镍镉电池生产转向国外。这是比亚迪的好机会。机会是一个机会，但是跨入这个行业的门槛很高：从日本买一条镍镉电池生产线要价几千万元人民币，而且日本政府有关部门对出口生产线限制很严格。王传福决定自己设计制造生产线设备，按照这样的原则设计生产线：避开采用自动化程度高的设备需要很多投资的短处；将生产线流程分解成可以用人工完成的一道道工序，发挥中国劳动力成本低的长项。最后只花了100多万元人民币，就建成了一条日产4000个镍镉电池的生产线。这是一个有中国特色的生产线，比亚迪成为一家被同行称之为"劳动密集型"企业的科技公司。从这条生产线上制造出来的电池，成本低廉，质量也不差，在市场上一露面就受到手机厂家的热烈欢迎。两年后的1997年，比亚迪生产的镍镉电池销售量达到1.5亿块，排名上蹿到全球第四位。接着，比亚迪又攻下了镍氢电池的山头。

在前两个战场上获胜后，比亚迪决定向锂电池高地发起冲锋，这是日本电池大王们死守不让的阵地。2000年，王传福带了200万人民币到日本试探买专用设备。日方一家企业对设备开价500万美元；对生产线开价1亿美元。王传福带的钱零头都不够。谈来谈去，日本人毫不让步。王传福有点烦了，对日本人说："你们刁难不想卖就算了，我们自己设计生产线……"日本人冷笑一声说："没有我日本的生产线，你们中国不可能生产出锂电池。"

王传福不信这个邪。他组织技术人员用原来的镍镉电池生产线，改造改造，拼凑拼凑，搞出一条锂电池生产线。办法还是老办法：尽量用人的聪明的头脑和灵巧的双手，代替日本生产线中靠昂贵的设备完成各种技术问题的。实践证明，

创业初期的王传福，在车间里与工人们摸爬滚打。图片由比亚迪提供。

中国人的头脑不但不比别人差，还经常比别人聪明。大家想出了很多成本低、效果好的办法。例如，锂电池生产线要求有真空无尘的生产环境。看看日本人和中国人是怎样用不同的方法解决这种问题的：日本建起了高大宽敞的真空车间，工人必须穿好净化服，经过吹风净化后进入工作；比亚迪没钱建这种高档厂房，于是设计出了一种无尘厢式生产线，整个厂房虽然做不到"无尘"，但是密封的生产线可以达到无尘要求，工人只需戴上手套双手伸入无尘环境中，就可以工作。两种方法，就"无尘"的要求来说效果是一样的，但成本差别巨大。粗粗一算账，同样是一条日产10万只锂电池的生产线，比亚迪设备投资5000万元人民币，需用工人2000名；而日本的全自动生产线设备投资1亿美元，需用工人200名。最后分摊到每块电池上的成本费用，比亚迪是1元人民币，日本厂是5～6元。如此大的成本差别，日本厂家哪里是比亚迪的对手。比亚迪在战场上攻城掠地，成为手机巨头摩托罗拉的首个中国锂电池供应商。2001年，比亚迪公司锂电池市场份额迅速上升到世界第四位，实现销售额13. 65亿元，纯利高达2. 56亿元。

日本人感到比亚迪咄咄逼人的攻势给他们造成了巨大的威胁。他们开始认真对付比亚迪，但是经济成本方面实在没有办法竞争，怎么办呢？他们便诬赖比亚迪的技术是偷他们的，挥舞着专利的大棒向比亚迪恶狠狠地猛砸过来。对此，王传福笑了。因为搞技术研发是比亚迪的看家本事。王传福说："我们从来不对技术研发打怵。别人有的，我们敢做；别人没有的，我们敢创新。在技术研发上，要有一种舍我其谁、一定能赢的勇气。我经常用这样的话鼓励研发人员：你解决不了技术难点，不是因为没有能力，而是因为缺乏勇气。"就是在王传福这种大无畏精神的鼓舞下，比亚迪的技术创新成果像雨后春笋从各个地方不断冒出来。王传福同时要求重视知识产权，将每一项技术发明都申请了专利。自1999年以来，比亚迪在国内外申请的专利数以平均每年195%的速度增长。比亚迪偷别人的技术？真是笑话！2002年9月，三洋公司将比亚迪告上美国圣迭戈法院。2003年7月，索尼株式会社将比亚迪告上日本东京地方法院。当时的比亚迪，已经分别在镍镉电池、镍氢电池和锂电池3个领域里，分别在全球市场上排名第一、第二和第三，生产规模达到了日产镍镉电池150万只、镍氢电池30万只、锂电池30万只的产量，产品外销达到60%。客户包括摩托罗拉、爱立信、京瓷、飞利浦等国际通讯业巨头。在这样的市场形势面前，三洋和索尼联手打击比亚迪就不是什么奇怪的事情。兵来将挡，水淹土屯。面对日本两个电池巨头的分进合击，比亚迪不慌不忙分兵迎敌。2003年10月8日，比亚迪向东京地方裁判所递交答辩书及相关证据38份，否认侵犯索尼的专利权，同时向日本专利局提起索尼专利无效的宣告请求；而在对美国圣迭戈法院的辩诉中，比亚迪提供了24件证据和8篇专利文献，轻易推翻了三洋的指控。最后，比亚迪打赢了官司：2005年2月16日，由于三洋主动向比亚迪请求和解，两家最终达成和解协议；2005年11月7日，日本知识产权高等裁判所做出判决，宣告索尼相关专利无效。

做汽车才是真正的梦想

对于许多企业家来说，一个产品做到世界同行业中的前三名，是梦寐以求的事；做到了，就要想办法守住地位，不会去考虑改行"瞎折腾"。王传福不这样想。他认为，由于电池是自己的专业，从电池开始创业最合理不过；但是，小小的电池不可能满足自己的创业愿望，做汽车才是值得自己终生奋斗的梦想。

汽车是欧洲工业革命的产物。法国人居尼奥于1769年制成了世界第一辆蒸汽汽车，从而为法国赢得了蒸汽汽车诞生地的荣誉。德国人卡尔·奔驰于1878年发明了世界上第一辆汽油汽车，创建的公司就是德国大名鼎鼎的"奔驰"汽车公司；戈特利布·戴姆勒是世界第一辆四轮汽车的创造者，被人们称作"世界汽车之父"。从那时至今，200多年的时间里，汽车已经成为人类历史上最重要的发明之一，汽车工业成为最重要的支柱产业。由此工业先进国家无不将汽车工业做为拉动国民经济的首要产业。

但是，在工业革命中错过机会的中国，在汽车制造业上走了一条极其坎坷的道路。中国大地上出现的第一辆汽车是一位上海富商于1903年购买的美国奥斯莫比尔牌小汽车。1928年在张学良的支持下，中国开始了制造汽车的首次尝试，在沈阳北大营军工厂仿造出了美国万国牌载重汽车，一年生产了10辆。1936年中国政府计划与德国奔驰公司合作，成立官办的"中国汽车制造公司"。但是由于抗日战争的影响，直到1949年国民党离开大陆，中国只有汽车修理业而没有制造厂。新中国成立后，中国汽车产业得以建立和发展。1953年在原苏联的援助下，中国办起了长春第一汽车制造厂，1956年生产出了第一台"解放牌"汽车。1964年国家开始筹建第二汽车制造厂，直到1978年开始批量投产，自己设计生产出了"东风牌"载货汽车。改革开放后，中央决定建立现代轿车工业。中国出现了一大批汽车合资公司。加入世界贸易组织后，中国汽车产业走上了国际化大循环的道路，产业发展步伐逐渐加快。从1984年到2005年，我国汽车年总产量由31.6万

1999年10月，比亚迪在深圳葵涌建设新工厂。图片由比亚迪提供。

辆提高到570万辆，21年内增长17倍。这就是王传福打算在汽车行业里创业时中国汽车产业的形势。

王传福胸怀凌云壮志，想为中国汽车产业的发展做出一份贡献，让中国的汽车产业出现一个新面貌。但是，很多人向他的创业热情泼来凉水。认为汽车的制造工艺要比电池复杂几百倍。王传福确实是电池专家，但是比亚迪搞汽车，简直是异想天开。王传福认为："汽车虽然是一个综合多学科的复杂产品，但是经过一百多年的发展它的大部分技术已十分成熟，只要下功夫能够掌握。而我们拥有明显的成本优势，没有理由做不好。"

2003年1月23日，比亚迪宣布以2.7亿元的价格收购了西安秦川汽车公司77%的股份。比亚迪成为继吉利之后国内第二家民营轿车生产企业。做汽车首先要解决汽车的模具生产问题。为此，王传福又来到日本汽车模具厂参观学习。工厂里，日本工人们趴在生产线上打磨模具的场景给王传福留下了深刻印象。他明白了："原来汽车模具生产中95%的工作量是人工完成的。一辆汽车有上万个零部件，需要多少图纸和模具？完成这些工作更不可能搞什么自动生产线，而是需要大量的工程技术人员来完成。这又是一个"高科技劳动密集型"行业。这又是中国的优势。"王传福粗粗算了一笔账：完成一吨模具的成本费用，日本8万元，中国仅需要2万元。因此，继收购秦川汽车之后，王传福又收购了原属北汽集团的一家模具厂，成立了北京比亚迪模具有限公司。模具公司不仅承担了比亚迪各种型号汽车的模具生产任务；而且由于具有成本低、效率高、质量好的优势，还承接了克莱斯勒、通用、福特、丰田等许多世界名牌汽车的模具委托生产订单(2010年4月，比亚迪又收购了日本获原公司旗下的馆林大型模具工厂)。接着，比亚迪开始了整车的设计生产，在上海成立了汽车研发中心，拥有3000多人的研发队伍，每年获得国家研发专利超过500项。在深圳成立了发动机研发、生产中心。在上海和西安分别建了汽车跑道，设立综合环境、道路模拟、碰撞、淋雨、高温、抗电磁干扰等各种实验室，对新车进行多种检测和试验。这样，比亚迪先后建成了西安、北京、深圳、上海、长沙五大汽车产业基地。比亚迪瞄准追赶国际名车的目标，按照汽车工业的高标准，挽起衣袖，摆开架势，准备大干一场。

作为一个新公司，比亚迪是怎样学习造车新技术的呢？职工们讲了王传福带领他们学技术的故事。公司每年都要花几千万元购买宝马、奔驰、保时捷等全球最新的车型。新车运来，王传福让技术人员将汽车彻底拆散，研究其中的技术诀窍和工艺高招。有的年轻技术人员面对价值几百万元的高级轿车，转来转去不敢下手。王传福知道后，来到轿车旁边，用像螺丝刀一样的大钥匙在车身上一顿乱

2003年1月22日，比亚迪收购西安秦川汽车公司，开始进军汽车产业。
图片由比亚迪提供。

划，把光洁如镜的汽车划得惨不忍睹。然后对技术人员说："好了，现在是一辆破车了，你们可以拆了……"有位收集名贵房车的发烧友朋友，心疼地说："我看这些轿车像宝贝心肝，你真下得了手！"王传福笑笑说："汽车说穿了不过就是'一堆钢铁'，你等着我制造出世界顶级车给你收藏吧。"技术诀窍从来对同行是严格保密的，舍不得孩子套不着狼。不这样做，怎么可能学习对手、最终胜过对手呢？牺牲几台高级轿车，表面上看花了大价钱，实际上这是掌握先进技术最快最省的办法。当年日本人、韩国人使用这种方法，迅速成为汽车生产大国；现在轮到中国人了。

　　3年多时间的创业是一个异常艰难、痛苦难熬的过程。比亚迪下定决心要生产出原创技术的汽车，做出民族汽车工业的品牌。与国内有些汽车厂家做法不同，这些企业创业时为了快速赚钱，从国外进口散件组装起来推向市场；而比亚迪的做法是，按照汽车的组成部分，建立起自己的研发机构、生产基地，将一辆汽车上所需要的主要部件和零件全部由自己设计生产出来，最后进组装厂组装成整车。换句话说，这已经不是开办一个汽车组装厂，而是创建一个大型的汽车联合企业。比亚迪为此默默无闻、埋头苦干了整整3年。与它承担的极其艰巨的任务相比，3年时间不但不算长，而且可以说是创造了创办汽车企业的惊人速度；但是对实力有限的民营公司来说，这是一个几乎不可能实现的目标，并不是所有的企业都愿意坚持，能够坚持。事实上，比亚迪当时承受了更大的压力。比亚迪是个上市公司，一举一动都会受到股东关注。当香港的机构投资者得知比亚迪决定造汽车后，表现出了异常的惊讶和愤怒，质问的电话几乎把王传福的手机打爆了。威胁说："我们要抛你的股票，抛到死为止……"几天之内，比亚迪股票市值蒸发了30多亿。王传福不为所动，咬牙坚持。他平静地对投资人说："我下半辈子就做汽车了。"

2006年终于守到春暖花开日。比亚迪凭借2005年底正式上市的一款F3新车，一举扭转了为开发汽车长期亏损的局面。公司汽车业务的营业额约为人民币32.3亿元，同比大幅增加414%；汽车总销量达到55,038辆，同比增长244%。其中，F3共售出46,307辆，月销量一直保持在4,000辆左右，成为销量最佳的自主品牌中级车单一车型之一。有人问比亚迪成功的经验，比亚迪一位汽车销售经理说比亚迪靠的是"袋鼠本领"。袋鼠有3个特征：长腿、育袋和自我奔跑，比亚迪练就了袋鼠特征带来的3种本领。长腿，指的是比亚迪有电池和手机电子这两条长腿，让企业有了长途跋涉的优越条件；育袋，指的是企业有良好的供血机能，能够在母体中育出新的健康的宝宝，换句话说就是"亏得起"；自我奔跑，说的是企业要有过硬的产品，没有过硬的产品宁可"三年不鸣"，一定要"一鸣惊人"。

做汽车的企业喜欢讲零部件的国产化比率达到百分之多少。比亚迪讲的不是"国产化的比率"，而是"企业的自产率"。情况怎样呢？比亚迪企业自主生产的有发动机、底盘、模具、整车电子、内饰甚至车漆。职工自豪地说："我们造玻璃和轮胎之外的汽车上所有的东西。"正因为能够做到这种程度，比亚迪才有条件大大地降低成本，生产出物美价廉的轿车，受到市场热捧。2008年，随着F6、F0系列的上市，比亚迪汽车销量约17万辆，成为自主品牌汽车的领头羊。

制造电动汽车是激动人心的目标

有些人对王传福进入汽车行业的动机有些不明白。电池和汽车是两个不太相关的行业。俗话说，隔行如隔山。王传福为什么这样大胆呢？仔细研究王传福的想法，有两个因素推动着他向前走：一是对汽车重要性的认识。汽车对一个正在步入现代生活国家的重要性是不言而喻的。中国人有句老话：衣食住行乃人之根本。汽车是解决"行"问题方面最重要的交通工具。汽车是高科技技术的大集成，汽车制造实际上是对一个国家综合科技力量的检验。王传福立大志做大事，他当然会选择最重要的行业和产品来施展自己的抱负。二是从电池生产到汽车研发还是有一定的路径依赖关系的。如果是做传统的汽车，与电池的关系倒不是特别密切；但是如果想做电动汽车，电池就成为核心因素。作为汽车，制造工艺已经很成熟；但是要说电动汽车，以电能作为主要动力的技术问题至今国内外都没有很好地解决。要论传统汽车，可以将王传福看成新手；但是要说电动汽车，在电池研发领域走在世界同行业最前面的王传福，他又称得上是领军人物。汽车行业至今没有解决的电动力问题，就是比亚迪进入汽车行业的突破口，是追赶世界老字号汽车巨头的捷径。

在王传福看来，由欧洲开始的工业革命，虽然在人类的发展史上具有划时代的意义；但是人类也为工业革命付出了难以承受的代价。一方面，工业革命中人类将地球在几千年里缓慢形成的石化燃料快速挥霍一空，造成了今天世界上能源短缺的紧张局面。另一方面，对环境造成了极大的污染。我们的天空不再蓝，水不再清，森林植被被日益蚕食，人们的饮食遭到严重污染……人类以自己的身体健康为代价，换取财富的极大丰富；以短视的贪婪索取，牺牲了下一代人的长远利益。这样的"增长模式"怎么能够持续发展呢？无论是石油快速消耗，还是形成污染源，汽车都扮演了一个极不光彩的角色。因此，传统的"喝油的汽车"迟早会淘汰，"纯电动汽车"必将取而代之。这就是王传福铁了心要制造电动汽车的原因吧。

1998年，比亚迪启动了对电动汽车电池的研究。2003年比亚迪开始进入汽车行业。2008年12月，比亚迪下线的全球首款混合动力汽车F3DM，通过国家有关部门的审核正式上市。DM是"双模"（Dual-Mode）的缩写。F3DM双模电动汽车采用电动与混合动力相结合的技术，车载电池电量用尽后自动切换到混合动力系统。这款双模电动汽车的核心驱动力是磷酸铁锂电池，这是一种用铁和硅为原料制成的一种高效电池，实现了高容量、高安全、低成本三项指标的完美统一，该技术已经申请了国家专利22项。这部花了5年、投入500名研发人员和逾10亿元人民币研发出的油电混合动力汽车可以像手机一样，在家用插座上充电，突破了电动车需在专业充电站充电的瓶颈；可以单独使用电力驱动，最高时速大于或等于150公里，纯电动模式城市运行状况下续驶里程大于60公里。目前世界上掌握双模技术的，只有通用、丰田和比亚迪三家企业，在纯电动状态下，通用、丰田的电

2002年7月，比亚迪在香港主板上市，创下了当时54支H股最高发行价记录。图片由比亚迪提供。

动汽车一次充电只能行驶25公里，而比亚迪双模电动车一次充电的续驶里程大于60公里。如果将F3DM双模电动车与传统汽车做个比较，优势明显：经济性方面，F3DM纯电动状态下百公里耗电仅为16度，按照0.6元／度电计算，行驶100公里的费用约为9.6元；环保性方面，电动汽车在100公里范围内是零排放（据统计全球25%的二氧化碳排放来自汽车）。这两项指标就是比亚迪汽车制胜的法宝。

2006年底，比亚迪成立了F3e6纯电动车项目组，王传福亲自担任项目总负责人。e6组从公司的电池部和电子事业部调集大批人马，任务是尽快地将两大产业群的核心技术进行无缝对接。e6是纯电动车，简称为EV。核心技术是采用铁电池。比亚迪的铁电池是以合成稳定的高铁酸盐作为其正极材料制作出的能量密度大、体积小、重量轻、寿命长、无污染的新型化学电池，是一种绿色能源。采用铁电池有几大好处：一是安全。电池安全是最大难点。目前国际上电动汽车之所以没有取得突破，是因为电池不安全，遇到150度以上高温可能会爆炸。据介绍，比亚迪的铁电池"用火烧都不会爆炸"。二是成本低。可以将整车的价格控制在15万元以内。行车百公里耗电15度，电费只需几元钱。三是动力强。铁电池的动力为200千瓦，充满电后续驶里程大于300公里，最高时速160公里。四是充电快。在正式的充电站里，快速充电10分钟可达70%的电量（目前比亚迪在全国已建4个充电站）；也可在家里充电，5小时内可以充满电。

纯电动汽车与传统的燃油汽车相比较，更是有无法相比的优势。电动汽车由于没有变速箱的复杂的部件，所以组装比较简单；电动汽车最关键的问题在电能供应上，在要求设计制造出高性能的安全电池上。如果电池的问题解决了，数年前数码相机取缔使用胶卷的传统相机的情况，就有可能重现。因此，生产电动汽车的核心技术实际上在电池上；哪一家公司能够制造出最好的电池，哪一公司就能主宰未来的汽车市场。王传福踌躇满志地说："长期以来，中国汽车工业由于缺乏核心技术而跟着别人亦步亦趋。如果我们的产品能够赢得市场认可，比亚迪将在新能源汽车领域上演'弯道超车'的好戏。"世界汽车研究机构J．D．Power亚太公司中国区调研总经理梅松林评价说："无论是已上市的F3DM，还是即将推出的e6，都说明比亚迪将成为全球新能源汽车市场上的领先者之一。电动车技术从根本上颠覆了传统汽车的燃油动力总成，使比亚迪这样的新兴厂商能够与雄霸汽车市场的巨头们站在同一个新的起跑线上。"

2008年，比亚迪销售额约268亿元人民币，较上年增长26.4%；出口16.92亿美元，比上年增长27%；税金总额约25亿元人民币，同比增长68.2%。公司自主开发的镍电池和手机用锂电池销量均已达到全球第一。王传福透露了雄心勃勃的发展计划：比亚迪的未来汽车产业发展战略，将握紧"电动化"和"电子化"两个拳头，"2015年达到150万辆左右的年产销量，成为中国乘用车市场销量第一；2025年达到全球乘用车市场销量第一，争取超过通用和丰田。"自从开办公司以来，王传福经常会说一些惊人之语，同行们往往会认为是"大话"而付之笑谈；这一次王传福又说出了让人不太敢相信的豪言壮语，但是因为他说话有"极高的实现率"，这次人们已不敢轻易笑话了。

站在中国汽车大国高地上的中国首富王传福

王传福在深圳创业热土上终于闹出了大动静，引起了世界股神巴菲特的注意。比亚迪是香港的上市公司。2002年，比亚迪股份(1211．HK)在香港主板上市；2007年，比亚迪电子(0285．HK)也在香港主板上市。2008年，金融海啸席卷全球，股市愁云笼罩。就在这种情况下，9月29日，巴菲特逆势出手，以2.25亿美元换购了比亚迪(1211．HK)9.9%的股份。当时股评家们不看好这笔收购，众口一

股神巴菲特入股比亚迪，让王传福成为中国首富。
图片由比亚迪提供。

词认为巴菲特被忽悠了。3个月后，比亚迪F3DM双模电动车惊艳亮相吸引了顾客的眼球。该车造型漂亮，技术先进（比全球同类型汽车至少提前3年上市），价格实惠（售价14.98万元），市场反响不俗。比亚迪股价应声而涨。巴菲特账面获利13亿美元。这时候股评家们才明白，不是巴菲特被忽悠了，而是他眼光独到。姜还是老的辣。巴菲特赚了钱，同时也帮助比亚迪做大了。双赢！2009年10月，《2009海南清水湾胡润百富榜》在北京正式发布，王传福以350亿元身价成为2009年首富，其财富较去年增加了290亿元，排名从去年的103位上升到今年的第1位，成为排名上升最快的企业家。

王传福能飞速上升，是因为他站在高地。中国已成为汽车大国，攀登上了汽车生产的珠穆朗玛峰。王传福能够成为中国首富，中国汽车工业的快速发展才是其中真正的原因。2009年10月20日上午10时45分，在长春第一汽车厂生产线上，随着一辆金橙色"解放"第六代J6卡车驶下生产线，中国第1000万辆汽车诞生，标志着中国成为世界上第三个年产千万辆汽车的国家。中国汽车工业协会发言人宣布，继2008年中国汽车产量超过美国跃居世界第二后，2009年中国汽车产量已突破1000万辆，全年产量预计将达1250万至1300万辆。这是中国汽车生产史上首次突破千万辆级大关。原来排在第一位的日本因出口低迷而产量持续下滑，从而使中国在产销两方面跃居世界第一。中国的汽车生产虽然登上了世界高峰，但是中国的市场仍然潜力巨大。2008年，中国汽车拥有量22辆／千人。可以做一些横向比较：俄罗斯212辆／千人，美国458辆／千人，德国499／千人。从以上数字比较中，我们可以知道中国的汽车拥有量是俄罗斯的1／10、美国的1／21,德国的1／23。考虑到中国有13亿人口，可以想象中国的汽车发展前景是多么惊人。从这里也可以看出当年的王传福具有何等的前瞻性眼光和何等的创业雄心。

有人问王传福："比亚迪成功靠什么？"他回答说："比亚迪比别人跑得快，能够后来者居上，追上前面一个个对手，靠的是我们劳动力的优势。中国人聪明，劳动力成本低，这是创业的最大优势，这方面发达国家无法与我们相比。中华民族的勤奋和吃苦耐劳，决定了我们必将成为世界第一。"比亚迪创造出了几个全国第一甚至世界第一：手机电池生产量世界第一；双模汽车的技术性能世界第一；在纯电动汽车的研发方面又走到了世界的前列；王传福个人做为一个新徽商在很短时间内成为了全国首富。在前几年的国际徽商精英年会上，王传福入选了"卓越徽商20强"。王传福说："10年前，谁都不相信中国能生产锂电池；5年前，谁都不相信中国能生产高端手机，现在到了改写'中国制造'内涵的时候了！'中国制造'不是'低端制造'的代名词，也能像'日本制造'和'德国制造'一样充满含金量！"

王传福的豪迈语言在汽车故乡德国引起了回响。2010年5元27日，比亚迪与戴姆勒奔驰在北京签署合同，在中国成立深圳比亚迪·戴姆勒新技术有限公司，合资公司注册资本为6亿元人民币，双方各占一半股权。合资公司将开发电动汽车，预计将在2013年正式面世。年轻的比亚迪以自己的先进理念和创新能力，赢得了最老牌品牌公司的尊敬。王传福面前展现出了更为广阔的发展天地。

"中国制造"的航母已经启动。在无数个像王传福这样的船长指挥下，巨轮迎着朝阳，乘风破浪，必将驶向成功的彼岸。

写作该文参考了蓝岸《解读比亚迪成长之路》一文（《深圳特区报》2009年5月15日A2版）；《王传福：18年后我造汽车世界第一》（记者马骥远、孙维佳访谈文章，《晶报》2007年8月20日A11版）。表示感谢。

第二十九篇

A8为中国原创音乐
插上了翅膀

评语：A8音乐摸索一种新的经营模式，创建了中国最大的原创音乐数字曲库，使保护音乐家们的著作权成为可能，为中国原创音乐的发展作出了贡献。音乐是国际通行语言。中国要想增强民族文化的辐射力和影响力，音乐是重要的渠道之一。从这一点能够看出A8做着非常重要的事情。

2008年12月19日，北京钓鱼台国宾馆张灯结彩喜气洋洋，这里正在举办"光华龙腾奖2008第三届中国创意产业年度大奖"颁奖大会。颁奖大会上，A8音乐荣获"2008中国创意产业推动奖"及"2008中国创意产业高成长企业百强奖"，公司董事会主席兼CEO刘晓松获得"2008中国创意产业领军人物奖"。同台获奖的单位和个人包括华谊兄弟、深圳雅昌、凤凰网，以及导演张艺谋、文化学者余秋雨等。获得该奖的标准是公司或者个人出色的创意，使之在行业中做出了巨大成绩而具有示范作用。这是业界对A8音乐在数字音乐领域取得成就的充分肯定。A8音乐公司还得过"未来之星2006年度最具成长性的新兴企业"、"2007中国创意产业领军企业奖"、"2008年度商业模式未来之星第一名"等类似的奖项。

A8做了些什么事情，能得到如此殊荣呢？原来，A8音乐公司摸索出了一条促进中国原创音乐发展的路子，提高了中国音乐在世界上的地位。原来的中国唱片音乐在世界上声音很小，好像藏在一个蚕茧里，不为外人知道。A8通过数字音乐打开了一个端口，让中国的音乐破茧而出，变成飞舞的蝴蝶，飞向世界。A8音乐公司汇集了1万多名唱作人，6万多首原创歌曲，是中国最有影响力的数字音乐公司之一；公司经营收入在中国数字音乐行业名列第一。A8无疑是数字音乐经营商中的明星。

A8音乐公司董事局主席兼CEO刘晓松。图片由A8音乐提供。

清华大学博士生，是攻读学位还是辍学创业？

A8的创始人名叫刘晓松。

刘晓松是贵州省晴隆县人，1965年出生在一个教师家庭。在家人和邻居的眼中，晓松是个爱学习的乖孩子，整天趴在书桌上看书，求知欲很强。晓松学习成绩好，小学、中学时，两次跳级；15岁时考上湖南大学。大学毕业后没有松一口气的意思，继续求学深造。1984年在中国电力科学院攻读完硕士学位后，1991年又考上清华大学攻读博士学位。

1994年，还在清华大学上学的刘晓松有机会来到深圳实习。来深圳不久，刘晓松做出决定：博士学位不读了，辍学到深圳创业。这个决定把家人吓坏了。当教师的父亲母亲尤其想不通：在清华大学读博士何等荣耀？全国能有几个孩子有这样的机遇，有这样的能力？古人有训，万般皆下品，唯有读书高。他们为晓松设计的道路是最终成为一名大学者。现在要辍学？这孩子怎么糊涂了，开始反叛了？家人问他："为什么不最后读完博士，给自己的学业画上一个圆满的句号呢？"晓松回答说："在清华的两年里，自己感觉已经掌握了80%的知识；如果想要学完余下20%的课程可能还需要花费80%的精力，算算账有些不值。你们想让我多读书，但读书的目的是什么呢？无非是求学和创业。如果说求学，世界已经进入信息时代、知识经济时代，学校里学到的知识再多也是小部分，大部分需要工作后继续学习。半部论语治天下的时代早已过去，生活在信息时代的人必须终生学习。如果论创业，世界瞬息万变，机会稍纵即逝。一个人想要读完书、做好了准备才工作是不可能了。好比战士参加战斗，说等我在军校里学完所有的军事知识再上战场，这一天一辈子都等不来了……"家人这才明白了他的想法。善于概括的父亲总结说："爱读书的孩子，可能有两种情况：一种是死读书的书呆子型；还有一种是'时刻准备着'的创业型。看来咱家的晓松是这后一种类型……"家人慢慢理解了，最后高兴了。

刘晓松承认确实被深圳这座年轻的城市深深地吸引住了。他感觉到小平同志南巡后的深圳充满了创业的热情和无数的机会。他兴奋地对朋友说："深圳遍地是金矿，就看你有没有能力去挖掘；这里的空气中流动着无数商机的气息，等待着聪明的人去捕捉。"刘晓松在一家软件公司实习。机遇说来就来。其实公正的机遇老人会拜访到每个人，但是每个人的准备情况不同。遇到完全没有准备的人，机遇老人只是笑笑就走了；而对于有充分准备的人，他会用那杆神奇的魔杖为你点石成金。有一位客户，出资200万元，委托晓松为他们公司开发一套能够满足个性化需求的证券行情软件。刘晓松出色地完成了这项任务，掘到了创业的第一桶金。他用这笔资金成立了信力德系统有限公司，经营证券软件的开发业务。不长时间里公司就有了一定的规模。

随着网络经营越来越火，大家一哄而上。头脑冷静的刘晓松发现和研究了网络经营的一些缺陷，决定转型，专做以手机等为载体的无线网络业务。2000年，刘晓松成立了Any8公司。"Any8"的意思是"任何时间任何地点为任何人服务"。但是在实践中发现，这种业务定位范围过于空泛。包罗万象，什么也包不了；什么都想做，啥事都做不成。这次创意不成功。刘晓松分析失败的原因"可能是太超前了，也许等时机成熟时还可以尝试"。

刘晓松决定缩小业务范围，将目光投向音乐。选择音乐有这样几个原因：一是把握选择行业原则。实现现代化过程中的中国处在一个大变化的时代。刘晓松喜欢变化，变化孕育着机遇，大变化意味着多选择。但是在多变化的情况下，择业就要慎重。俗话说"女怕嫁错郎，男怕入错行"。行业选择的对错，对事业的成败影响巨大。他认为选择行业应该考虑规模大、有潜力这样两个条件。按照所学的专业和知识储备，刘晓松可以选择电力行业发展。但是他认为这不是最佳选择。电力行业规模大，这一点挺好；但是变化余地小。自一百多年前的英国物理学家法拉第确定了电磁转换原理和方法后，至今没有根本性的变化。在变化不大的行业中，新来的创业者很难有大的作为。二是树立创新领先理念。创业就要设法走在别人的前面，在无人到达的领域里探索。"由于信息不对称和不完整，一个人想要全面掌握情况后再决定怎么做是不现实的。一件事情只要面貌七分清晰就应该去做；如果等到面貌十分清晰，就已经落后于市场了。"所谓"快者赢，勇者胜"就是这个道理。这也是由钱·金和勒妮·莫博涅提出的"蓝海战略"思想。高明的创业者不会在"红海"——完全成熟的市场中搏杀得血流成河；而是善于发现"蓝海"，在新的潜在的市场中创业。找准了目标就坚定地走下去，不管别人怎么说，走自己的路。三是受美国itunes音乐推广模式的启发。2003年开始，苹果公司开始做音乐，从唱片公司获得版权，在互联网上销售。苹果公司的itunes模式取得了巨大成功。这给了刘晓松很大的启示，使他思索转向"无线网络音乐"行业。

但是公司转型的打算，遇到了极大的困难。刘晓松感觉自己面前竖着几座高山很难跨越过去。首先，公司的技术骨干不愿意。他们以前是网络技术高手，一转型自己的优势尽失，对前途有点迷茫。其次，公司的股东有担心。他们问，转行做音乐，这个行业行不行？就算行业行，员工的能力行不行？最后，刘晓松发现说服自己也很困难。对原来做的业务有感情，一时难以割舍；对音乐业务很陌生，心中也有点忐忑不安。"超越自己才是最难的。"但是他知道机会稍纵即逝，如果犹豫彷徨，机会就会一点一点流失掉。他决定破釜沉舟，把公司名字改成了"A8音乐"，该名字的含义是这样的：音乐只有七个音符，我们要做的是第八个音符，这一个音符既是七个音符内容的概括，又是对七个音符的服务者。刘晓松想让A8成为中国最大的数字音乐服务商。他提出了"电媒音乐"(TeleMusic)的概念。所谓"电媒音乐"，就是利用手机等无线传输载体，推介、获取和购买音乐的全新商业模式。消费者可以将手机、PC等作为终端，随时随地下载正版音乐；只需付出很低的费用，就可以下载享受到高质量的音乐。

名字一改就表示刘晓松的决心已定了。这样一来反而好办了：员工可以选择，想走的就走，留下来的安心工作；股东不看好这一行业的可以退股，有信心的留下来同舟风雨开始新的创业。公司业务定位明确了，客户也分流了。业内人都知道你是专门做音乐的，有关系的来找你谈业务，没关系的不再找你浪费大家的时间。刘晓松说："这时候公司有了方向感，创业号轮船又开始启航了。"

非洲人全打赤脚，去不去卖鞋？

在营销学中有这样一个事例：两个经营鞋的商人到非洲去找经商机会。炎热的非洲，当地土著人光着脚不穿鞋。看到这种情况，一个商人非常失望地说："完了，这里的人不穿鞋，我的鞋肯定卖不出去了。"另一个商人高兴地说："太好了，这里的人都不穿鞋，如果我教会他们穿鞋的话，我的鞋一定会供不应求。"

刘晓松经常给员工们讲这个事例，他用这个故事说明一个道理：能不能在一种极普通、司空见惯的情况中发现商机，是衡量一个经营商能力强弱的标准，这也是刘晓松的经验之谈。那是2001年在Any8公司时发生的事情。有一天，公司在报纸上刊登了一条信息：顾客可以在Any8.com网站上免费下载手机铃声。谁也没想到这一条看似普通的信息引起了热烈反响，当天有26万人次下载铃声。刘晓松立刻意识到这项业务值得注意，其中蕴藏着极大的商机。正是这件事，使刘晓松

2009年A8音乐原创中国音乐盛典颁奖典礼。图片由A8音乐提供。

最后下决心选定数字音乐作为公司的主攻方向，将Any8改名为A8。

成立公司好比是有了一个碗，碗里装什么饭呢？这就是A8公司需要解决的服务内容问题。解决内容问题有两个办法：一是从环球、华纳、索尼、百代等世界大唱片公司那里买音乐歌曲，提供给中国的听众。刘晓松意识到这样做虽然可能能赚一些钱，但不利于打造自己的品牌，也不利于中国原创音乐的发展。刘晓松决定走另一条路子：培养本国的音乐人，做自己的原创音乐。

A8的做法是：由公司与音乐人签约做他们作品的数字渠道代理人；公司投资完成数字音乐的制作；作品先挂在互联网上免费播放，算是为歌曲做广告，歌曲出名后，用户有兴趣下载为手机彩铃时，就能够收到钱了；音乐销售有收入后，由手机等载体运营公司、音乐经营的A8公司和作者三家按照约定的比例分成。音乐人与A8之间的分成比较灵活，可以买断，也可以按收入比例分成。刘晓松设计A8这样的经营模式是基于这样的分析："音乐的后CD时代已经到来。在后CD时代，创作变得更加多元化、个性化，作者和歌手已经不耐烦等凑够10首、20首歌时出版CD碟，只要有一首好歌就可以发行、征服听众了。这样做还有节省时间、降低成本费用的好处。"

这种经营模式，被刘晓松概括为"B2B＋B2C"。如果用非专业人士能够听得懂的语言解释，首先是公司(business)对作者(business)，A8负责作者的选择和推介。刘晓松解释说："A8是为中国音乐人发表作品建立的平台。下载歌曲不用到A8.com，而是发行歌曲要到A8.com上来。对A8最准确的表述是：有线(互联网)+无线(移动增值业务)的音乐平台。"其次是公司(business)对终端消费者(consumer)，A8将音乐作品销售给终端消费者。仅是中国的消费者数量就多达6亿人，再加上面向全世界的消费者，这是一个多么巨大的消费群体、多么惊人的市场。

发展目标明确、经营方式确定后，A8全力投入了包装、推广中国音乐人的工作中。为了扩大影响，A8还投入巨资，策划组织了一系列原创音乐大赛活动，用这种方法宣传歌手，推广歌曲。2005年启动了全国"原创中国音乐大赛"，播出作品。2007年启动"原声飞扬"原创音乐大赛。2008年，主办"2008年度原创音乐大赛"。活动吸引了众多作品参赛，取得了极大成功。

经过多年坚持不懈的努力，A8成功地推出了许多音乐作品和音乐人。青年词曲家何沐阳1997年从湖南来到深圳，火热的生活使他灵感不断，写出了许多好歌。2004年，A8在音乐网络平台上推出了他的《彩云之南》，这首歌不到半年时间就达到了百万多次的彩铃下载量。而在早一年何沐阳写成的《月亮之上》，也通过网络传播和"凤凰传奇"乐队参加几次比赛，红遍了全国。何沐阳从此有了"现代民歌之父"的名声。2007年由胡力作词作曲并演唱的《不想让你哭》，手机下载量约为780万次，收益约1610万元。由张世彬作词作曲的《我不哭》，手机下载量为590万次，收益1110万元。新创下记录的是音乐人刘可在2008年创作的歌曲《寂寞才说爱》(单觅词，刘可曲、演唱)。歌曲先是在A8音乐网站和其他各大门户网站上提供试听，受到网民的热情追捧，迅速蹿到各歌曲排行榜的榜首。接着，手机彩铃火爆下载，下载量高达1800万次，收入约为3500万元。就是因为这首歌，热情的歌迷将刘可与刘欢、韩磊并列，誉为"当红歌王"。

在不断推出歌手的过程中，A8也有了丰厚的回报。现在公司已经拥有超过6万首的原创音乐作品，建立了1万多名原创音乐人资源库。2008年，A8营业收入创历史新高，达人民币7.06亿元，毛利达人民币2.66亿元，分别较2007年增长147%和100%。2009年尽管受金融海啸的影响，上半年营业收入还是达到了2.9亿元。

A8音乐成功地解决了中国音乐的推广传播问题，成为推广音乐作品和音乐人的重要平台。人们承认A8音乐引领着数字音乐时代新潮流，创出了一种运作成功的商业模式。如今，A8音乐已有了"国内数字音乐第一门户"的称号。2007年，A8音乐又启动了"原创中国音乐基地"工程计划。决心打造一条以音乐创作、音乐制作、数字发行为核心的音乐产业链。A8还计划打造"华南原创音乐基地产业园"。2008年A8以首只无线网络音乐概念在香港成功上市，成为国内唯一上市的数字音乐公司。

中国不缺乏音乐人，缺少推出音乐人的平台

2008年，在中国音乐家协会的支持下，深圳市委宣传部开始启动音乐工程，目的是通过该项活动促进中国原创音乐的发展。由于开展这项工程，作者曾与傅庚晨、谷建芬、徐沛东等中国音乐家协会的领导和专家多有接触。我向他们讨教发展中国原创音乐的锦囊妙计。他们的看法是：中国不缺乏音乐人，但是缺乏推广音乐作品和音乐人的平台。与国外音乐强国比较，我们制作技术不如人家精良、推广渠道不如人家畅通，这些都是影响中国音乐发展的因素。但是，造成中国缺乏音乐推广平台的深层次原因是我国存在着严重的盗版问题。这个问题不解决，发展中国原创音乐就是一句空话。

A8音乐为四川汶川地震灾区捐款，慰问救灾部队战士。
图片由A8音乐提供。

我国为什么盗版现象严重呢？一是国人缺乏版权概念。中国人对版权、知识产权有一种错误观念：对那些看得见的、摸得着的实物，认为有价；而对那些摸不着、不以实物形态表现出来的东西，认为没有价。版权、知识产权不是实物，而是存在于头脑中的虚的东西，因此没有价格，不应该付钱。有人振振有词地问："中国人最大的贡献是四大发明，有谁为使用这些发明付过费？"由于国人没有知识产权概念，所以发明者有了技术发明不愿意公开，只是以家族中秘密教授的方式代代相传；甚至规定"传子不传女"以防止秘方外传。正是国人这种发明者保密、消费者白用的观念，对形成产业产生了不利影响，最终严重阻碍了生产力的发展。二是国家重视不够。人大立法机构没有这方面的立法，虽然国务院于2005年3月颁布了《著作权集体管理条例》(其中有版权付费的规定)，但是执行得不够好。由于不尊重、不保护知识产权，盗版现象普遍，作者的权益受到严重的侵犯，因此有兴趣创作的人越来越少。

我想起了一次聊天时傅庚辰说的一段话："盗版问题不解决，中国音乐人连付出了辛勤的智力劳动后就得不到应有的回报。今天中国音乐舞台上，歌手唱一首歌，酬金几万、十几万，甚至几十万元，而歌曲的作者却得不到任何收入，这种现象合理吗？"这种局面深深地挫伤了音乐人的职业自尊心和创作积极性。久而久之，大家不想写歌，或者写了歌宁可收藏也不愿意发表。有一次谷建芬老师告诉我，这几年她实际上创作出了一批歌曲，但就是不愿意拿出来。她说："盗版问题不解决，这些歌曲宁可锁在箱底也不愿意拿出来。"这就是中国音乐人凄凉的心境，就是由于不尊重音乐人造成的结果。因此想要让中国原创乐繁荣起来，必须解决版权问题。

A8在解决盗版问题上初步取得了成效。刘晓松说："A8只是部分地解决了音乐版权保护问题。推出的歌曲只是在手机彩铃上有收入，在互联网上还是免费播放。有一天中国互联网的免费午餐没有了，那时候版权付费问题才能真正得到解决。"刘晓松对盗版问题的深刻理解，是他当年将公司业务从网络转向手机的主要原因。网络不实行实名制，确认使用者有困难因而影响收费；实行实名制的手机，使用者的身份确定，收费安全方便。他开玩笑说："在互联网上对话，大家隐藏在网络后面，很难搞清楚对方是什么人。如果有一只训练有素的小狗上网与你对话，你很难知道真相……"随着技术的发展，音乐的传播方式不断地改进。从钢丝录音、柱式唱片、胶片、卡带、CD与DVD、MP3，直到网络时代来临。网络的普及让一首乐曲以前所未有的速度流行，同时也因为盗版问题给传统的音乐产业以致命的打击。当然，盗版问题早在CD唱片时代就出现了，但是网络让大规模盗版成为可能。互联网技术是一把双刃剑，既是传统音乐产业的"终结者"，也是开辟新疆场的利器。

A8在数字音乐领域走出了一条有中国特色的新路子。A8音乐走出的这条路子不简单，改变了中国原创音乐落后尴尬的局面。在原来的传统唱片时代，中国音乐在世界音乐界的地位非常低，产值在世界唱片销量中不到1%。由于销量太低，环球、华纳、索尼和百代等4大世界唱片公司，根本不重视中国市场，不在中国设立销售网点。国际版权联合会(IFPI)也不关心中国，认为在这个领域中国不会发生什么令人感兴趣的事情。中国在国际音乐产业界没有话语权。但是随着数字音乐的发展，中国音乐产业成为世界的亮点，有了自己的地位。据IFPI(国际唱片业协会)发布的《数字音乐报告2009》的数据显示，2008年全球数字音乐收入预期增长25%，达到37亿美元，约占整个音乐产业收入的20%，比2007年增长了5%。虽然中国的数字音乐在其中占的比例仍然很小，但是形势开始发生变化。而在国内市场，据专业机构调查，中国的无线音乐在市场占有率上处于优势。受访的消费者

青年作曲家何沐阳。图片由本人提供。

中有一半多的人表示已不再购买或极少购买CD，而改用电脑、MP3、手机来消费音乐。刘晓松认为，"音乐的唱片时代已经成为过去式，数字音乐一定是音乐产业的未来。"

学的专业与音乐没关系，敢不敢当音乐人？

回顾刘晓松求学的道路，他所学的专业与音乐并没有关系。大学时刘晓松学仪器仪表专业，硕士时学自动化专业，博士时学电机专业。但是他现在成了中国最大的数字音乐经营商。回过头来看，我不能不佩服刘晓松当年辍学离开清华大学的想法。看到刘晓松的成功，我想起了美国首富比尔·盖茨，哈佛大学的校报称他是"哈佛历史上最成功的辍学生。"也许刘晓松是清华大学最成功的辍学博士生？

刘晓松在创办A8音乐公司的过程中，对音乐有了兴趣，成为音乐的行家里手；也热爱上了中国音乐，对振兴中国音乐事业有了强烈的使命感。

音乐的无穷魅力征服了刘晓松。音乐伴随着人类成长，可以说自从有了人类语言就产生了音乐；劳动号子"嗨呦嗨呦"可能是人类最早的进行曲。古希腊的荷马史诗中神与人唱着和声，中国西周的《诗经》中劳作的人们吟唱解乏，古希腊的酒神饮酒作乐醉醺醺唱酒歌，中国汉朝宫廷乐府美女起舞奏雅乐，孔子喜欢韶乐丰富了儒家学问，耶稣受难教堂里响起了基督教音乐，西方交响乐集音乐之大成登峰造极，中国各民族音乐大融汇美不胜收，西方歌剧曲调优美风靡世界，中国京剧唱腔高亢响遏行云……东西方音乐好像是两条不同的河流，各有源头最后流入了音乐的海洋，使世界音乐库丰富多彩、云蒸霞蔚、气象万千。音乐陪伴人度过一生。婴儿一出生大哭一场，人们说婴儿的哭声是生命诞生的雄壮宣言；小孩睡觉时妈妈唱摇篮曲催眠，幼儿园里玩游戏时唱儿歌助兴；少先队唱队歌、共青团唱团歌以立志，完成学业时唱毕业歌奔向边疆；恋爱时用情歌吸引恋人，结婚时用欢歌表达爱情；国家危难时唱国歌表明心迹，放眼未来时唱颂歌寄托理想；老人唱夕阳红安度晚年，葬礼上奏安魂曲寄托哀思。人生于音死于乐，音乐是人们最好的朋友。音乐艺术将一直伴着人类发展。

中华民族悠久的音乐传统又使刘晓松产生了强烈的自豪感和振兴中国音乐的责任心。中华民族音乐最早出现在至今七千余年的新石器时代，那时以后的先民们不断发明出烧制陶埙、挖制骨哨，用鳄鱼皮蒙制了鼍鼓，制作出了石磬、蟒皮鼓、铜鼓、编钟等。周朝时，中国的音乐达到高峰，形成了"六代乐舞"，即黄帝时的《云门》，尧时的《咸池》，舜时的《韶》，禹时的《大夏》，商时的《大蠖》，周时的《大武》。中国古代歌手的水平极高，男歌手秦青"声振林木，响遏飞云"；女歌手韩娥"余音饶梁，三日不绝"。中国音乐风格多样，秦汉的"乐府"、唐代的舞乐、宋元"瓦舍勾栏"里的市民音乐、元代的戏曲艺术、明清时的民间小曲等。近现代中华民族传统音乐陷入了低潮，欧洲西洋音乐强势进入。新中国成立后中国音乐得到了新生，改革开放给中国音乐的发展带来了新的机遇。刘晓松说："对于如此博大精深的中国民族音乐，能够献出自己的青春和生命，我感到骄傲和自豪。这就是我的事业追求。"

他在分析中国音乐在世界音乐界的地位时，保持着十分清醒的头脑。"在世界音乐格局中中国音乐仍然处于弱势。如果看看世界音乐地图，用颜色比较音乐地位的强弱的话，美国颜色最深，其次的排列顺序是日本、欧洲，甚至南美、非洲的颜色也比我们深，中国版图的颜色最浅。但是到了数字音乐时代，情况开始发生变化。虽然日本和北欧走在最前头，但是中国突飞猛进，也开始进入上中游的行列中，成为亚洲的样板。"

刘晓松说："A8音乐的宗旨是：让不同形式的音乐都能在这个平台上生存。我们有两个使命，促进中国音乐复兴的使命，将A8音乐打造成世界级音乐运营服务大公司的使命。"刘晓松没有说空话。A8正在努力改变中国音乐在世界音乐地图上的版图形状。

深圳是中国流行音乐的发展的桥头堡。深圳创作出了许多红遍大江南北的好歌曲，深圳的音乐舞台上走出了众多叱咤风云的音乐人。但是后来，很多人感觉到深圳的舞台不够大，便到北京去发展了。针对这种现象我问刘晓松："为什么要将A8公司总部放在深圳，为什么要将深圳做为发展中国原创音乐的基地？"他回答说："深港穗这3个城市是中国南派音乐的根基。在深圳发展原创音乐有很大的优势：深圳市的领导重视音乐，启动了音乐工程；深圳的网络很发达、手机拥有量全国第一，这就为数字音乐的发展搭建了技术平台；深圳是个年轻的移民城市，生活形态极其丰富，生活在这里的人们感触良多。复杂的生活感触催生了许多优秀的音乐作品。比如陈楚生的《有没有人告诉你》这首歌，不在深圳生活，很难写出那种感觉。一句话，深圳具备打造中国原创音乐基地的各种条件。"

我看到了公司手册上有这样一句口号："我们的音乐无处不在。"其中有两方面的含义，一是在B2B领域，A8音乐平台要做到"对中国有潜力的音乐家、优秀的音乐作品的推广无处不在"。二是在B2C领域，让消费者能够方便地享受到各种音乐，让中国的音乐歌曲对消费者无处不在。

我现在感觉到了这句话的分量。

写作该文采访了刘晓松先生。表示感谢。

第三十篇
基因科学研究的弄潮儿

评语：华大基因不但成为中国第一，而且在发展速度上做到了世界第一。因为有了华大基因，在基因科学研究这个领域里中国人走到了最前沿阵地，为世界基因科学研究做出了重大贡献。

华大基因于1999年成立于北京。2007年华大基因主力南下深圳，成立了深圳华大基因研究院。华大基因不光在基因科学方面攻克难关，而且培养出了一支优秀的年轻科研队伍。华大基因使这个行业内的外国人，从此不再敢轻视中国。

华大基因应运而生

1997年10月，一个关于基因组计划的重要会议正在风景如画的张家界举行。会议主持人是杨焕明、于军和汪建等。这几位是大名鼎鼎的留美学习研究生物学的中国学者，让我们先来认识一下他们。杨焕明，浙江温州乐清市人，1952年出生，1978年毕业于杭州大学(现浙江大学)，1982年于南京铁道医学院(现东南大学)获硕士学位，1988年获丹麦哥本哈根大学博士学位。后来在美国哈佛大学、加州大学接受博士后训练。1994年回国，在中国医学科学院暨北京协和医科大学任教授。后来任中国科学院北京基因组研究所所长。2007年12月当选为中国科学院院士。于军，1955年生，1982年毕业于吉林大学，1989年在纽约大学获博士学位。1993年起在美国华盛顿大学从事基因组学研究，2003年全职回国，任中国科学院北京基因组研究所副所长至今。汪建，1954年出生，1976年学习并工作于湖南医科大学，1987年毕业于北京中医药大学获硕士学位，1988后先后就读于美国University of Texas和University of Iowa，1990年在美国华盛顿大学做博士后。1994年回国创建北京GBI生物技术有限公司，任董事长兼总裁。后来任深圳华大基因研究院院长。他们与参会的一些同仁都是留学美国的生物学家，是一群志向远大，视觉开阔，怀有雄心，不愿意跟在别人后面亦步亦趋，想为中国的基因产业创出一番事业的人。

选择到张家界开会取得了意想不到的效果，虽然他们没有时间去欣赏美丽如画的风景，但是这里的环境还是给了他们许多灵感。鬼斧神工的奇峰异岭让他们想到了基因科学是他们事业攀登的高峰；山重水复色彩斑斓的森林植物在他们眼睛中变成了美丽的基因图谱；天空变幻莫测的流云激发了他们大脑中的风暴。会上，大家侃侃而谈，激烈争论，最后达成了共识。这是一些男子汉魄力很重的人，认为人来到世上不能白走一趟，要干大事业。而放眼全球，回望百年，只有3件事能够称得上是20世纪的大项目：曼哈顿原子弹工程，阿波罗登月计划，和人类基因组计划。这些先后在美国求学、访问的学者，都将自己的研究重点放在了基因组计划上。一致认为，基因研究对于人类发展具有极其重要的意义。美国是基因科学的大国，总统克林顿特别重视人类基因组计划，这更让他们感觉到了这一学科的战略意义。资源对一个国家和民族的发展具有决定意义，而生物资源成为继国土资源之后的又一战略资源。20世纪的三大工程中，最初的原子弹计划与中国无缘，后来中国经过20年的努力成功研制了自己的原子弹，打破了西方国家的核垄断，使新中国能够硬硬起腰杆屹立在东方；登月计划与中国无关，也是经过几十年的努力，中国先后成功发射了人造卫星、神州飞船，终于进入了航天俱乐部，而登上月球的梦想也实现在即；只有人类基因组计划国外起步并不算太早，大家基本上处于同一个起跑线上，这次机会无论如何不能再失去。会议决定向中国领导人上书，提出了发展中国人类基因组计划的几点建议。

1998年，装备了最高级超级计算机和先进测序仪的美国私人公司CELERA，宣布将先于美国政府为首的5国支持的人类基因组计划，完成人基因组的测序，并将为其中部分重要发现申请专利。1999年初，美、英、日、德、法5国政府决定加大对人类基因组计划的支持，加快进度，提前2年完成基因组计划。1998年，张家界会议一年后，传来一个消息：西方几个国家决定联合进行人类基因组测序工程。这一消息使大家着急起来。学者人微言轻，他们的建议不知道压在政府哪个部门的文件柜里，国家最高领导人可能永远也不会看到。时间不等人。他们决定效仿法国，以民间身份申请参与这项工程。1999年9月1日，国际基因组计划第5次

华大基因的四位主任（由右到左）：杨焕明、于军、刘斯奇、汪建。
图片由华大基因提供。

战略会议在伦敦召开。会议上有一个议题是研究接纳中国加入国际测序俱乐部，这是中国加入该项目的最后一次机会。是一场硬仗。会议遵循的是一种被称为"百慕大原则"的程序，要求申请方接到任务书后，所有数据要在24小时内上网。这是要看你究竟有没有金刚钻，能不能揽得了这份瓷器活。杨焕明率领的团队在5分钟之内，汇报完了北京实验室的情况、已经完成的工作量和保证按期完成任务的条件等。汇报简练、准确，赢得了评委们的喝彩。最后，这个中国团队被接纳了。具体承担的任务是完成人类3号染色体短臂的测序工作，工作量约占人类整个基因组工作总量的1%。

要完成这项高技术任务必须要配备基本的测试设备。其他几个参与国家都被列入政府项目，有巨额资金保障，而华大是民间操作，就差钱。大家借钱、凑钱，集到了1560万元人民币，买来最基本的设备启动了该项目。后来在科技部、中科院和国家自然科学基金会的支持下，争取到了国家科研经费，并邀请了国家基因组南方和北方中心共同参与这一工作。华大分配到了55%的研究费用。在今天北京华大的库房里，如今还保留着一台编号为1号的377测序仪，当时有11台这样的测试仪，承担着1%的3000万碱基点的测试工作。一分钱掰成两半花。没有钱买工作台，他们将装仪器的包装木箱拼起来、码平了，上面铺上胶垫，就成了实验台。在这样简陋的实验室里，科学家带着助手们没日没夜地干起来。规定的时间只有8个月，他们不想在自己手里耽误一秒钟时间。200多天里，不分昼夜连续运转。随着一张张的工作草图逐渐对接组合起来，2000年6月1%项目图铺展在人们面前，人类基因框架图（中国卷）终于完成了。不要小看这1%的任务，由于有了这1%，中国就进入了人类基因组计划的国际俱乐部，有资格与世界上的基因研究大国对话了。华大基因完成了中国部分87%的工作量。

为承担这项工作，北京华大基因研究中心于1999年9月9日正式成立了。杨焕明在《立石铭》上写了这样一段话："苍天在上，磐石作证。此时此地一群普普通通的炎黄子孙用他们的泪汗心血和青春，为他们古老的民族争得了一个险些失去的历史机遇。岁月无情，他们和他们的支持者都将随时光而逝去；此心昭昭，他们的执着奉献和自信必将作为人类基因图的一小部分留驻历史。"这个机构为什么起名"华大基因"呢？我在一份资料上看到了一幅对联，上联"华夏生骄子共奠科学千秋基业"，下联"大国有精英同解生命万世因原"，横批"任重道远"。这副对联的第一个字和倒数第二个字连起来就是"华大基因"。奠科学千秋业，解生命万世因，对联淋漓尽致地反映了华大人愿为科学献身的精神和超强的事业心。

可以说，华大基因应运而生，为基因而生，一出生就站在了世界基因研究的最前沿阵地上。学科带头人杨焕明在谈到华大基因完成1%任务的意义时说："这件事有3点意义：完成这个项目表现出了中国人对世界事务的责任感；中国现在与美国、英国这些超级大国一样有能力做大事情；中国人才异军突起表现一流。这三个方面是国际同行一致称赞的，从此奠定了中国基因组在国际学术界的地位与声誉。"

2000年6月26日，美国总统克林顿和英国首相布莱尔同时在美国和英国连线，代表参与国际人类基因组的六国（美、英、日、德、法和中国）向全世界宣布，人类基因框架图圆满完成。克林顿在发言中特别指出："我要感谢中国科学家在国际人类基因组计划中作出的贡献。"28日，国家主席江泽民在中央思想政治工作会议上高度评价人类基因组计划。江泽民说，人类基因组计划是人类科学史上的伟大科学工程，它对于人类认识自身，推动生命科学、医学以及制药等的发展具有极其重大的意义。人类基因组序列是全人类的共同财富，应该用来为全人类祝福。江泽民称赞华大说："你们是共和国的英雄。"华大"三年不鸣，一鸣惊人"。从此，华大扬名天下，青史留名。"1%"被记录在了北京中华世纪坛青铜甬道里，上面写着这样一句话："我国科学家成功破译人类3号染色体部分遗传密码。"但是让华大人更感到骄傲的是，杨焕明所写的关于基因的科普文章被选入了高中和初中课本。

华大的出色成绩赢得了世界同行们的尊敬。从此以后，国际上的同行们对中国科学家们、对华大另眼看待了。2002年10月，Hap Map 计划启动。Hap Map是"人类单体型图计划"，任务是研究白人、黑人和黄种人在基因样上有些什么不同。这次华大牵头中华协作组，承担总计划大约10%的工作。有科学家将个体全基因组序列图称为"人体的第二张解剖图"。如果说前一个项目对人类发展有十分重要的"科学发现"意义，那么这一个项目则有很重要的临床实用意义。例如，就感冒来说，白种人将其视为危险的大病，而黄种人则不太当回事；再例如，对绝症艾滋病来说，白种人中有相当数量的人对艾滋病病毒有天然免疫力，而在黄种人中还没有发现有免疫力的人或者极为少见，等等。对于不同的民族、种族和人群来说，由于基因不同，有些病毒可能对有些人有效而对另外一些人无效。有些战略学者据此策划生产针对人群的生物武器，如果成功了，这将是一件可能灭绝种族的可怕武器。从治病的角度说，如果测出了个人的人体染色体碱基序列，获得个人基因组，就可以预防遗传疾病，并实现个性化治疗。目前全世界共发现2000个与疾病有关的人类基因，其中1500个已在美国用于临床诊断。因此说，这项计划有很强的战略意义。

中国人的基因应该由中国人来测序

2007年4月，华大的主力挥师南下，在深圳成立了华大基因研究院。华大为什么要将总部搬到深圳呢？在采访汪建院长时我列的采访提纲中有这个问题。院长回答说："深圳好哇。我们现在栖身盐田，这里靠山面海，春暖花开，南国小城景色迷人……。"我说："不对吧，在与职工的接触中我听了一些怨言。华大是一个数千人的研究院，现在仍然委屈地蜗居在一个小小的工业区里施展不开，办公室、宿舍异常拥挤，连个像样的饭堂都没有，办公楼大厅的一半也被用来当食堂，开饭时职工们要分4批才能吃完饭……"汪建哈哈大笑说："情况确实如此。我说因为深圳风景迷人而搬家有点玩笑的意思，南迁的真正原因是深圳是改革开放的窗口，有利于事业发展……"按照汪院长的介绍，华大实际上到了一个战略转型期，到了起飞的临界点，具备了天时地利人和三方面的条件。先说天时。这时候的世界基因研究由于计算机技术的飞速发展到了一个突破期，而华大也到了发展成熟期。再说地利。如果说，当年的华大在北京注册时更多着眼于国内的话，现在已经放眼世界了。华大需要一个更加开放的环境，毗邻香港的深圳是一个适合与国际同行交流、过招的前沿阵地。最后是人和。华大已经不是几个科学家带着助手单枪匹马冲锋陷阵的时候了。在华大基因的旗下积聚了国内外的科学家和有志于献身的青年学者，已经是有数千人规模的大型团队了；而且华大还需要源源不断的人才加入，虽然深圳的大学少，但是前有香港后有广州的大学阵营，人才来源渠道畅通。"最重要的是深圳具备有利于学术研究的自由环境，深圳鼓励成功者、尊重失败者的文化氛围是我们南下的最重要原因。"汪院长总结说。

深圳确实是华大的创业福地，这一点很快得到了证明。

华大不再是小孩子，已经是成年人了。他感觉自己羽毛丰满、翅膀长硬了。华大基因的领导们开始考虑完全靠自己的力量完成一项重头任务。于是，对黄种人基因组测序的任务开始启动。独立承担这项庞大艰巨的任务出自于两种考虑：一是中国人民的基因组测序应该由中国人完成，这里面有民族基因战略安全的考虑；二是华大经过国际人类基因组计划1%任务、国际人类单体基因10%任务的实战演练后，自信心更强了，完全有能力完成这项艰巨的任务。经过一番大兵团作战、长时间拼搏后，2007年10月11日，"炎黄1号第一个中国人基因组图谱"宣告完成。有了这个基因组图谱，就好像为35亿的亚洲人绘制了一份遗传地图，根据这份"地图"，查病、治病就容易多了。

这是一件轰动世界科学界的大事情。2007年12月，美国《科学》杂志报道了这件事；同月20日公布了2007年世界十大科学项目，其中"人类基因组个体差异"（黄种人全基因组标准图是其中最主要的组成内容）项目名列第一。在中国科技日报社选定的"2007年国内十大科技新闻"中，"炎黄1号"入选。2008年11月6日英国《自然》杂志刊登了"第一个亚洲人基因组图谱"学术论文，封面上的图片就是这个项目。2009年1月18日，由中国科学院院士工作局、中国工程院学部工作局和科学时报社共同组织的"2008年中国十大科技进展新闻"评选揭晓，该项目又入选，位列第四。

"炎黄1号"项目进展得又快又好，是因为有先进技术的强大支撑。此时的华大鸟枪换炮,建设起了超级计算机中心,计算能力从1万亿次、10万亿次、达到50万亿次;软件比硬件更重要,如今的华大拥有自主开发的几十项生物信息软件系统,这是华大的核心技术,是让华大人真正感到骄傲的东西。软硬件结合,给华大插上了自由翱翔的双翅。华大有世界一流的基因组测算与分析平台,形成了世界领先的生物信息核心竞争力。

在计算机领域有一个摩尔定律,是由英特尔公司的创始人之一戈登·摩尔提出来的。按照摩尔定律,集成电路上可容纳的晶体管数目,约每隔18个月便会增加一倍,性能也将提升一倍。这个定律描述的是IT产业以惊人的速度向前发展。而华大的实践发现了一个新的定律:从2000年到2008年的8年间,按照摩尔定律计算机的计算速度增长了32倍,而华大的计算速度发展更快,峰值计算速度增长近50万倍;储存量从G值增到P值,增长了百万倍。华大人从中得到的结论是:"高性能计算是基因组科学与产业发展的基础和灵魂。"由于有了强大的技术能力,华大这次做"炎黄1号"的速度就快多了。3个月里产生了常人难以想象的海量数据,但是华大人自如应对,十分从容。

黄种人基因组测试只是一个更加庞大计划的组成部分。很快,"千人基因组计划"开始启动,华大基因又是发起人之一。这项计划由中国、英国和美国的科学家组成的"国际协作组"联合实施,2008年1月22日,在深圳、伦敦和华盛顿

华大人在攀登雪山的同时攀登科研高峰。图片由华大基因提供。

同时宣布这一项目正式启动。按照这个计划，华大基因研究中心将再绘制99个中国人个体全基因组序列图，简称"炎黄99"。这100个基因图就构成了中国人群遗传和多态性标准图谱，使之成为基因与医疗、健康的关键组成部分。

我问汪建院长："个人基因测试对我们个人有什么用呢？"他回答说："自从1953年克里克和沃森在《自然》杂志发表了DNA双螺旋模型后，就使揭开生命健康、长寿的遗传密码有了可能。有了个人基因图谱，人们患病时就可以在基因中找到病因。等我们把所有典型的基因图谱绘制完成后，查病就会像查字典一样方便，可以迅速找到有问题的基因。根据每个人的'基因特点'对症下药，让患病的基因恢复正常，就可以从根本上治好疾病。21世纪的医学，将会是个体化医学；基因预测、基因预防、基因诊断、基因治疗将使整个医学改观。同时，以基因图谱作为我们每个人生活中饮食起居的"参考书"，有针对性地改变饮食结构，调整生活方式，改善生存环境，可以做到防病于未然。"

"绘制一个基因图谱价格会很贵吧？个人能不能负担得起呢？"我有点担心地问。他轻松地回答说："按照华大的经验看，随着基因测序技术的发展，成本会迅速降低。现在一个普通人测试基因成本很快就可降到1万美元，预计几年内会降到1000美元，10年内会降到100美元，以后测基因就像验血一样普遍，医疗费用也都能承担得起。人们有了这张基因图，可以提前发现恶性疾病，进行个体化治疗。"汪院长的话让我感到振奋。也许在短短的数年间，我们将会拥有更长的寿命和更健康的身体。患病时不再像现在这样，使用大剂量的药品带来极大副作用；而是针对单个基因，更精准地使用微剂量药就可以将病治好。这是一个多么令人神往的前景啊。

打造世界一流的基因研究机构

我来到了汪建院长的办公桌前。我没有想到他的办公场所是如此地简陋：一个敞开的办公区摆放着几十张办公桌，第一张办公桌属于汪建院长，这张办公桌的大小和标准与其他办公桌没有什么不同。身为一流生物学家、华大基因研究院院长，就在条件这样差的办公室里办公？眼前的情景令人有点不敢相信。

采访一开始，我的一句"华大基因公司……"的提法就招到了汪院长的反对。他说："华大基因绝对不是公司！""那，是事业单位？""也不是事业单位。""那是什么呢？""是个机构，目前国内还没有类似的机构，是一个新型的综合体。刘应力副市长概括得好，华大不是混合体，而是化合体。华大具有4种功能：科学研究、技术发明、产业发展、教育培训。华大可以定义为：顺应生命科学产业发展规律而成立的新型机构，创建了产学研一体自身良性循环发展的体系。科学发现新途经，技术发明新机制，教育培训新课堂，产业发展新形式，资金运作新方式，个性张扬新机遇，和谐社会新组织，这'7个新'就是华大的特点，也是它的任务。"汪院长详细的解释，总算让我对华大形成了一个比较完整的概念。

我继续问："华大基因机构在全国或者世界同行中处于一个什么样的地位呢？"他回答说："华大基因正在建设世界上最大的技术平台；华大完成的科学研究成果全球第一。DNA双螺旋结构发现者之一的詹姆斯·沃森评价说，中国的基因组研究机构'可以和世界上任何一个国际同类机构竞争'。"也许是从我眼睛中看到了一丝怀疑的眼神，汪院长带我走到隔壁的会议室，指着墙壁上贴着的图片向我详细解释华大基因10年中取得的科研成果。

英国《自然》、美国《科学》是世界顶级的科学杂志，10年中以这两家杂志为主的世界科学杂志对华大基因的研究成果有多次报道，成为对中国科学家攻克一个个科学难关堡垒的记录。

2001年2月，《自然》杂志刊登了"1%人类基因组初步测序及分析"学术论文。

2002年4月，《科学》杂志刊登了中国水稻（籼稻）基因组工作框架图学术论文。

2002年6月，Genome Research杂志刊登了单双子叶植物中基因组分趋势学术论文。

2004年12月，《自然》杂志刊登了家鸡基因组多态图学术论文。

2004年12月，《科学》杂志刊登了中国家蚕基因组精细图学术论文。

2005年2月，PLoS Biology杂志刊登了水稻全基因组精细图学术论文。

2005年10月，《自然》杂志刊登了"10%国际人类单体形图"学术论文。

2008年11月，《自然》杂志刊登了"炎黄1号——第一个亚洲人基因组图谱"学术论文。

2009年8月，《科学》杂志刊登了桑蚕基因组计划学术论文。

2009年11月，《自然——遗传学》杂志刊登了国际黄瓜基因组计划学术论文。

2009年11月，《自然生物技术》杂志刊登了更快进行人类基因组测序的评

2006年10月，华大基因登山队登上了世界第六高峰卓奥友峰。图片由汇报工作提供。

文。

2009年12月，《自然生物技术》杂志刊登了人类泛基因组学术论文。

2010年1月，《自然》以封面故事报道了大熊猫世界基因组测序的论文。

2010年2月，《自然》又一次以封面故事报道了世界首例古人类全基因组的深度序列测定和解读工作。这一成果是由中丹基因组（由深圳华大基因研究员和丹麦哥本哈根大学联合创建）完成的。

2010年2月，《自然》发表了华大为主的欧盟课题元基因组测序分类人肠道微生物基因的论文。

世界顶级的学术杂志，国际学术权威的承认，实实在在的研究成果。这一切不容质疑，令人信服。华大的经济效益也开始进入良性循环。2009年，基于测序的国内外科技服务收入超3亿元，不仅保证了基础研究的投入，还支撑了长期发展。我对华大科学家们的敬佩之情油然而生。

我们又回到汪院长的办公桌，采访继续进行。我问："怎样理解华大机构的

'新型性'呢?"他回答说:"在我们看来,人类自从进入资本主义社会后,一直由资本驱动向前走,这种唯利是图的发展很难说会把人类带到哪里去;我们决心要打破'资本驱动为社会发展动力'的旧观念,让科学技术成为社会驱动的动力,这也就是小平同志说的'科学技术是第一生产力'。华大坚持一种自由解放的氛围,不追求经济回报的最大化。华大是对社会负责而不是对股东负责,所以说华大基因不是公司。华大从事的是生命科学研究。这一领域将成为21世纪的主导产业,也将是我们国家的支柱产业。在中华民族复兴事业中,以基因研究为代表的生物学科和产业将大发异彩。我们华大人的人生精彩,就是要在干一番大事业中表现出来。"

我问:"短短几年时间里,华大为什么会取得这样突出的成绩呢?"汪院长回答说:"华大把最先进的信息技术与生物技术结合起来,大量采用和发展最先进的技术进行最前沿的科学研究。先进技术要靠人掌握。所以归根到底华大靠的是人才。目前,华大有上千多人的科学和技术人才队伍。人才是华大的根本,是华大最大的财富和最强的竞争力。我们的技术队伍从哪里来呢?靠华大教育培训出来。现在的大学没有培养出华大真正需要的人才,只有靠自己想办法。所以,华大同时又是一个教育机构,是培养基因科学人才的黄埔军校。华大教育培养人才的主要方法是承接大项目,在实践中练兵。以大项目培养高素质的队伍,以大产出的科技成果打造华大的品牌。华大将基础研究、产业发展和人才培养密切结合起来,形成了以研带产,以产养研,以学育人,在实践和创造中良性互动。这一点其实是学习复制了我国完成大项目的经验,最典型的是'两弹一星'项目,在集中国家人力财力完成最困难、最艰巨任务的过程中,锻炼培养出了一支世界一流的航天科技人才队伍。在华大承担的'炎黄1号'测序研究项目中,有许多年轻人积极参与,其中有博士生、硕士生、本科生,甚至还有大学没有毕业的学生。有一个年轻人名叫李英睿,86年出生,当时只有19岁。他大学没上完,只上到大二就逃学来到华大参加工作。他忘我地工作,先后在《自然》、《科学》等国际权威期刊发表论文11篇,其中以第一作者发表的论文已达7篇,全国80后中无人可及。他说:'从研究工作中感觉到的快乐,就像是当年美国宇航员阿姆斯朗踏上月球土地上的那种感觉。'还有一名30岁出头的学术带头人王俊,22岁来华大,已在国际顶尖杂志上发表30多篇论文,是我国70后的科技第一人。华大这样的年轻人多了。华大科研和技术队伍的平均年龄为25岁,200多人组成的科研攻关'特种兵团'的平均年龄不到23岁,核心骨干独立开展研究工作、独立参加国际会议和发表演讲。华大先后与华南理工大学、深圳大学、香港中文大学、丹麦哥本哈根大学等合作办学，联合培养研究生。特别是与哥本哈根大学的合作条件最好，哥大每年将为华大提供至少100名的博士生名额和奖学金，教学和科研工作将主要在深圳进行。这些项目将为中国培养出大量的生物学家。"

我又问："听说国内科学界有人对你们做的工作有不同的看法。他们认为：'像基因测序这样的基础性研究工作，尽管让美国人、英国人去做好了。反正研究的成果要公布于世，到那时候我们应用这些成果就可以了。'这种说法对吗？"汪院长回答说："我们的传统文化中确实有一种重视技术发明、轻视科学发现的倾向。对此我的看法是：生物资源是一种战略资源，如果我们不重视、不去争夺，就会使生物资源流失，使我们的生物产业失去源头与上游。在这个问题上我们不能太天真，不可以过分相信外国人。如果生物资源的核心技术掌握在外国人的手里，他们不一定会爽快地让我们使用，就是同意使用也会向我们收取巨额的知识产权和专利费用。现在就有一个事实摆在我们面前：市场上所有的转基因和基因育种技术，全部都被美国人申请了专利。"

汪院长口若悬河滔滔不绝说下去："更深一层讲，我认为我们应该改变那种重发明、轻发现的传统文化。科学发现才是根本的、最意味深长、也最令人激动的境界。美国人有一句名言：'发现不能等待'。科学发现永远只有第一，没有第二。科学发现与技术发明相比，发明只是战术上的争斗，而发现是战略上的巨变。对人类文明发展来说，对一个民族的命运变化而言，科学发现才是巨大的持久的推动力，人类历史上每一项重要发现都改变了历史发展的方向。300年前，一个苹果落在牛顿面前，启发他发现了万有引力定律和经典力学；150年前，达尔文写出《物种起源》，提出了生物进化论学说；100年多年前，爱因斯坦提出了相对论，开创了现代物理学。这些科学发现是人类思想发展史上一座座划时代的里程碑。中国在世界工业革命发生前一直领先世界，引领人类文明进步。而在近代几百年里落后了。要实现中华文明的复兴，不能只靠技术发明，而要有重大的科学发现。李约瑟提出'中国近代科学为什么落后'的猜想；钱学森发出'为什么中国大学培养不出大师'的疑问。对此，华大想要找出答案。不能说华大一定会成功，但是至少我们努力了。无论成功失败，华大可以成为一个参照，起一种启发作用。最近，温家宝总理提出：'从科学发现开始'。这句话极大地鼓舞了华大人。"

华大的未来怎么样呢？汪建院长介绍了一些新情况，最近华大与美国Illumina 和 Life Tech两家公司签约，购买153台价值近1亿美元的最新测序仪器。为与这些世界最先进的仪器配套，华大正在建设计算速度为每秒2千万亿次、存储

100P的计算机系统；计划3年内计算数度升级到万万亿次，存储达E级。深圳华大研究院正在形成世界最大的基因组研究、生物信息分析和软件中心；1～2年内中国将诞生世界上最大的核酸数据库。中国生命科学和生物产业的发展依赖于美英日三国数据库的时代将成为过去。

我终于明白了华大人宽广的胸怀、长远的眼光和丰富的精神世界。华大的精神动力来自社会责任。2003年，"非典"期间，由于华大做出了破译SARS病毒的特殊贡献，胡锦涛总书记来到华大，待了3个多小时。他表扬华大"想中央之所想，急人民之所急，办抗病之所需"。华大的精神动力来自为中华民族复兴作贡献的远大抱负。2010年1月11日，在美国动植物基因组大会上，华大宣布将引领完成千种动植物、万种微生物的基因组计划，引起了巨大反响，各国科学家纷纷要求合作。

汪院长满怀信心地说："华大不是希望做到一流，而是要作第一。"

在汪院长带领深圳华大基因研究院取得一流工作成绩的同时，在一流登山队伍行列中也有汪建的身影。北京时间5月22日清晨7时20分，6名队员从南坡攀登海拔8844.43米的珠峰成功登顶。这是一次命名为"珠峰零公里行动"的登山活动，队员们承担在珠峰5300～8800米极高海拔区域清理垃圾的任务，途中回收了100多个废旧氧气瓶和其它垃圾。6名登山队员中有4名是深圳人：汪建，王石，李洪海（深圳卫视记者），陈芳（华大基因研究院博士），这是深圳人同时登顶人数最多的一次。深圳人创造了攀登珠峰新纪录，汪建登上了人生的新高度。

我们祝愿华大成功。

写作该文采访了汪建同志。表示感谢。

后记

　　写《深圳创造第一》这本书源于与李敬泽的一次聊天。2009年的一天，到北京出差时拜访李敬泽。聊天时谈起了写书的话题，当时自己的一本新书刚刚出版发行，不知道下一本写什么好。接着，又说到了2008年下半年为纪念中国改革开放30周年，深圳举办了一个"创造中国第一的深圳人"的大型活动，评出了深圳前期的10件大事；2010年在纪念深圳经济特区成立30周年时将评选出深圳后期的10件大事。我刚说到这里，敬泽插话说："这是一个好题目，我建议你就以这些评选的大事为线索，写出一本深圳人创造中国第一的书来，以这本书纪念深圳30年，很有意思……"我问："这些历史上的陈年旧账，现在的人们还感兴趣吗？""当然感兴趣！如果要数深圳最可贵的东西，其实就是在深圳创业时期发生的事情。深圳是改革开放的窗口，深圳在改革开放中扮演了一个重要的的角色，深圳对中国改革开放事业发挥的作用独一无二，做出的贡献无法形容。在深圳30年的时候拿出这样一本书多好啊。"北京回来后，我试着起草了一个写作提纲，列出了30年30件事的选题，传给李敬泽过目。他看完后，回了一封信说："想的就是这个东西，好好下功夫写吧。"

　　深圳是个充满创新精神的城市。这一点谁都不否认。但是，为什么深圳善于创新呢？回答清楚这个问题不是很容易。就我的看法而言，大概有以下几个原因：一是深圳是个移民城市，人员来自五湖四海，各种文化背景的人来到这里，思想交流、融合就容易产生创意。这也就是所谓的"杂交优势"。二是深圳办特区突破了国家原有的体制。旧体制是成熟的体制，形成了等级和秩序。在这样成熟、稳定的制度里创新不容易；而新环境里，不大讲究出身和等级，有点混乱不大讲秩序，思想很少束缚，说话没有禁忌，就容易产生新点子。这有点像当年的欧洲移民来到美国，突破了欧洲旧体制的约束，闯出了一片新天地。移民来到深圳后，没有办法按照原来的老办法办事，遇到什么问题就设法解决什么问题，在这个过程中出现了许多创新的措施。三是实现个人创业梦想的动力。这一点也像当年的美国。每一个移民到美国的人都有发财的"美国梦"；而早期愿意到落后荒凉的深圳落户的人，都抱着创业的梦想，有点不大安分，有点异想天开……由于遇到了好时候，许多人竟然梦想成真，成就了一番大事业。事实上，有理想，好幻想，喜梦想，也就是创新。

当年的深圳是经济特区，国家给了很多特殊的优惠政策，所以创新的想法容易实现。如今，深圳的优惠政策已经全部取消，与国内的其他城市没有什么不一样。这种情况下，关照少了，限制多了，事情没有以前那么容易办了。很多人因此认为，深圳的历史使命完结了，不可能再继续发挥特区的作用。深圳已经被人抛弃了。别人也许会这样认为，但是我们深圳人当然不能接受这种说法。深圳愿意激情燃烧，愿意继续做一个蜡烛，燃烧自己，照亮别人。在没有优惠政策的情况下，深圳要保持自己的优势，就更加需要创新。

那么继续创新的动力何在呢？毋庸讳言，以前深圳创新的主要动力之一是经济，现在需要转向文化。王京生同志认为，城市间的竞争，从以前的拼经济实力，到比城市管理，再到现在已经转移为以文化论输赢。深圳移民城市杂交文化的优势仍然存在，这是深圳能够不断创新的文化动力。深圳已经意识到了这一点，所以提出了文化立市的战略目标，将文化产业作为城市第五个支柱产业。只要深圳能够在文化建设方面走在前面，创新就有源源不断的动力。

深圳在30年中有无数的创新，许多创新是全国第一，甚至世界第一。一本书里不可能将所有的创新内容都写出来。本书只选择了30个事件。有人问我："你这个30年30件事是怎样选择出来的呢？"2008年11～12月，由驻深记者协会、深圳报业集团、深圳广电集团联合举办了"改革开放初期最具影响力的深圳十件大事"评选活动，先是由新闻媒体提出了23件备选事件，由群众投票选出了10件大事。这10件事自然成为本书内容的主要依据。但是，这次评选活动只选出了10件事，事件发生的时间主要在深圳的早期。这样的评选活动，计划中还要再搞。然而，到这本书成书时第二届评选活动还没有开始。因此其他的事情只好由作者自己选择。选择的标准，一定是在全国创第一的事件。由于作者本人认识能力和眼光的限制，30件事选择得不一定准确，请读者批评指正。

该书的写作得到了李灏老领导的鼓励，他还欣然同意为本书作序。王京生同志对这本书的写作给予了支持和帮助。市档案局、深圳报业集团等单位在收集历史照片方面给予了帮助。一些老领导和许多单位接受了采访。张玉领帮助收集资料。我妻子孙利给予我热情鼓励，对修改书稿提出了很好的建议。对此一并表示感谢。

参考书目

《深圳特区史》深圳博物馆编
人民出版社1999年10月第1版

《中国经济特区的精神文明建设·深圳卷》深圳市史志办公室编
中共党史出版社2003年12月第1版

《见证改革开放丛书·深圳经济变革大事》汪开国 杨朝仁 董建中主编
深圳出版发行集团海天出版社2008年11月第1版

《见证改革开放丛书·深圳文化变革大事》汪开国 杨朝仁 温诗步主编
深圳出版发行集团海天出版社2008年11月第1版

《见证改革开放丛书·深圳观念变革大事》汪开国 杨朝仁 沈杰主编
深圳出版发行集团海天出版社2008年11月第1版

《见证改革开放丛书·深圳社会变革大事》汪开国 杨朝仁 孟伟主编
深圳出版发行集团海天出版社2008年11月第1版

《深圳九章》黄树森 主编
广东省出版集团花城出版社2008年9月第1版

《改革开放30年从深圳开始》李南玲主编
深圳报业集团出版社2008年12月第1版

《袁庚传·改革现场1978~1984》涂俏著
作家出版社2008年3月第1版

《国运·南方记事》吕雷 赵洪著
人民文学出版社2008年6月北京第1版

《春天的故事·深圳创业史1979~2009（上）》徐明天著
中信出版社2008年4月第1版

《突破·中国特区启示录》董滨 高小林著
武汉出版社2000年8月第1版

《影响中国的深圳人》张玉阁 李昌鸿 宁小军主编
深圳出版发行集团海天出版社2008年11月第1版

《青春的城市：深圳》南翔 陈以沛 梁兆松 王鹏飞著
中国青年出版社2008年9月北京第1版

《1979~2000深圳重大决策和事件民间观察》陈宏著
长江文艺出版社2006年1月第1版

《华强北商圈建设发展资料汇编》
深圳市福田区华强北商业街管委会办公室编印，2008年9月

《道路与梦想》王石 谬川著
中信出版社2006年9月第1版

《天生与人生》杨焕明著
科学出版社2008年3月第1版

《求是》、《新华文摘》、《参考消息》、《深圳特区报》、
《深圳商报》、深圳《晶报》、《深圳晚报》、
深圳《特区实践与理论》、深圳《南方论丛》、深圳新闻网

本书使用和参考了以上书籍、新闻媒体发表的有关文章的资料
谨表示深深的谢意

责任编辑:邱丽娜 陈鹏鸣

图书在版编目（CIP）数据

创造中国第一的深圳人 /段亚兵 著. -北京：人民出版社，2010 .8
ISBN 978-7-01-009090-0

Ⅰ.创··· Ⅱ.段··· Ⅲ.经济特区-经济发展-概况-深圳市 Ⅳ.F127.653

中国版本图书馆CIP数据核字（2010）第126565号

创造中国第一的深圳人
CHUANGZAO ZHONGGUO DIYI DE SHENZHEN REN
段亚兵 著

人民出版社 出版发行

（100706 北京朝阳门内大街166号）
深圳市美嘉美印刷有限公司 印刷 新华书店经销
2010年8月第1版 2010年8月 第1次印刷
开本:710毫米×1000毫米 1/16
印张：24.25 字数：271千字
ISBN 978-7-01-009090-0 定价：59.00元
邮购地址：100706 北京朝阳门内大街166号
人民东方图书销售中心 电话（010）65250042 65289539